战略视角的培训管理全景图

石基延
王婷婷 著

电子工业出版社
Publishing House of Electronics Industry
北京·BEIJING

未经许可，不得以任何方式复制或抄袭本书之部分或全部内容。
版权所有，侵权必究。

图书在版编目（CIP）数据

战略视角的培训管理全景图 / 石基延，王婷婷著. —北京：电子工业出版社，2021.6

ISBN 978-7-121-41159-5

Ⅰ. ①战⋯ Ⅱ. ①石⋯ ②王⋯ Ⅲ. ①企业管理—职工培训 Ⅳ. ①F272.92

中国版本图书馆 CIP 数据核字（2021）第 087243 号

责任编辑：杨洪军　　　　　　特约编辑：田学清
印　　刷：北京七彩京通数码快印有限公司
装　　订：北京七彩京通数码快印有限公司
出版发行：电子工业出版社
　　　　　北京市海淀区万寿路 173 信箱　　　邮编 100036
开　　本：720×1000　1/16　　印张：16.25　　字数：291.2 千字
版　　次：2021 年 6 月第 1 版
印　　次：2023 年 11 月第 2 次印刷
定　　价：69.00 元

凡所购买电子工业出版社图书有缺损问题，请向购买书店调换。若书店售缺，请与本社发行部联系，联系及邮购电话：（010）88254888，88258888。
质量投诉请发邮件至 zlts@phei.com.cn，盗版侵权举报请发邮件至 dbqq@phei.com.cn。
本书咨询联系方式：（010）88254199，sjb@phei.com.cn。

推荐序一

拿到《战略视角的培训管理全景图》这本书稿，立刻让我的思绪回到了10年前。那一年，《培训》杂志举办了"2011年（第七届）中国企业与培训发展年会"，主题是"战略·学习·绩效"。在那届年会中，近100位国内外的培训专家与管理者，就如何从企业战略角度来考虑企业人才发展问题，如何构建绩效导向的战略性人才发展体系进行了深入的探讨和交流。在之后的10年中，《培训》杂志在组织学习与人才发展领域紧贴时代脉搏，密切关注新技术、新业态、新的组织方式和运营方式对组织学习与人才发展的新要求，推动培训行业发展，陆续引领组织学习与人才发展各方面主题内容的研究、学习、交流与推广。而这些主题内容与企业战略息息相关，都是关于近10年国内外企业战略探索的重点与热点。

战略与组织学习之间的关系探讨，始于20世纪60年代的美国，但直到近20年才逐渐得到中国企业的重视和应用。回望中国企业近10年的组织与人才发展实践，我们欣喜地看到很多企业在组织与人才发展方面取得了瞩目的成绩，完成了培训工作的战略升级与系统建设，让组织学习与人才发展能够紧贴战略，起到战略助推器的作用。但与此同时，我们也发现更多的培训工作者在工作中依然不得要领、举步维艰，未能让企业的人才发展工作贴合战略，适应变化和趋势。

纵观中国培训行业的发展变迁，在研究机构、媒体平台、行业协会、咨询公司、企业大学等共同努力下，无论是在推动组织学习管理，如学习型组织建设、企业大学建设、学习创新、绩效推动、产教融合、生态赋能、领导力发展等方面，还是在创新应用学习技术，如行动学习、引导技术、教练技术、绩效技术、组织经验萃取、社群学习、在线学习、OMO学习等方面，都取得了长足进步。但能够将这些内容串联在一起，将组织学习与战略融会贯通的研究却鲜见于市场。

基延老师这本书采用了完全不同的视角来看培训管理。他将企业战略管理与培训管理工作直接连接起来，用企业战略管理的方法进行企业培训管理，既让培训管理工作天然与企业战略达成一致，又让培训管理工作本身实现了战略性的管理升级，帮助培训工作者快速学习和理解企业战略，构建系统的战略管理思维。这种将战略与培训相融合的研究实践，令人耳目一新。

"求木之长者，必固其根本；欲流之远者，必浚其泉源。"无论培训领域产生多少新的方向、人才发展研究多少新的主题、培训管理发展多少新的工具，培训工作者都要不忘初心，回归到人才发展工作的本源——"帮助企业获得持续成功"。这个本源要求培训必须实现对企业战略的支撑，如何做到这一点正是每一个培训工作者在进入培训工作"深水区"之前应该思考清楚的问题。

"培训管理工作只是一项辅助性支撑工作"，这种想法是阻碍培训工作对企业发展产生巨大作用和价值的最大阻力，也是中国企业在面对更加激烈的竞争环境下，在组织能力与人才发展方面和世界顶尖企业存在差距的最大障碍。我当然希望企业高管能够改变认知，将培训作为企业发展的一个利器。但同时我更期待培训工作者加强自身修炼和能力提升，靠自己去影响、改变和提升培训工作在企业战略发展中的作用。

这种影响、改变和提升的前提是培训工作者首先要真正理解企业战略，要理解什么是企业战略闭环、什么是企业经营策略、什么是企业战略必赢之仗，要换位理解企业高管的所思所想，学会用战略语言、业务语言与企业高管对话，然后才能找到培训管理工作的战略位置，创造培训管理工作的战略价值，从而助推企业的战略发展。

"培训工作要上接战略、下接绩效！"这句话已经成为所有培训工作者的共识，但真正做到的却少之又少。这本书给出了很好的解决路径。它从如何理解企业战略开始，运用企业战略管理的逻辑，将培训管理当作一个独立的商业主体，逐一拆解了战略管理视角下，培训管理工作如何完成的一系列动作，形成了培训管理系统的战略思维方法。

本书的独特之处在于其将机会识别、战略定位、战略意图、业务设计、组织建设等主流的战略管理思想和方法应用于企业培训管理工作的思考与实践，帮助读者在构建培训管理系统的过程中，潜移默化地使用了战略管理理念。这不但让读者形成了系统的培训管理全景图，也学习和构建了战略思维与管理方法。书中多样的培训项目案例与操作要点，将理论系统与执行落地进行了很好的结合，能够做到让读者拿来就用。

本书融合了作者近10年的战略共创项目实践经验与学习研究，以及近20年的培训管理与企业大学管理经验。作者同时从两个视角（战略管理和培训管理）来看待企业的培训管理工作，总结出培训管理的八个步骤，形成了"战略视角的培训管理全景图"。对于想要学习企业战略、想要学习培训管理全貌、想要提升培训工作战略价值的读者，这本书不容错过。

对这本用战略思维指导培训管理的著作，读者在阅读学习的过程中可以做出更全面的理解。例如，书中构建的培训管理全景图是一个粗放的模块化的结构，但是每一个模块的细节在文中其实都有拆解；书中对培训管理的分析主要是从流程角度阐述的，在对体系和案例的分析中其实隐含着更多的角度；部分培训项目案例与操作要点的说明中虽然没有阐述战略思维，但是使用的都是战略管理的方法。本书呈现了作者分享其实践经验和理论思考的初心，而读者的深入思考可以进一步放大这种初心的价值，这是阅读、学习更伟大的力量。

最后，我衷心希望本书能够启发培训工作者对战略、组织与培训管理更深入的思考，能够帮助更多培训工作者构建清晰的战略思维与培训管理全景思维，帮助更多的中国企业构建战略导向的人才发展体系，促进更多的中国企业形成完善的组织学习系统。我们期待作者能够在再版中更好地丰富本书的思考维度，也期待本书能够引发更多著作从战略视角促进培训管理的发展。

朱伟正

《培训》杂志主编

推荐序二

我和本书的第二作者婷婷相识于2019年，那时我们光辉合益为当时婷婷老师所在的一家房地产资产管理公司提供组织效能诊断和提升的项目。婷婷老师是这家公司的组织发展总监，也是客户方的项目负责人。这个项目在2020年年初刚启动就碰上了新冠肺炎疫情，在公司高管的支持尤其是婷婷老师的大力推动下，我们克服了很多困难，多次组织国内外高管进行线上研讨，最终项目得以顺利完成并获得了公司高管的一致好评。在这个过程中，婷婷老师对工作的敬业执着，以及她在培训发展领域的洞见，都给我留下了很深的印象。

欣闻婷婷老师的第一本合著作品出版，我很为她高兴。她请我为这本书做推荐，我欣然接受。阅读本书后，我有以下两个方面的感受与读者分享。

首先，让我感到惊讶的是，在本书的十个章节中，有将近一半的章节都与企业战略和战略落地相关，而且不是简单地给培训需求戴个战略主题的帽子，而是详尽地讲解了对战略定位及分解的理解分析方法，再到培训定位及内容的具体操作方法。看得出，作者既有参与过战略活动的视野和经验，又有基于战略深度思考的理论提炼。如果你是一名想寻求发展突破的培训工作者或HR，这本书能引领你思考并实践如何从"功能型培训"升级为"战略型培训"。从某种角度讲，这不仅是一本工作指导手册，还是一套职业发展锦囊。

其次，这本书有着很强的实操性。在每章的开篇就有一个导入案例，将读者带入实际工作场景去感受和思考；第五章到第十章是各种类型的培训项目案例与操作要点，有战略和文化项目、绩效改进项目、新员工项目、领导力发展项目、专业人才发展项目、资源开发项目，基本囊括了培训项目的类型。无论你是培训工作者还是HR，如果想做某类培训项目，就可以直接翻到第五章以后去"查字典"，查找如何进行需求分析，如何设计，如何交付，如何评估与推广，可能面临的障碍和解决办法，以及相关的模板表单。那些从事培训工作的新人，如果正在发愁不知道怎么展开或推进一个培训项目，这些内容就是"雪中送炭"。

当今外部市场环境变化巨大，对企业管理者及各层级人才的培训发展提出了新的挑战，新技术的应用也丰富了培训发展的手段。大家可以通过这本视角和写法都很独特的作品，来丰富对新时代培训工作价值和内容的认知及理解。愿本书的读者能够阅有所得，使自己和组织携手共赢。

王少晖

光辉合益全球高级合伙人

前言

"培训部门的价值和地位，是靠自己一点一滴拼出来的。"这是在一次企业大学校长和培训负责人圈子交流会上，引起最多共鸣的一句话。它很好地展示了培训工作者的智慧与勇气，却也道出了培训工作者的不易和心酸。

不只是培训工作者经历着心酸，很多步入培训领域时间不长的培训新人也经历着内心的些许煎熬。前段时间，一位在培训领域工作了5年多，曾服务于某央企通信公司和互联网大厂的同人，在沟通中也提出了自己如何能够创造更多价值、培训部门是否注定是边缘部门、自己的职业发展方向在哪里、要不要趁早转换岗位等困惑。

作为在培训领域工作了近20年的人，正是因为遇到了太多这样的困惑，我才有了将自己的经历、体会和学习研究写下来的冲动，希望帮助培训同人掌握实现高价值培训工作的路径、明确职业发展的指引路标、找到坚持培训工作的理由，让我们都成为一个幸福和快乐的培训工作者。

本书是对我前半生职场经历和学习研究的总结。近20年间，我经历了"甲方—乙方—甲方—乙方"的三次职业转换，在管理顾问公司和企业培训部门之间更换着工作与角色。在管理顾问公司的工作经历使我具备了管理顾问的专业视角，获得了大量不同类型企业的培训服务经验。在企业工作期间，我经历了4家企业大学，并从0到1搭建过两家"千亿级"规模企业的企业大学，实操了大量的培训专业理论和工具，并能够真切地理解企业老板和高管对培训的认知和需要。这两种经历的交叉让我对企业培训工作有了内外双向视角的深度体会与洞察，希望这种洞察能够引发读者朋友更多的思考。

在经济下行的大环境下，加之疫情对经济的进一步影响，企业越来越焦虑，产生了更强的危机感，"活下去"已经成为很多企业的唯一口号。在这种环境

战略视角的培训管理全景图

下，企业对培训工作越来越苛刻，越来越没有耐心，要求也越来越高。面对更具挑战性的培训环境，以及培训工作本身的不易，我开始思考以下问题：

- 是什么让培训工作变得困难重重？
- 是什么让培训工作总处于企业价值链的边缘？
- 培训工作开展的正确路径和突破口到底在哪里？
- 培训工作者的成长路径到底是什么？

面对这些问题，我们习惯于恶补培训方法和工具，如任职资格建设、素质模型建设、学习地图开发、领导力开发、人才梯队建设、绩效改进、项目设计与管理、课程开发、内训师培养与管理、行动学习、教练辅导、引导技术等。而这些大部分都是关于培训是什么和怎么做的，却缺少为什么的部分。学完以上方法和工具，我们依然不清楚培训工作的出发点是什么、为什么要做、哪些应该做、哪些可以不做、哪些工作能创造更大的价值等。其实，这些才是我们需要思考的核心问题。如果只精通培训的"术"，而不思考培训的"道"，那么最后的工作结果往往只能是南辕北辙或不尽如人意的。工作中的无力感和价值感缺失恰恰也来源于此。

在市场环境下，一个企业存在的前提条件是，它能创造价值，有客户愿意为其所创造的价值买单。从这个角度来理解，培训工作亦是如此。培训工作的核心客户群是谁？培训工作为核心客户群创造什么样的价值？从客户分析到价值实现的逻辑和路径是什么？这些都是培训的"道"要回答的问题。

回答这些问题的前提是如何理解实施培训的企业，而对一个企业全面和完整的描述是企业战略。企业战略是对企业存在的意义、战略目标、文化、组织形态、战略实现路径、战略执行要点等内容的描述。培训部门要真正成为战略级部门、成为企业发展的重要支撑、成为企业战略的助推器，必须以企业战略为起点，在企业战略中找到培训部门发挥作用的培训机会点和培训定位，以此为基础来规划战略视角的培训管理全景图，并推进战略视角的培训管理全景图的落地。只有这样，才能真正让培训工作产生战略级价值。

大部分培训工作者，因为缺少参与企业战略管理的机会，既不懂战略，又难以清晰地分析企业战略,更不用说基于企业战略制定培训规划与开展培训工作。战略管理本身是一项很复杂并相对难掌握的管理主题,我们很难通过企业战略理论的学习将其应用到培训工作中,也很难找到专门针对培训工作者的战略管理理论或战略管理课程。因此,本书将用最简单的语言、最便于理解的方式,向读者解答关于战略管理和培训管理的几大问题。

1. 如何理解企业战略

一方面,培训工作者只有掌握企业战略管理的基本逻辑,建立战略思维,才能与企业高管用相同的管理语言在同一层次上进行对话,才能充分洞察企业需求,找到培训与企业战略需求的结合点。另一方面,战略思维是所有职场人均应该掌握的重要思维方式之一,它不仅可以帮助我们更好地理解企业战略,还可以帮助我们思考工作本身,以及个人的职业发展规划和家庭规划。

企业战略阐述了企业从明确战略定位,到构建战略实现路径,再到推动战略执行落地的战略闭环管理全逻辑。明确战略定位的基本流程、战略实现路径的要素,以及战略执行落地的保障措施等内容,在本书中都有相应介绍。书中并不强调如何制定有效的战略,而是着重介绍战略管理的逻辑和流程。

2. 如何构建战略视角的培训管理逻辑与操作方法论

本书将战略思维融入培训管理工作中,从企业战略的视角来看待培训职能,用企业战略管理的方法和逻辑来重新规划和设计培训管理全景图,以市场化要求作为培训部门的标准,以企业战略管理逻辑对培训业务进行战略管理。这样做既提高了培训管理工作的站位和视野,又能使培训管理工作最大限度地贴近战略、支持业务。这样的融合不但可以给读者提供一套培训管理方法论,而且可以帮助读者构建培训管理的战略思维。

本书将以战略思维为基础,在上篇中将其用于如何明确培训定位、规划培训业务、设计培训运营系统;在下篇中将其用于如何设计与交付各种类型的培训项目;在后记中将其用于如何帮助培训工作者明确自身定位和规划职业发展路径。

3. 如何将培训管理全景图应用于不同类型、不同阶段的企业

本书具有系统全面的培训管理逻辑与操作方法论，从培训机会识别到培训体系搭建，再到培训业务规划设计，最后聚焦到典型培训项目落地操作，形成培训工作全流程的闭环管理系统。本书能够帮助培训工作者在培训管理工作中，顺利完成为什么、是什么、做什么、怎么做的培训工作系统建设，使工作事半功倍，更容易创造高价值成果。

这套方法论的理论支撑和案例验证来自不同类型的企业、企业发展的不同阶段，以及不同层级培训团队的最佳实践。行业上涵盖了互联网、多元化集团、大型央企、地产、生产制造、新零售、高科技、金融、银行等；发展阶段上有企业新创立的阶段，有企业快速成长的独角兽阶段，也有企业成熟发展的阶段等；层级上有集团企业大学或培训部门、事业部培训部门、业务部门培训团队等。多样性的最佳实践保证了本书适用范围的广泛性，同时为读者未来更多的职业发展提供了更好的指引。

4. 如何从战略视角设计和交付不同类型的培训项目

本书一方面将培训管理过程总结为八个步骤，并配以相应的实操工具，如战略理解工具、四种培训定位模式、培训业务设计画布等，另一方面收录了大量的培训管理实践与培训项目案例，并对它们进行了深度解读，内容包括企业背景、组织形态、人际关系、项目设计、项目交付、操作难点等细节，这样更有利于读者结合自己所在行业的背景与企业的情况进行思考。

实用的实操工具和丰富的案例，既能让读者快速掌握一套方法论，又能让读者体验这套方法论在不同场景的应用要点和难点，从而在企业中快速应用。

5. 如何用战略思维规划培训职业发展路径

战略思维能帮助一个企业完成初创、发展、成熟、转型、创新等成长过程，同样也能帮助一个培训工作者完成初入培训领域、成为培训项目运营能手、成为培训某一领域的能手、成为综合管理者或培训专家等成长过程。本书力求帮助培训工作者掌握战略思维模式，使他们在将其应用于培训管理工作的同时，还能够融会贯通，将其应用于个人职业发展规划，并据此找到自己的发展方向

和职业路径。

本书分为上篇和下篇两大部分。第一章到第四章为上篇，主要是对战略视角的培训管理全景图的阐述，完成了从企业战略分析到培训体系构建的全过程。第五章到第十章为下篇，解读了常见的六大类共 13 种项目案例与操作要点。

后记为培训工作者的蜕变与成长，主要阐述培训工作者的核心能力建设和成长阶段，以及培训工作者的心性修炼。

如果你已经是一名培训管理者、培训专家或培训顾问，想要系统学习战略视角的培训管理，建议从第一章开始阅读；如果你认为自己培训基础薄弱，离企业战略较远，想迅速了解培训体系全貌，可以在阅读完第一章后，直接跳到第四章和下篇；如果你正困扰于具体的项目策划与实施，想快速学习某种培训项目的操作经验与要点，也可以直接选择下篇中相应的章节进行阅读。

本书的出版要感谢百年基业公司引入迈克尔·威尔金森的"共创式战略"理论与方法体系。在百年基业公司工作的近 10 年间，我和团队通过应用这套体系帮助上百家企业解决了关于战略规划与解码、业务突破与创新、组织发展与领导力发展等方面的经营管理难题。这对我个人思想体系的构建，以及站在企业战略和经营的视角重新看待企业培训工作起到了至关重要的作用。同时，还要感谢许正老师的"轻战略：量子时代的敏捷决策"体系，正是通过学习这套体系，我进一步完善了对本书理论体系的思考，完成了培训管理与战略思维的融合。

最后还要感谢我的搭档王婷婷女士，下篇中的第六、七、八、十章由她执笔。她出身于教育世家，有 16 年的培训与人力资源工作经历。她对培训的热情及丰富的实战经验，不但给了我很多启发，而且为本书增光不少。

由于作者水平有限，书中错漏缺点在所难免，希望读者朋友批评指正。

石基延

2020 年 10 月 1 日

目 录

上篇　培训管理全景图

第一章　培训管理全景图概述 2
第一节　理解战略是培训工作者的必修课 3
第二节　培训价值来自精准的培训定位 6
第三节　价值实现来自系统的培训规划 8

第二章　从战略理解到机会识别 13
第一节　培训机会来自企业战略 16
第二节　培训工作者都应该学会的战略思维 20
第三节　从企业战略中找到培训机会点 25

第三章　从机会识别到培训定位 39
第一节　培训机会的抉择 42
第二节　四种培训定位模式 48
第三节　培训成熟度的五个阶梯 57

第四章 从培训定位到培训体系 ... 64

第一节 培训规划 ... 67

第二节 培训业务设计 ... 73

第三节 培训组织建设 ... 80

第四节 培训资源开发 ... 86

第五节 培训项目运营 ... 95

下篇 培训项目案例与操作要点

第五章 战略和文化项目案例与操作要点 ... 106

第一节 战略项目 ... 106

第二节 文化项目 ... 115

第六章 绩效改进项目案例与操作要点 ... 125

第一节 培训与绩效改进的异同 ... 127

第二节 绩效改进对培训工作的启发 ... 128

第三节 绩效改进项目的流程 ... 132

第七章 新员工项目案例与操作要点 ... 138

第一节 校招新员工项目 ... 138

第二节 校招新员工项目与社招新员工项目的异同 ... 148

第三节 揭开新员工导师制项目的神秘面纱 ... 151

第八章	**领导力发展项目案例与操作要点** 160
	第一节　高潜人才发展项目 162
	第二节　中层领导力发展项目 173
	第三节　高层领导力发展项目 181

第九章	**专业人才发展项目案例与操作要点** 190
	第一节　完整的专业人才发展项目 192
	第二节　专业人才发展项目系统逻辑 203

第十章	**资源开发项目案例与操作要点** 206
	第一节　学习地图开发 206
	第二节　内部课程开发和内训师培养 213
	第三节　组织经验萃取 221

后记	**培训工作者的蜕变与成长** 228

参考文献 243

上 篇

培训管理全景图

第一章　培训管理全景图概述

本章要回答的问题

- ◎ 培训工作者如何快速取得信任？
- ◎ 战略特征与培训机会点是怎样的关系？
- ◎ 培训机会点来源于哪里？
- ◎ 培训价值来源于哪里？
- ◎ 培训机会点与培训定位之间的关系是什么？
- ◎ 培训定位与培训规划之间的关系是什么？
- ◎ 什么是培训管理全景图？
- ◎ 如何用培训管理全景图看待培训工作？

案例

新任培训总监 Steven 的困境

A 公司是一家多元化集团性企业，总资产达万亿元，旗下有多家上市公司及其他若干个事业部，总业务单元近 10 个。主营业务包括高科技制造、热门新技术材料等。集团整体业务发展势头良好，高科技制造、热门新技术材料等主营业务保持稳定增长；几个新兴的业务，如新能源汽车、环保节能设备等增长迅猛；一些处于孵化期的业务，如金融、地产等也展示出较大的发展潜力。

集团人力资源管理采取了"3+1"的模式，即人力三支柱（共享服务、专家中心、业务伙伴）加培训部门（对外称企业大学）的模式。培训部门属于独立的一级部门，由主管人力系统的高级副总裁统一管理。集团人力资源管控采取"二元管理"的方式，对于成熟的业务板块、下属上市公司，以战略管控为主，集团总部负责制定政策和标准，进行工作检查，业务板块有自己的人力资源部门，人力工作独立运转；对于新兴和孵化期的业务板块，集团下派人力资源业务合作伙伴（简称HRBP），以运营管控为主，由集团负责日常人力资源工作的管理。

五年前，培训部门由董事长亲自揭牌成立，Steven是培训部门的新任培训总监（对外称大学校长）。在他上任之前，培训部门已经经历了两任培训总监，但都不太成功。第一任培训总监是内部转岗的业务专家，他的培训专业性较差，他主持下的培训工作比较碎片化，整体培训工作不成体系，培训部门没有产生预期的价值。第二任培训总监是外部招聘的，培训经验丰富，他尝试了系统的人才梯队建设、搭建专业人才课程体系、进行品牌课程开发、组建内训师队伍、开展有效的培训评估与宣传等工作，但这些依然没有取得太好的效果，没有达到董事长和集团高管期待的效果。作为第二任外聘的培训总监，Steven面对这样的状况又该如何做？他能成功吗？

第一节 理解战略是培训工作者的必修课

一、快速立足取得信任

Steven一接手培训部门，就收到了前两任培训总监留给他的"见面大礼"：培训部门基础薄弱，内部信任度较低，不但公司员工对培训部门没有好感，而且自己的直接上级高级副总裁也承受了一定的压力。高级副总裁希望培训部门能够尽快转变工作模式，重新梳理工作方法，改变现状，产生培训应有的价值。在这样的背景下，Steven面临的压力可想而知。他首先需要思考的是，如何快速找到切入点，完成1~2个高质量项目，取得信任。

Steven很清楚，要帮助他的直接上级高级副总裁减轻压力，最好还能够引起高级副总裁的上级（董事长兼CEO）的注意。所以，他并没有一开始就大刀阔斧进行改革，而是在工作中如履薄冰，在认真完成一些既定常规项目的同时，仔细观察和寻找机会。很快他就发现，集团多元化的业务发展，使集团业务板块多且分散，新业务板块的高管绝大部分来自外部招聘。所以，如何帮助这些高管快速融入公司、加深交流、提高归属感，如何帮助他们快速适应公司平台、发挥价值，一直是董事长和高级副总裁头疼的问题。

Steven 进一步分析发现，由于这些高管的层级较高，他们基本不参加入职培训，对公司发展历史和业务现状没有系统的了解，相互之间也缺少交流机会，入职后基本处于"被放养"的状态。结合这些分析，Steven 迅速设计了"高管入职面对面"项目。

首先，他针对新入职高管采取一对一入职培训的方式，在每位高管入职后的第一周，Steven 都会带着入职工具包和一份适合高管入职学习的 PPT，到高管办公室进行 2 小时左右的单独入职培训与交流，记录其入职后所面临的问题和需求，反馈给高级副总裁并做跟进处理。这个项目实施一段时间后，Steven 发现这个方式不仅培训效果非常好，还为他后续打开工作局面起到了至关重要的作用。

（1）他初步回应了董事长和高级副总裁希望新入职高管快速融入公司的诉求，高级副总裁也能够第一时间了解新入职高管的状态。

（2）他让新入职高管在加入一家业务如此复杂的公司后，能够快速熟悉这家公司的业务状态和脉络，并快速开展工作。对新入职高管的前期工作表现提供了很好的支持。

（3）他和这些高管快速地建立了个人关系，为推进后续工作起到了助力作用。有的高管甚至在培训时就和他交流公司的一些亚文化和业务难点，这样自然就与他建立了较近的个人关系。

其次，在高管加入公司 1~2 个月的时候，Steven 邀请他们进行为期一天的座谈会。上午举办沙盘活动，增进大家的相互合作、相互沟通与相互理解。下午请董事长、高级副总裁及其他老高管进行对话座谈，倾听大家的感受、困惑与诉求。大家平时没有合适机会表达的一些话题，在这个场合得到了很好的澄清和反馈。董事长能够听到大家的一些真实感受和需求，解答大家的一些疑虑和困惑，同时也能传达自己的管理思想和要求。

这个项目实施下来，董事长和高级副总裁都非常满意。Steven 算是打响了加入公司后的第一枪，获得了两位重要领导的基本认可，建立了一些信任基础。

二、从战略特征发现培训机会点

一两个项目的成功可以靠经验和运气，但要让一个部门持续获得赞赏，靠的就是对公司真正的理解，持续为公司创造价值。所以在取得基本信任之后，Steven 开始思考第二个阶段的问题：A 公司有什么特点？哪些地方是培训机会点？培训工作放在哪些地方更容易创造出高价值？

带着这些问题，Steven 开始进行战略分析，分析 A 公司的商业模式是什么、它的战略特点是什么、它的核心能力是什么、它的核心业务特征是什么、它的业务流程是怎样的等一系列问题。

但这些问题对于 Steven 来讲太复杂了，他无法清晰地回答每一个问题。在这个阶段他拜访了在公司工作时间较长的一些专家和管理者，同时也跟新入职一段时间的高管做了非正式沟通，更重要的是他套用战略管理工具对 A 公司进行了分析，绘制了公司的价值链。渐渐地，A 公司的战略特征在 Steven 脑海中浮现了出来。

（1）公司的商业模式强调资本运作、多元化投资拉动和投资机会的把握。

（2）对于有利于集团发展和资本投资热度较高的产业，公司会进行深度运营，甚至单独 IPO（首次公开募股）或借壳上市（甲公司通过把资产注入一家市值较低的上市乙公司，得到乙公司一定程度的控股权，利用其上市公司的地位，使甲公司得以上市）。

（3）对于其他产业，公司则主要考虑提升它们的投资价值，进行资产证券化操作。

（4）从产业格局来看，高科技制造是公司的支柱产业，已经成为行业的领头羊。

带着对以上四个战略特征的理解，Steven 接下来进一步分析在这些战略特征的背后，培训有什么机会点和可能的发力点。他很清楚，培训部门的两个首要核心领导是董事长和高级副总裁，他们拥有对培训部门价值的最终决定权。他开始从人力资源和培训的角度分析董事长和高级副总裁关注什么、不关注什么。Steven 逐渐总结出以下几个他们可能关注的点，即培训机会点。

（1）资本运作和多元化的投资模式，使集团投资和融资领域的中高层管理者大多来自外聘，并且随着投资领域的变化随时有新人加入。董事长和高级副总裁关注如何准确判断、评价和使用这些外聘的中高层管理者，如何让这些人迅速发挥自己的价值。

（2）由于集团的高科技制造产业发展时间最长，从人才现状来看，大部分管理者在公司时间都超过了10年，这些管理者的特点是稳健有余而创新不足、忠诚有余而活力不足。董事长和高级副总裁非常关注如何激发这些管理者的新动力。

（3）对于新兴、孵化期的业务，董事长和高级副总裁主要关注如何从战略方向、人才结构、团队氛围等方面为这些业务的发展提供助力。

（4）多业务之间如何形成生态联动，如何通过人员的交流和互动推进产业之间的协同发展也是董事长和高级副总裁关注的重点之一。

（5）对于大量新任中高层管理者涌入的情况，高级副总裁担心集团文化会被稀释，关注如何保证集团文化和价值观的一致性。

（6）多元化的集团业务现状，导致集团人力制度在落地和执行时也花样百出。如何帮助集团人力系统推进制度和管理的标准化是高级副总裁的关注点之一。

（7）多样性的集团业务现状，势必导致集团内部人才流动和转岗情况频发。高级副总裁也会关注在人员流动时，如何保障调整后的人员快速胜任、平稳过渡。

除了从战略特征中发现的以上七个培训机会点，Steven 还发现常规的培训工作（如人才梯队建设、专业队伍建设、业务问题解决等）主要是各业务单元一把手的思考范畴，不是董事长和高级副总裁关注的点，所以这些常规的培训工作不是 Steven 的工作重点。

第二节　培训价值来自精准的培训定位

一、基本的培训定位模式

完成了上述分析，Steven 已经对 A 公司有了较为深入的理解，但接下来的几个难题又摆在了他面前：面对这么多培训机会点，哪些是该做的？哪些是不该做的？培训部门的培训定位是什么？培训部门要如何发挥其价值？

Steven 研究过很多企业的培训部门的培训定位模式。他发现这些培训部门的培训定位一般不外乎推进战略、发展人才、促进业务、服务上下游等表述，多数培训部门甚至兼而有之。Steven 面对这些问题也陷入了沉思，从培训部门的职责来讲，推进战略、传播文化、发展人才、促进业务等都属于培训部门的职责范围，也是培训部门应该发挥价值的几个方面。但培训部门是否真的都能做好，能做多少，兼顾所有还是聚焦某一点，具体采取什么策略，为什么前两任培训总监都不太成功，这些问题一直困扰着 Steven。

二、价值聚焦是生存的根本

换个角度，我们先来看看一家企业或一个产品的培训定位。例如，一个洗发水产品，如果它宣称既能去油又能滋养头发，既能去屑又能防脱发，恐怕大多数人都不会相信，更不敢用。定位太宽泛等于没有定位，客户不会相信，也不会购买。只有定位明确、聚焦且精准，才能让客户信服，并获得相应的市场空间。所以，明确的、聚焦的培训定位不但是企业或产品生存的逻辑，对任意一个部门和培训工作来说亦是如此。正所谓"少就是多"，只有简单的、聚焦的培训定位才会让我们获得更好的生存机会。

Steven 很快从困扰中回到了现实。他在接手培训部门的时候，虽然部门编制是 24 人，但实际上人员已经不足 15 人，并且人员战斗力水平参差不齐。无论是从培训定位的角度还是从自身能力的角度，都容不得 Steven 贪多贪全，他必须聚焦，需要对所有机会进行筛选、排序，找到培训部门的培训定位，聚焦核心机会。

Steven 开始思考培训部门未来要做成什么模式、展示什么样的价值和水平，才能够保持持续的生命力和价值贡献。除了前面从战略特征中找到的培训机会点，他还开始分析董事长的管理特点，他的诉求有可能是什么；分析高级副总裁的管理范畴，他期望承担的角色是什么，他要呈现什么样的整体价值；分析公司整体发展态势是什么样的，这种态势对培训的需求可能是什么。

对这些问题，Steven 虽未完全思考透彻，但还是把问题答案大致描述了出来：董事长是一个资本运作高手，是一个战略家，他关心资本的投入、形态、转换和退出等环节，采用高动态的方式管理业务版图和组织结构。业务和组织基本处于半年一小调、一年一大调的状态，具体业务运营并不是他关心的重点。同时董事长是工厂管理出身，为人朴实，对工作要求严格，很乐于分享自己朴实的管理哲学，对管理层有着较高的工作作风要求。而高级副总裁对董事长的要求理解得非常透彻，他知道自己最核心的价值在于保证高端人才的动态供应和调整，以匹配董事长的业务扩张和节奏调整，所以他将精力重点放在了高端人才的招募、调配、关怀和整合等工作上。

除此以外，从组织定位的角度来讲，培训部门隶属于集团总部，与事业部的人力和培训团队工作应该有相应的区分。综合这些分析，Steven 最终明确培训部门的培训定位为两个。

（1）做集团的高端人才评价与融合中心。定期进行人才盘点，为组织调整、人员调配提供依据，并举办高管学习项目，促进高端人才的融合。

（2）做集团内部的人才与绩效发展咨询机构。与业务单元合作人才和绩效项目，为各产业部门的培训发展工作提供工具与专业指导。

以上两个培训定位实际上只涵盖了前面七个培训机会点中的前三个。Steven 认为，这两个培训定位是集团培训部门最为核心的培训定位，其他不作为工作重点。第一个定位旨在保障集团发展的人才配置，既是董事长关心的重点，又是高级副总裁价值体现中的核心内容；第二个定位重点关注和支持业务板块的发展，同时体现了与业务单元培训团队的差异化角色定位。

第三节　价值实现来自系统的培训规划

一、培训规划的基本内容

有了比较明确的培训定位后，Steven 接下来要基于培训定位，规划和落地各项培训工作，最终实现培训部门的价值输出。他接下来面临的问题是：培训价值如何实现？培训部门整体工作如何开展？逻辑和流程是什么？

培训工作的开展首先要有系统的培训规划，而培训规划的起点是培训定位。Steven 将第二节中的两个培训定位描述为"为集团核心人才提供评鉴与发展服务，为事业部提供人才与绩效咨询服务"。这句话对内可以作为培训部门的工作方向，对外可以作为价值传递的口号。这个口号很朴实且直接明了，是 Steven 喜欢的风格。

有了对培训定位的描述，Steven 接下来开始规划培训部门具体提供哪些产品和服务才能实现这样的价值，以及需要制定什么样的阶段性目标。基于价值描述，结合集团发展态势，通过几次团队共创研讨后，Steven逐渐勾勒出培训部门的产品体系。

在第一个培训定位方面，培训部门每年都会牵头做一次针对中层以上干部的人才盘点项目。这个项目在集团内部形成了很强的影响力，不但成为董事长和高级副总裁人才管理的重要工具之一，而且为业务板块一把手提供了强有力的人员调配依据。后来Steven还被邀请到事业部门开展事业部级的人才盘点项目，培训部门也以此为基础，延展出业务协同会、发展中心、IDP（个人发展计划）、行动学习等一系列项目。

在第二个培训定位方面，培训部门逐渐变为类似外部培训咨询机构的服务模式。由业务板块提出培训需求，集团培训部门参与项目设计并提供专业支持，业务板块负责具体项目的实施和落地。他们先后开发和实施了中高层后备人才培养、新业务团队"调性"打造、年度战略规划研讨会、业务团队执行力打造等系列品牌项目。

与此同时，为了支撑这两个培训定位下产品与服务的实现，Steven对培训部门进行了大刀阔斧的组织改革，组织结构由原来的职能式调整为矩阵式，分成三个团队。

（1）高管发展团队：主要负责对接集团高管人才评价与融合项目。

（2）业务伙伴团队：主要负责对接各业务板块的培训需求。产生培训需求后，由项目经理推动项目落地。在培训部门，这个团队的综合能力最高。

（3）专业顾问团队：作为项目实施的专家团队，具体分为领导力方向、学习开发方向和绩效改进方向。

接下来，Steven根据项目需求进行了相应的品牌课程开发、内部讲师培养、学习平台建设、集团培训管理、培训制度建设等工作，最后是项目的具体实施与开展。

总结来看，在培训规划的实施过程中，Steven主要完成了四个方面的工作：培训产品与服务的设计、培训组织与能力的建设、培训资源和平台的开发、培训项目的具体运营与交付。这四个方面的工作也构成了培训规划的主要内容。

在Steven担任培训总监的几年时间内，这样的培训定位取得了很好的效果。培训部门交付了一个又一个优质项目，为集团做出了持续的价值贡献，赢得了管理者和员工的赞誉，培训部门也获得了持续的生命力，并最终成为一所独具特色的企业大学。

最后，Steven 也谈到了培训部门和企业大学之间的区别。他认为，虽然在学术上，人们对培训部门与企业大学从战略地位、价值产出、团队规模、硬件条件等维度进行了区分，但是这样的区分只是对培训组织不同形态和成熟度的描述，无论是培训部门还是企业大学，培训部门的工作重心都是传递培训的价值主张并持续创造价值助力企业发展。

Steven 的项目对培训工作者最大的启发是，培训的模式千差万别，但重要的不是模式本身，而是你是否掌握了洞察和创建模式的过程，这正是"鱼"与"渔"的差别。

二、培训管理全景图

Steven 的项目，以一个新任培训总监的视角，介绍了培训工作者可能会面临的各种挑战，分析了每种挑战背后的实质问题，介绍了解决每个问题的关键点。这个过程其实就是培训管理的完整逻辑，笔者将其称为"战略视角的培训管理全景图"，如图 1-1 所示。

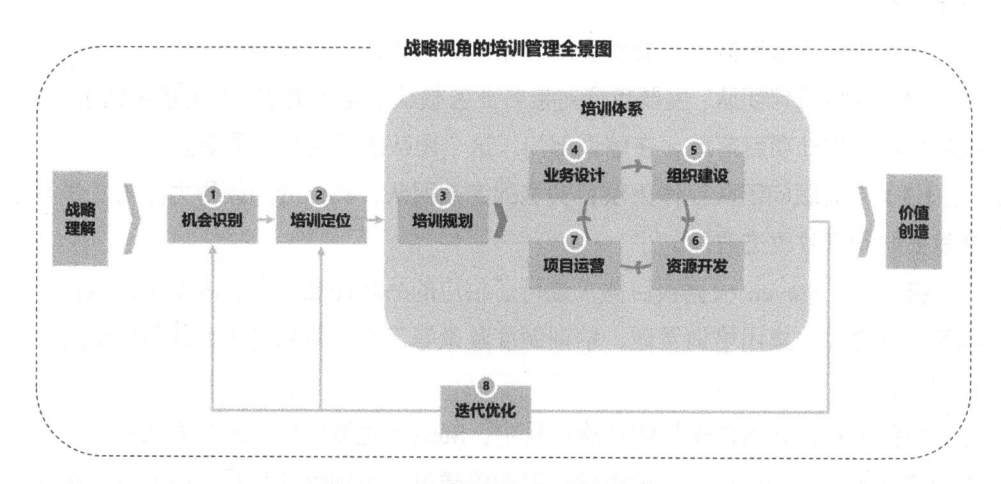

图 1-1 战略视角的培训管理全景图

战略视角的培训管理全景图包含一个输入、八个步骤和一个输出。

1. 一个输入：战略理解

培训工作者要学会理解企业战略。一方面企业是培训的最终客户，培训工作者必须通过了解企业战略管理的过程来深入理解企业；另一方面培训工作者要学会从战略管理的角度，将培训工作作为独立商业个体来理解与管理，这样会避免很多弯路和错误。

2. 八个步骤

（1）机会识别。培训部门需要从理解企业战略开始，分析企业价值创造的核心逻辑，理解企业战略管理的全流程，找到其中可能存在的培训机会点。

（2）培训定位。培训部门需要基于培训机会点，结合企业发展、关键客户、团队自身等情况，确定最为适合的培训定位。

（3）培训规划。培训部门需要基于培训定位，分析价值实现过程中的关键因素，形成开展培训工作的系统路径。

（4）业务设计。培训部门需要在培训规划的框架下，根据客户需求，进行培训产品与服务的具体设计，形成主要的培训业务清单。

（5）组织建设。培训部门需要设计部门的组织架构、管理模式和工作流程，持续进行组织能力和团队能力的建设与提升，以支撑培训业务的实现。

（6）资源开发。为推进培训产品与服务的交付与实施，培训部门需要进行学习地图、培训课程、培训讲师等资源的开发与建设。

（7）项目运营。培训部门需要通过项目需求分析、项目设计、项目交付、项目评估与推广环节，完成项目的实施与交付。

（8）迭代优化。机会、定位、规划到实施，是一个动态的过程。培训部门需要根据企业、客户、环境、自身情况的变化，持续进行复盘、反思、优化，并形成培训系统的迭代改善和螺旋循环。

3. 一个输出：价值创造

与一个企业存在的理由一样，培训部门存在的理由也是要为客户创造价值，否则它就没有地位，没有话语权，没有存在的意义。

本书将按照培训管理全景图的逻辑展开，上篇重点帮助培训工作者构建战略思维和培训管理全景图，下篇重点介绍典型的培训项目案例与操作要点。

战略视角的培训管理全景图

　　这套战略视角的培训管理全景图，不仅是新任培训总监的工作指引，还是那些工作了一段时间，却依然处于迷茫、抓不住重点甚至感觉心有余而力不足的培训工作者的参考资料。当然，如果你还不是培训总监，你更应该学习这套战略视角的培训管理全景图，它将加快你在培训领域的成长和发展。

　　无论你所在的组织是数万甚至几十万人的大型集团性企业，还是一个只有几百人的初创型公司，抑或是企业某个业务板块、某个部门的培训团队，这套战略视角的培训管理全景图都将帮助你明确培训定位，厘清培训工作思路。

　　这套战略视角的培训管理全景图，将引领培训工作者从一个更高的视角和思考维度来看待培训工作，从商业社会、市场逻辑、企业战略的角度来看待和管理培训工作。这套战略视角的培训管理全景图将指引培训工作者用战略视角明确培训定位，让培训工作真正成为企业发展中不可或缺的部分。

第二章　从战略理解到机会识别

本章要回答的问题

- ◎ 培训部门的客户是谁？
- ◎ 分析客户需求的三个方面是什么？
- ◎ 培训工作者为什么要学习企业战略？
- ◎ 培训工作者如何理解企业战略？
- ◎ 如何绘制企业价值链？
- ◎ 如何绘制战略地图？
- ◎ 如何从战略地图中找到培训机会点？
- ◎ 如何提升培训工作者的战略思维水平？

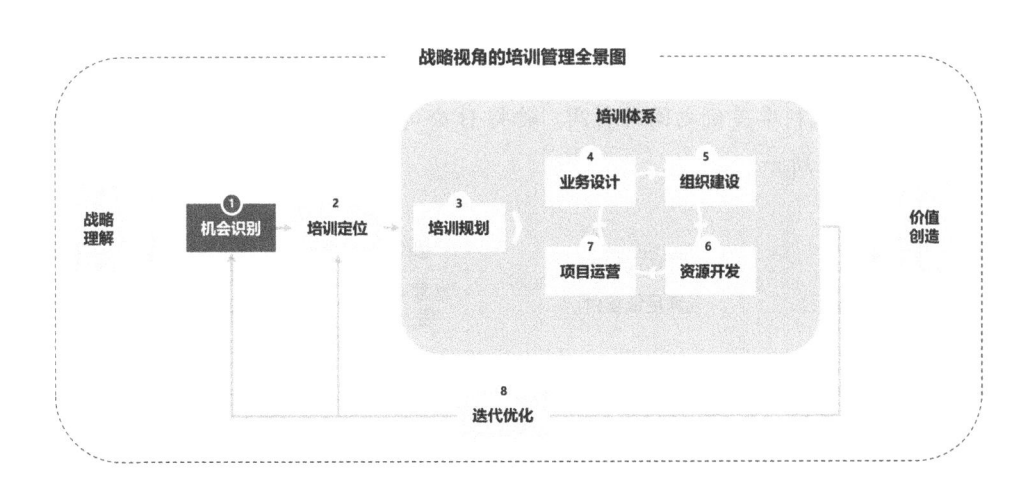

战略视角的培训管理全景图

战略理解 → **① 机会识别** → 2 培训定位 → 3 培训规划 → 培训体系（4 业务设计　5 组织建设　7 项目运营　6 资源开发）→ 价值创造

8 迭代优化

案例

聪明培训总监的两个坚持

B公司是一家互联网新零售汽车企业，业务遍布全国20余个省，员工总数超万人。成立短短几年时间，它就已经成为互联网新零售独角兽企业。

由于B公司业务处于汽车行业的渠道流通环节，与竞争对手相比，终端产品没有差异，差异只在销售手段、渠道方式、客户关系和客户服务等环节。在这种情况下，销售能力就成为公司生存的根本。所以，公司总裁希望培训部门不同于常规职能化的部门，培训能够成为业务发展的核心助力，成为业务发展和销售推动的核心工具。

新加入公司不久的培训总监Sally是一名经验丰富的培训工作者。她心里非常清楚，在这样的销售型公司，培训部门要生存，要获得自己的立足之地，培训工作就必须对销售起到直接且明显的作用。

明确这样的定位后，Sally继续深入分析，期望找到能够真正撬动业务的培训，以低于市场价的价格进行支点。她发现B公司的业务流程比较简单，可概括为四个环节：第一，车辆集采；第二，对产品进行设计，设计出满足三、四、五线城市潜在购车需求者的"汽车+金融"产品；第三，通过在全国开设直营店和加盟店，搭建在线销售渠道，进行获客、销售和售后服务；第四，车辆销售以后，总部再进行整体风险把控和后期还贷管理，最终获取卖车差价和贷款利率差价之间的利润。她将B公司的业务流程进行了简单的描绘，如图2-1所示。

集采（低于市场价）→ 产品设计（满足低首付）→ 销售（直营+加盟+线上）→ 售后管理（风险+坏账）

图2-1　B公司的业务流程

当然，B公司完整的业务流程比这个要复杂，但它用于对培训机会的分析基本足够了。Sally认为培训机会点应该来自这四个环节，她从中找到了六个培训机会点。

（1）产品集采阶段。集采的特点是根据各大主机厂销售策略的变化而变化。主机厂有打折车型或清库存需求时，公司就会拿到相应的低价车型。这种产品获取策略无法预测，充满变数且车型分散。集采的成功主要靠公司少数几位高管的关系推动，所以培训机会点并不在如何获取集采机会上，而在集采到低价车型后，如何快速将车型的特点、卖点等推广到全国直营店和加盟店的销售人员上。

（2）产品设计阶段。公司以"汽车+金融"为产品，产品中的首付、月还、保险等一系列元素会呈现数量众多、组合多样、灵活多变等特点。如何让销售人员准确把握产品特点，并向客户讲解明白，也是业务部门所面临的痛点之一。

（3）直营销售。门店的销售经理更新频次非常高，每年人员更换率接近80%。打造标准化、系统化的销售能力培养体系，也是业务部门的必然需求之一。

（4）加盟销售。公司对加盟店没有直接管辖权，如何平衡各种资源，更好地支持加盟商，帮助加盟商提高销售业绩，也是众多加盟商的需求之一。

（5）销售管理。分散的全国布点和快速的团队扩张，让很多销售人员被快速提升到管理岗位。这样"拔苗助长"的状态，导致他们的管理能力跟不上业务发展的要求。所谓"兵熊熊一个，将熊熊一窝"，如何帮助这些销售人员提升管理能力也是公司急需解决的难题之一。

（6）文化影响。销售人员所属地域分散，很多人从来没有到过公司总部，他们对公司的印象只是所在门店的那几十平方米而已。如何让每一个员工都感受到公司的整体文化，加强员工对组织的认同感和归属感也是公司的文化需求。

通过对B公司的业务分析，Sally找到了以上六个真实并急需解决的问题，即培训机会点。她信心十足地开始了自己的培训规划，并在此基础上做出了非常不错的成绩，获得了公司和业务部门的赞赏。

最后，Sally分享了自己的成功心得："培训不见得能立竿见影，你需要做到两点坚持——坚持清晰的方向和坚持打磨产品。只要你做到了这两点坚持，培训对公司的价值就会逐渐显现。"

第一节 培训机会来自企业战略

在以上案例中，Sally 面临的难题恐怕是很多销售型企业培训工作者都会面临的。在这样的企业中，培训工作进入了高管甚至老板的视野，他们对培训的期待和要求都很高。培训做好了能够直接促进销售提升，实现培训工作者的自我价值。与此同时，培训管理的挑战和风险也很高，如果做不好，培训工作者也会很快成为被替换的那个人。

企业不养闲人。不只是销售型企业，越来越多的其他集团性企业、民企甚至国企、央企都对培训提出了更高的要求。如果培训不能在企业发展、业务推动等重要环节为企业提供助力和支撑，培训工作者将面临极大的生存危机。

同以上案例中的 Sally 一样，在面对一家新企业、新平台的时候，培训工作者需要快速理解企业战略，分析企业业务，并据此找到培训机会点。每个企业有每个企业的不同，哪怕是同行业的两个企业，企业战略也可能完全不一样。每一名培训工作者均应掌握系统的战略理解和机会分析的方法，构建完整的战略思维，让自己在面对企业变革或转换职业机会时能够从容面对，快速洞察企业核心需求，让培训工作迅速步入正确轨道。

本章主要介绍培训工作者如何构建自己的战略思维，它将引领培训工作者从一个更高的视角来看待培训工作，引领培训工作者理解企业战略，从企业战略中找到培训机会点。

一、清晰的定位来自客户需求

我们的客户是谁？这是一个老生常谈的问题。笔者曾经问过很多培训工作者这个问题，很遗憾，绝大部分培训同人的回答都不准确。无论是创业者还是职业经理人，无论是企业还是企业中的一个部门，如果客户选择错误或不精准，我们的努力就会事倍功半、南辕北辙，我们的成果、价值和产出也只能是不尽如人意。那么，培训部门的客户到底是谁？

关于客户的定义和描述很多，但基本上都提到了一点，即客户是"购买产品与服务的个人或组织"。这里有一个关键词"购买",强调为你的产品与服务买单的个人或组织才是你真正的客户。例如,一家公司做儿童记忆力训练,它的客户到底是这些儿童还是这些儿童的家长?毫无疑问是儿童的家长。这家公司要想持续发展、获得持续的客户,提升儿童的学习体验、让儿童学有所成固然很重要,但更重要的是要清楚客户(儿童的家长)的诉求是什么,如何让客户能够知道他们产品的价值,如何让客户继续买单和转介绍,这些才是公司成功的决定性因素。

所以,真正为培训部门的产品与服务买单的客户,我认为应该是以下四类:整个公司、培训部门的主管领导、各个业务单元和职能部门的管理者、学员。其中前三类客户是我们关注的重点。

而往往我们容易把学员当成最重要客户,他们虽然也是客户之一,但我更喜欢称他们为培训用户。他们只是培训产品的最终使用者,他们会对前三类客户的意见产生影响,却并不是我们唯一的客户,甚至不是最重要的客户。就如同做儿童记忆力训练的公司,它的大多数营销精力要放在如何影响儿童的家长身上。这四类客户的具体特征与需求,将在第四章进行详细论述。

知道了培训部门真正的客户之后,反观很多培训部门的工作,又有多少真正花在了客户身上。例如,年度需求调研、需求访谈、项目设计、项目调研问卷、项目宣传、项目评估,这些看似简单的日常工作,取得的效果却总是不佳,往往是因为我们的起点错了。这时我们需要看看是否能准确回答以下问题。

- 需求调研到底要调研谁?只是学员吗?
- 项目调研的基本逻辑是什么?到底要调研什么?
- 项目宣传如何进行?宣传给谁?宣传方式一样吗?
- 项目前期要通知学员上级吗?如何通知?
- 项目评估如何进行?如何让你的客户一眼看到项目结果?

很多培训工作者回答以上问题的答案是错误的。这些看似每个培训工作者都会做、都在做的工作,往往经不起仔细推敲。经过仔细分析你会发现,工作对象往往是错位的,时间分配往往是错位的,工作方向往往是错位的,这些错位会让我们的工作效果大打折扣,甚至可能出现重大错误。

所以,精准的客户定位是一切工作的起点,整个培训规划设计过程都将以精准的客户定位为前提。

二、客户需求分析的三个要点

企业战略规划中有一个非常重要的环节，是客户需求分析，其中有一个很重要的方式叫作"客户移情"。它是指在进行客户需求分析时，首先要找到目标客户群，其次将自己想象为目标客户群中的一员，进而分析目标客户的工作环境、生活状态、工作内容，目标客户在这些场景中看到什么、听到什么、想到什么、做了什么，他有哪些痛点，他有哪些需求。例如，汽车生产商在设计汽车储物空间时，他们需要去体验目标客户在储物空间会放哪些东西，如手机、钱包、零钱、水杯、钥匙、证件等，然后据此进行汽车储物空间的设计，以做到更加人性化。这样的移情分析和思考，能够精准找到目标客户的需求，然后从产品研发、产品包装、宣传策略、投放方式等环节进行针对性设计，以达到更好的营销收效。

培训工作亦是如此，采用"客户移情"的方式，我们应该从以下三个方面分析客户需求。

（1）客户基本行为。我们要清楚客户是做什么的，主要有哪些行为，有哪些重要的工作，接触什么样的供应商，销售过程中有哪些合作伙伴，销售过程中提供什么样的服务，核心技术和竞争力是什么。另外，我们还应该清楚哪些因素、哪些人、哪些政策对客户的影响最大，客户希望在公众面前保持什么样的形象等。这些都属于客户基本行为的范畴，这是分析客户需求的第一个方面。

（2）客户痛点。在以上这些要做的事情和行为中，哪些是客户的痛点，哪些是客户最担心的，哪些是客户最有可能遇到的障碍，哪些是客户曾经受过的挫折，哪些是客户一直没有解决的问题等，这是分析客户需求的第二个方面。

（3）客户诉求。客户的目标是什么，客户想要成为什么样子，客户有没有对培训提出过明确的需求，客户希望培训给企业带来哪些收益，如何衡量培训部门是不是一个合格的部门等，这是分析客户需求的第三个方面。

培训机会的源头是客户需求，客户需求来自客户分析，从客户基本行为、客户痛点、客户诉求三个方面进行分析，细致完整地回答这三个方面的问题，找到问题背后的答案，这是机会识别的起点，也是找到准确、合适的培训机会点的关键。接下来我们看看回答这三个方面的问题的具体方法是什么。

三、理解企业战略是客户需求分析的关键

客户需求分析的关键在于对客户的理解和洞察，而企业战略是对一家企业理解和洞察的最佳工具和视角，是全面了解企业的关键。

企业战略包括了很多信息，这里有企业的使命和愿景，使命和愿景是企业生存的根本，帮助企业实现使命和愿景就是企业的需求；这里也有企业盈利的模式，只有搞清楚企业盈利的模式，才能找到帮助企业提升利润的着力点和撬动支点；这里也有企业实现目标的关键策略，帮助这些关键策略的落地，就是帮助目标的实现；这里也有企业的基本运作模式和核心活动，这些是企业的主要业务流程，也是可能的需求之一；这里还有企业各个环节的战略重点、企业战略的挑战、企业战略执行的关键等。这些都是企业的痛点和需求。

总之，企业战略基本涵盖了企业生存、运转、发展的核心要素，而这些要素是保障企业持续发展的重点。所以，理解企业战略是我们理解客户、找到客户需求和培训机会点最为有效的手段。

当然，企业战略从完整的意义上来讲是各种子战略的统称，如竞争战略、事业部战略、创新战略、人力资源战略、财务战略、营销战略、成本战略等。从这个层面来看，企业战略远比我们想得要复杂，每一个业务条线都可以有一个战略，每一个职能条线也可以有一个战略，深入分析每一个子战略都需要极强的背景知识和专业积累。但这不是培训工作者要做的，也不是我们能做的，我们不是战略专家，也不会成为业务专家，我们只需要了解企业的整体业务战略，并据此找到培训机会点，在开展具体培训需求分析和培训业务设计时再结合子战略进行研究即可。

理解企业战略是培训工作进行客户需求分析必不可少的环节。更重要的是，理解企业战略是培训工作者快速成长、建立战略思维、提升与业务高管对话、成为培训总监或企业大学校长所必须要掌握的核心能力。

接下来的第二节将引领培训工作者进入企业战略。

第二节 培训工作者都应该学会的战略思维

一、战略管理并不神秘

战略管理看似高不可攀，好像是企业高管才应该具备的能力。其实不然，基本的战略管理逻辑应该是每一个培训工作者都应该掌握的工具。哈佛大学教授钱德勒于1962年在《战略与结构》一书中提出："战略是确定企业基本长期目标，选择行动路径和为实现这些目标进行资源分配。"可以看出，基本的战略管理逻辑是确定目标、选择路径和执行落地，这种管理逻辑是企业战略、团队管理、个人工作管理和生活管理都应该有的，培训工作也不例外。

此外，培训工作者很多年前就提出培训部门要成为"企业战略发动机""企业变革推动者""业务合作伙伴"等角色，培训工作要赢得更高的价值赞誉和输出战略级贡献。要达成这些愿望，培训工作者需要具备基础的战略思维，应该知道企业在制定战略时，一般的战略管理逻辑是怎样的，有哪些关键的战略管理环节。

掌握战略管理逻辑至少会带来两个直接的好处。

（1）我们在与业务高管交流沟通时，能听得懂他们在说什么，知道他们讲的内容在哪个层面，对战略和业务的内容能够有相同的语义理解，在描述培训的作用时，能够尽量用客户化的语言进行表达。

（2）我们现在处在了一个VUCA（易变性、不确定性、复杂性、模糊性）时代，我们做任何事情，无论是创办公司、负责一个部门还是负责一个项目，都需要具有从客户需求到目标实现的完整逻辑系统。它不仅适用于企业的管理，还适用于部门的管理，甚至适用于个人职业生涯的管理。在亚历山大·奥斯特瓦德和伊夫·皮尼厄的《商业模式新生代》系列著作中，就既有企业版本，又有个人版本。

关于战略管理的理论和流派非常多，笔者基于各种战略理论，结合多年实施战略共创相关工作的心得，将战略管理总结成一个简单的模型——战略管理三部曲，希望帮助大家更简单地理解战略管理，如图2-2所示。

图 2-2　战略管理三部曲

二、战略管理三部曲之一：战略定位

一个企业，在做战略规划时，先要找到企业存在的意义和价值，这是企业存在的前提，也是商业环境的基本规则。这一步我们通常叫作战略定位，它涵盖两个维度的内容。

1. 市场机会选择

市场机会选择即根据外部市场和环境洞察，结合企业自身的能力现状，找到哪些是可能的市场机会，明确目标客户群，以及可能的盈利点与盈利模式。例如，华为手机早期定位于中低端客户群，有了一定基础才进入中高端客户群直接与苹果手机、三星手机竞争；小米手机定位于电子产品发烧友；OPPO/vivo 手机定位于关注音乐或拍照功能的年轻人。这些都是独特的目标客户群和市场机会选择。

2. 战略意图确定

选择完目标客户群和市场机会后是战略意图确定，企业需要思考要夺取这样的市场机会，以及赢得这个市场，客户的需求是什么，客户的应用场景是什么，客户的痛点是什么，对手如何解决这些需求，我们如何在这个过程中构建出我们的特色和差异化，我们要传递给客户什么样的价值主张（产品与服务向客户提供的价值，对客户需求满足的一种深入和具象化描述）。以此来构建我们在客户心中的独特形象和市场地位。例如，在手机行业，小米手机的价值主张是用成本低的方式获得领先的性能；苹果手机的价值主张是优质的客户使用体验和完备的生态系统。再如，在汽车行业，奔驰车传递的是豪华，宝马车传递的是操控。这些都是企业所构建的独特价值主张。具体来看，它包括三个步骤。

（1）构建差异化价值主张。价值主张是战略意图确定的核心，要让客户对我们的产品与服务有清晰的感知度和价值区分。

（2）构建企业的使命和愿景。使命是将企业的价值主张进行使命化描述，说明企业为什么存在，展示企业为谁、提供什么服务、传递什么价值等内容。愿景是如果完成和实现这样的使命，企业未来的理想画面是什么样的。

（3）确定战略目标，即愿景的具体化描述。它阐述了愿景实现的衡量标准，以及每个阶段企业分别应达到什么目标。

总之，战略定位包括两部分内容：市场机会选择与战略意图确定。市场机会是从外部环境与自身能力出发，找到培训机会点和目标客户群；在此基础上，战略意图包括三个步骤：构建差异化价值主张、构建企业的使命和愿景、确定战略目标。

清晰的战略定位，解决了企业为什么存在、要去哪里、核心价值是什么等一系列问题。企业如此，一所企业大学、一个培训部门或一个培训工作者亦是如此，能否清楚地分析所处企业的状态和自身能力，找到最为合适的培训机会点，并构建企业的独特价值主张，对培训工作非常重要。

三、战略管理三部曲之二：战略路径

假如将战略管理比作登山的过程，清晰的战略定位和明确的客户选择，就如同我们知道了要攀登哪座山，要到达哪个山峰。接下来我们要回答的是，选择哪条路去攀登这座山，以及在攀登过程中，我们会遇到什么挑战、有什么样的障碍、我们如何克服、我们使用什么工具、匹配什么样的装备、需要什么能力、需要怎样的团队等问题，这些问题就是战略管理三部曲的第二部曲。

第二部曲叫战略路径，它是对目标达成路径的判断和选择。一般会有两个视角。

第一个视角是业务视角，这个视角关注选择什么样的盈利模式和商业模式、推出什么样的产品组合与服务、我们的产品与服务如何触达客户、与客户建立什么样的客情关系、上下游供应链如何管理、研发创新如何管理等一系列与业务相关的问题。

这一视角在企业内部，通常很少有人能够全部讲清楚，作为培训工作者也不容易直接接触这些内容和相关资料。但这是企业生存和盈利的基本逻辑，培训工作者一定要通过多种方式，如领导讲话、分析报告、公开数据、内部刊物、与公司前辈沟通等，形成自己的思考，不需要多么详尽和精准，只需要有自己的完整理解即可，这是开展培训工作的基础。

第二个视角是能力视角，这个视角关注企业的组织能力。战略路径能否实现除了看业务本身的设计是否有效，还要看组织能力是否足够。管理大师杨国安教授在其《组织能力的杨三角》一书中，将组织能力定义为三个支柱。

- 第一个支柱是"员工能力"——"会不会"。它是指员工是否能够实施企业战略，打造组织能力所需的知识、技能和素质。
- 第二个支柱是"员工思维"——"愿不愿意"。它是指员工是否愿意展现与组织能力匹配的价值观、行为和投入度。
- 第三个支柱是"员工治理"——"容不容许"。它是指企业是否能够提供有效的管理支持和资源，使员工充分施展所长，执行企业战略。

员工思维包括企业文化、员工绩效考核、员工激励等内容；员工能力包括关键人才招募与保留、领导梯队建设、核心专业队伍建设等内容；员工治理包括集团管控模式、组织设计、角色与协同机制、流程与制度等内容。关于组织能力有很多理论和流派，培训工作者无须掌握过多的研究理论，只需要学会使用1~2个经典理论即可，杨国安教授的组织能力理论是较为适合培训工作者的理论之一。

通过业务视角和能力视角的分析研究，我们需要进一步对战略实现背后的驱动因素进行提炼和抓取，分析可能面临的难点和障碍，并据此制定相应的解决策略和方案，最终形成实现战略目标的战略路径图。战略路径图在企业内部一般不会有很明显和完整的存在，它以碎片化的方式展现在企业的各种经营策略和管理动作中，用心的培训工作者要善于总结和提炼。

你可能已经发现，战略路径不单是企业战略制定的思维逻辑，还是培训工作者在做年度培训需求分析，或者设计战略类和业务推进类学习发展项目时的思维逻辑。

培训不是万能的，但很多业务工作者在遇到问题时，很自然地会将问题出现的原因归结为人不行、培训不行。这时候培训工作者必须要有清晰的头脑和判断能力，用战略路径的两个视角，对业务工作者提出的一些问题进行判断，区分这些问题属于业务问题还是能力问题，从而进一步确定是否可以通过培训方法来解决。

所以，战略路径的思维逻辑能帮助我们完成从业务分析到学习分析的过程，同时准确地回答哪些是学习发展的解决范畴，哪些是企业战略、管理、运营要解决的问题。

四、战略管理三部曲之三：战略执行

战略管理三部曲的第三部曲是对战略路径的解码、执行和落地。战略定位表达了要去的地方，战略路径解决了如何去的问题，战略执行则引导我们一步一步踏上旅途。

战略执行通常有三个任务。

第一个任务是对战略路径进行解码，即将战略路径进行分析和分解，变成具体的执行计划。战略路径必须要落到企业和个人头上才会运转，通常它以经营计划、重点工作计划、各个部门和岗位的业绩指标、关键绩效指标、OKR等形式来呈现。这些形式可能包括新产品开发、市场扩张、运营流程优化、文化变革、核心人才引入等各项企业经营管理动作。在战略解码这一点上，很多企业都做得不好。很多高管抱怨团队执行力不足，战略没有被执行。但这往往不单是团队执行出了问题，而是战略解码本身就出了问题，没有很好地完成从战略路径到执行计划的解码过程。战略目标的清晰和战略路径的设计固然重要，但能否将它们解构为具体的执行计划才是决定战略能否落地的关键。

第二个任务是保障机制，即战略执行计划实施过程中的监控和奖惩机制。它能够保障战略执行计划得到有效的执行，定期检视战略执行计划的情况，保证当出现偏差时，可以被及时发现并被及时纠偏。保障机制是战略最终能否顺利落地的控制器。

第三个任务是复盘和迭代升级。在VUCA时代，企业所面临的内外部环境正在发生着迅速、激烈、不确定甚至是颠覆性的变化。我们面对的环境变得越来越无法预测、难以影响、不易改变。企业已经无法用线性思考的方式去面对这样的市场环境，而要用量子思维（量子思维出自丹娜·左哈尔的《量子领导者》一书）的方式去面对复杂多变、不可预测的市场环境。在企业战略定期复盘中，我们要不断反思战略执行程度及市场表现情况,持续洞察和发现战略的适应性和有效性。当面对效果不佳的战略时,要带领企业再次进入战略管理三部曲,对战略定位、战略路径和战略执行进行复盘和迭代升级,使企业保持灵活应对的状态,让企业获得持续的生命力。

总之,战略管理三部曲包括战略定位、战略路径和战略执行。这三部曲有很多的战略理论、方法和工具,如 PEST、波士顿矩阵、GE 矩阵等。但这些不是培训工作者要学习和掌握的重点,培训工作者只需要构建战略思维大框架和基本逻辑即可。

第三节 从企业战略中找到培训机会点

一、主动出击,用业务语言表达培训

培训工作者常常会面临一个尴尬状态,即无论你的上级是人力资源总监、人力资源副总裁,还是职能条线的高管,他们对培训可能都没有具体要求,也说不清楚希望培训做到什么程度。但当企业出现跟员工有关的问题时(绝大部分问题都能找到人的原因),他们往往会把责任归结到培训工作者身上,认为他们没有把人培养好。

所以,培训工作者不应该等待上级给出具体的工作指示,因为等来的很有可能是批评和追责,而应该学会主动出击。我们要主动告诉他们,我们的思考,准备关注哪些重点,解决什么样的问题,让培训工作产出什么价值等。主动出击不仅能够让我们明确方向,提高工作效能,还能帮我们避开一些不应该背的"锅"。

主动表达你的培训规划思路,不能只从培训本身和培训具体工作出发,不能只是告诉上级,你要做新员工,要做领导力,要做课程体系,要做课程开发。这种表达方式属于培训专业语言,对于上级来讲,他们或许不会提出异议,不会马上否定你的想法,但其实内心并不清楚你有什么价值,你做的事情与他们的业务管理有什么关联。

战略视角的培训管理全景图

从战略和业务的角度出发，你需要用他们听得懂的语言来表达你对业务的理解，呈现你从业务中找到的需求和痛点，说明你将用什么工作来满足这些需求和痛点，进而告诉他们培训工作如何帮助业务发展，促进战略执行。

那么，如何用业务语言来呈现培训的价值呢？我们来看一个小案例——某培训总监的述职材料，如图 2-3 所示。

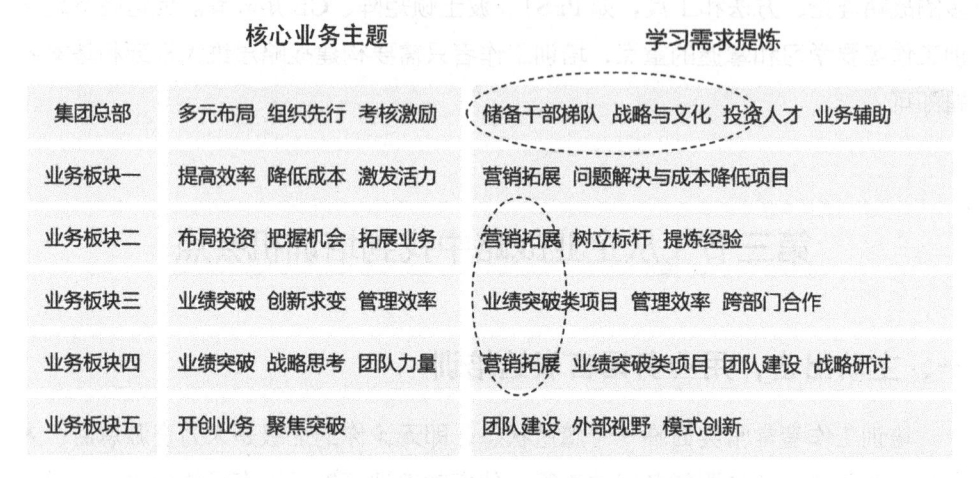

	核心业务主题	学习需求提炼
集团总部	多元布局 组织先行 考核激励	储备干部梯队 战略与文化 投资人才 业务辅助
业务板块一	提高效率 降低成本 激发活力	营销拓展 问题解决与成本降低项目
业务板块二	布局投资 把握机会 拓展业务	营销拓展 树立标杆 提炼经验
业务板块三	业绩突破 创新求变 管理效率	业绩突破类项目 管理效率 跨部门合作
业务板块四	业绩突破 战略思考 团队力量	营销拓展 业绩突破类项目 团队建设 战略研讨
业务板块五	开创业务 聚焦突破	团队建设 外部视野 模式创新

图 2-3　某培训总监的述职材料

该案例是某培训总监述职材料中的一页 PPT。我们来分析一下他的表达方式，显然该培训总监在的是一个多业务板块的集团化公司。首先，他对业务进行分类，找到不同业务条线的核心主题与关键挑战，如多元布局、提高效率、业绩突破、开创业务等一系列主题；其次，他从这些业务主题提炼出相应的学习需求点；最后，他从学习需求点推导出培训部门的年度工作重点。

这样的表达方式很清楚地展示了培训工作的起点。他不是按照常规培训工作分类的新员工、通用力、领导力、销售力等来表达的，而是完全从业务角度出发，通过业务理解和需求点分析，确定培训的重点工作和项目，这是一种业务化的表达方式，是上级听得懂、有共鸣的表达方式。

要学会这样的表达方式，首先要学会理解公司的战略与业务，我们再来看一个案例。

二、从战略到培训机会的逻辑

案例

焦虑的培训总监

C公司是一家全产业链的高科技新能源企业,成立时间超过20年。已经经历了初创、发展、震荡、转型等发展阶段,开始进入成熟发展的阶段。它有很深的文化底蕴与企业精神,经历过辉煌,也面对过生死挑战。在创始人(本案例指总裁)极强的使命感与感召力下,公司有稳定的中高层管理团队,还有很强的韧性和顽强的生命力,无论遇到多大的困难与挑战,它都依然持续向前,并于5年前成功在海外上市。

公司当前业务主要聚焦在清洁能源的系列产品上。业务链条涵盖了底层技术研发、原材料生产、产品设计、产品制造、产品包装、品牌推广、终端销售等环节。培训总监Michael是一个"80后",在这家公司已经工作了3年多,当说起这家公司时,他流露出由衷的赞赏,言语间透露出一种极强的自豪感。

Michael说到,这家公司的业务其实非常复杂,产业链也很长。他到公司很长一段时间内都很不能很好地理解公司业务全貌,也抓不住培训工作的重点。在这样的困惑中摸索了半年以后,他才慢慢用自己的方式找到了公司的战略逻辑,他在一次半年工作规划汇报中,将自己理解的C公司业务链条分析图画了出来,如图2-4所示。

Michael分析,公司的整体业务链条覆盖了上游、中游和下游,他将业务链条细分为五个部分,并对每个部分的核心产出进行了描述。例如,第二部分的核心产出是生产设备制造、生产设备交付、供应链管理,第四部分的核心产出是渠道销售、大客户销售、电商销售。在对业务链条有了基本的分析后,Michael又继续向下进行分析,从核心产出中分析这些部分需要哪些重点能力,哪些是培训机会点,即C公司培训机会分析图,如图2-5所示。

图 2-4　C 公司业务链条图

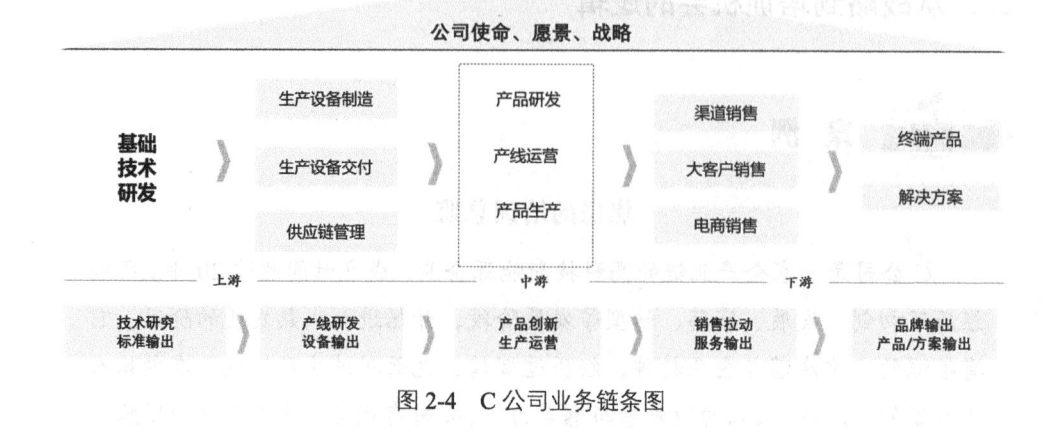

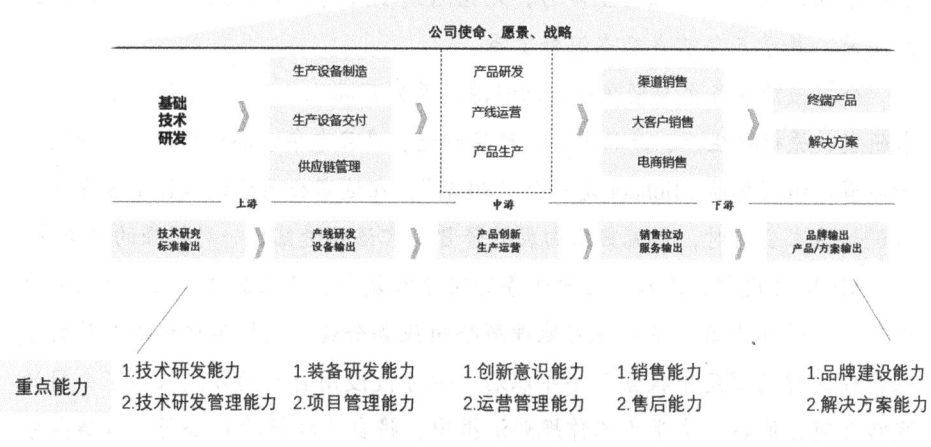

图 2-5　C 公司培训机会分析图

当完成这张图后，Michael 基本上找到了工作方向，他对公司的培训诉求点也做到了心中有数。在这张图的指引下，Michael 开始了培训体系和框架的搭建，并设计和交付了很多高质量的培训项目，让培训成为公司发展中的重要力量。

最后 Michael 也提到，当他画出这张图时，心情并没有完全放松，因为这张图里边的内容太多，他并没有充足的资源去完成这里边所有的内容。如何在其中做取舍，如何找到核心部分，如何用不同的方式来处理不同的内容，如何调动分/子公司培训系统共同参与，这些都是他在执行过程中遇到的挑战，这些内容将在本书第三章详细介绍。

在以上案例中，C 公司的业务流程（也称业务价值链）比较完整，基本涵盖了大部分企业都会涉及的业务流程。不同企业的业务流程有所不同，有的简单，有的复杂，虽不一样，但只要我们深入理解和加强沟通，仔细研究企业各种文件，虚心请教企业前辈，就能把业务流程顺利绘制出来。

完成业务流程绘制后，我们再对业务流程中的每个节点，逐一分析研究，找到每个节点的特征和主要产出，从而找到培训机会点。如果自己无法分析清楚，可以找到业务流程中对应部门的同事进行沟通，询问他们这个部分的价值和作用、过去一年有哪些做得不够好、原因是什么、未来会面临什么样的挑战、如果这一部分没有做好对公司会产生什么影响和后果、这部分做好的关键点是什么、对人有什么要求等问题，只要能够得到这些问题的答案，我们很快就能找到培训机会点。

我们总结一下 Michael 在这个案例中的操作逻辑：第一步是对业务流程的分析和绘制；第二步是对业务流程中的每个节点进行核心产出界定，这一步对业务流程复杂的情况非常有用，他对纷繁复杂的业务流程做了核心产出的界定，有利于之后的分析推演；第三步是针对每个业务流程环节，结合核心产出，分析它的痛点和难点是什么，分析这些痛点和难点背后需要哪些核心能力，分析需要哪些核心群体和岗位去解决这些痛点和难点。最后，在此基础上形成培训机会点。

培训机会分析还要做到静态需求和动态需求的结合分析，以及长期需求和短期需求的结合分析。业务流程是公司的静态需求和长期需求，每年的阶段性工作重点和阶段性业务要求是公司的动态需求和短期需求。对公司整体战略的理解，决定了我们的如何寻找培训机会点和如何选择培训模式。而年度工作重点或公司高管的临时要求，决定了我们开展工作的先后顺序及每个阶段的培训重点。

战略理解和业务流程其实并不复杂。作为培训工作者，我们对业务流程理解的颗粒度不需要太细，不用将业务流程的全部细节绘制出来，只需要梳理基本的业务链条、业务关键环节、核心业务挑战即可。培训工作者分析战略理解和业务流程，核心目的是找到培训机会点，要以终为始，只取要点。

本节所描述的战略理解属于战略管理三部曲的第二部曲：战略路径。大多数情况下，我们并不需要花太多精力去分析和理解企业采取什么样的战略模式和竞争策略（这属于战略管理三部曲的第一部曲：战略定位），我们只需要了解企业战略目标及实现目标的路径和策略即可。

在这里推荐培训工作者两个经典的战略理解工具：价值链（迈克尔·波特《竞争优势》）和战略地图（罗伯特·卡普兰和大卫·诺顿《战略地图——化无形资产为有形成果》）。掌握这两个经典的战略理解工具，对培训工作者来讲足够了。

三、如何绘制企业价值链

迈克尔·波特认为，价值链是一种高层次的物质与信息流转模式，由原材料投入开始，直至原材料通过不同过程与价值创造活动到达顾客手中为止，其中做出的所有活动都可作为价值链的组成部分。每一个企业都是在产品研发、设计、采购、生产、销售、服务等过程中进行种种活动的集合体，所有这些活动都可以用价值链来表达。

价值链分析模型包括基本活动和支持性活动，培训工作者在对企业活动进行分析时，可以用这些活动（如价值链分析模型主要活动类型所示）作为基础对照表，逐一对所在企业进行活动分析，选出核心经营活动，形成自己的价值链分析图。

价值链分析模型主要活动类型

基本活动有五种类型

进料后勤：与接收、存储和分配相关的各种活动，如原材料搬运、仓储、库存控制、车辆调度和向供应商退货。

生产作业：与将投入转化为最终产品形式相关的各种活动，如机械加工、包装、组装、设备维护、检测等。

发货后勤：与集中、存储和将产品发送给买方相关的各种活动，如产成品库存管理、原材料搬运、送货车辆调度等。

销售：与提供买方购买产品的方式和引导他们进行购买相关的各种活动，如广告、促销、销售队伍、渠道建设等。

服务：与提供服务以增加或保持产品价值相关的各种活动，如安装、维修、培训、零部件供应等。

支持性活动有四种类型

采购与物料管理：指购买用于企业价值链各种投入的活动。采购既包括企业生产原料的采购，又包括支持性活动相关的购买行为，如研发设备的购买等，亦包括物料的管理作业。

研究与开发：每项价值活动都包括技术成分，无论是技术诀窍、程式，还是在工艺设备中所体现出来的技术。

人力资源管理：包括各种涉及所有类型人员的招聘、雇用、培训、开发和报酬等活动。人力资源管理不但对基本活动和支持性活动起辅助作用，而且支撑着整个价值链。

企业基础制度：企业基础制度支撑了企业的价值链条。例如，会计制度、行政流程等。

资料来源：迈克尔·波特.竞争优势[M].陈丽芳,译.北京：中信出版社，2014.

价值链涵盖了大部分企业的活动。我们可以用价值链对自己的企业进行分析，描绘主要经营活动，使用中要注意以下四个方面。

（1）由于每个企业的商业模式、业务领域、产品特征不同，价值链并不一定包含所有的活动。例如，本章开篇案例中的B公司就没有原材料、生产等环节。

（2）由于每个企业的组织架构和业务形态不同，价值活动的呈现形态和结构也有所不同，会呈现不同特征的价值活动组合。例如，美团、携程等互联网企业很重视中台系统，将自己的核心能力和资源集中形成中台系统，服务于生态系统中的各项业务。

（3）对于多元化企业，我们可以先绘制企业的价值链，再绘制核心业务板块的价值链。当发现企业的价值链不好绘制时，也可直接绘制核心业务板块的价值链。

（4）不同的活动具有完全不同的价值。往往某一部分特定活动为企业创造了绝大多数价值，这些创造更多价值的活动，就是价值链上的关键环节。

四、从价值链分析到培训机会点

绘制企业价值链只是完成了战略理解的第一步,接下来进行从企业价值链到培训机会点的转化分析,先来看一个小案例。

D 公司是一家多元化经营企业,培训总监 Garry 加入这家公司后,仔细研究公司任何一篇内部文件、新闻稿件、网络报道,认真参加每一次业务会议并记录会议内容,与不同部门的同人进行持续的交流和学习,经过 3 个月的认真分析与思考,他完成了 D 公司的企业价值链分析图,如图 2-6 所示。

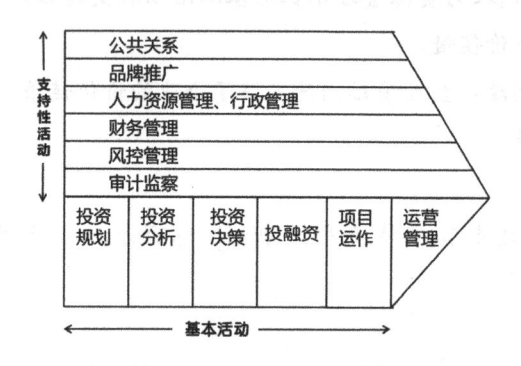

图 2-6 D 公司的企业价值链

在此基础上,Garry 进一步从 D 公司的企业价值链中找到以下几个培训机会点。

(1)从基本活动来看,D 公司是投资拉动型企业,业务部门关注的重点是投融资环节和运营管理的环节。培训机会点可能会包括帮助业务部门拓展投融资渠道、完善投资决策机制、了解资本市场走势等。

(2)从支持性活动来看,由于 D 公司以投资为主导和多项目运作的模式,它在人力资源管理方面需要大量的投融资人才,所以这些人才的融入和保留会是一个培训机会点。

(3)由于 D 公司投资了大量的企业,在这些被投资企业的运营管理环节中,财务管理环节就变得尤为重要,所以对所投资企业的财务人员进行外派培养也是一个培训机会点。

有了培训机会点的初步分析,Garry 并没有停下脚步,他带着自己的结论,分别找了相应的部门专家、自己的上级、业务高管,沟通验证自己的想法,不断进行修正和打磨，最终将企业所需的六大能力总结出来，如图 2-7 所示。

图 2-7 企业所需的六大能力

到此为止，Garry 找到了企业所需的六大能力，接下来的培训工作是大多数培训工作者所熟悉的内容。例如，界定关键人群、确定能力标准、找到差距、设计项目、实施项目、评估宣传等一系列工作。

根据 Garry 的分析过程，我们可以总结出，从价值链分析到培训机会点的五个步骤，如图 2-8 所示。

战略理解 → 价值链绘制 → 关键任务分析 → 关键能力分析 → 关键人群分析

图 2-8 价值链分析到培训机会点的五个步骤

（1）战略理解。先要对企业战略模式、商业模式、业务流程、产品服务等内容有基本的认知和理解。

（2）价值链绘制。在理解企业战略和业务流程的基础上，尝试绘制从原材料、产品、销售、客户到售后的全业务流程，形成价值链分析图。

（3）关键任务分析。基于价值链分析图，区分和总结出哪些环节是价值创造的关键环节，哪些是价值链难点，哪些是当前的薄弱点，这些都是价值链的关键任务。

（4）关键能力分析。逐一扫描关键任务，分析任务完成背后所需要的关键能力，从而找到企业所需的关键能力，即培训机会点。

（5）关键人群分析。这些关键能力要由关键岗位上的人来实现，这些人就是我们未来培训的核心对象。

这五个步骤适用于绝大多数企业的价值链分析，能够帮助我们完成从战略理解到价值链分析的过程，并最终找到培训机会点和可创造的价值点，从而明确培训的定位和工作方向。

当然有些培训机会点或许不是来自能力提升，而是直接来自战略、业务差距、绩效问题等维度，这些内容将在培训定位模式中进行介绍。

企业要保持持续的竞争优势，通常是与竞争对手相比，在价值链的某些环节上具备差异化的特征和优势。如果培训工作者能够通过自己的洞察与分析，将培训工作准确地着力到这些差异化竞争环节中，在找到企业的关键能力上做出贡献，就能够帮助企业持续加强自身的竞争优势，同时也会让培训部门的工作真正触及战略核心，构建培训部门自己的战略价值。

五、如何绘制战略地图

平衡计分卡的两位创始人罗伯特·卡普兰和大卫·诺顿发现，绝大多数企业都无法全面简单地描述战略，从而导致管理者与员工之间不能有效沟通，对战略无法达成共识，战略执行过程中会出现执行不力与执行偏差的情况。两位创始人在平衡计分卡的基础上提出了战略地图。

战略地图包括财务目标、客户价值、内部流程和学习成长四个层面。这四个层面，不仅说明了企业最终追求的财务目标，并在此基础上，阐释了要实现企业财务目标我们应该选取怎样的客户定位和传递怎样的客户价值主张。还说明了我们要用什么样的流程来实现客户价值主张，最后还展示了我们需要构建什么样的内部能力，如何激发团队才能保障内部流程的运转通畅，从而最终实现我们的财务目标。所以，战略地图将企业财务目标和实现路径之间的关系进行了一个结构化的阐述，让员工在理解企业财务目标的同时，也能知道财务目标实现的路径。它的基本结构，如图2-9所示。

第二章 从战略理解到机会识别

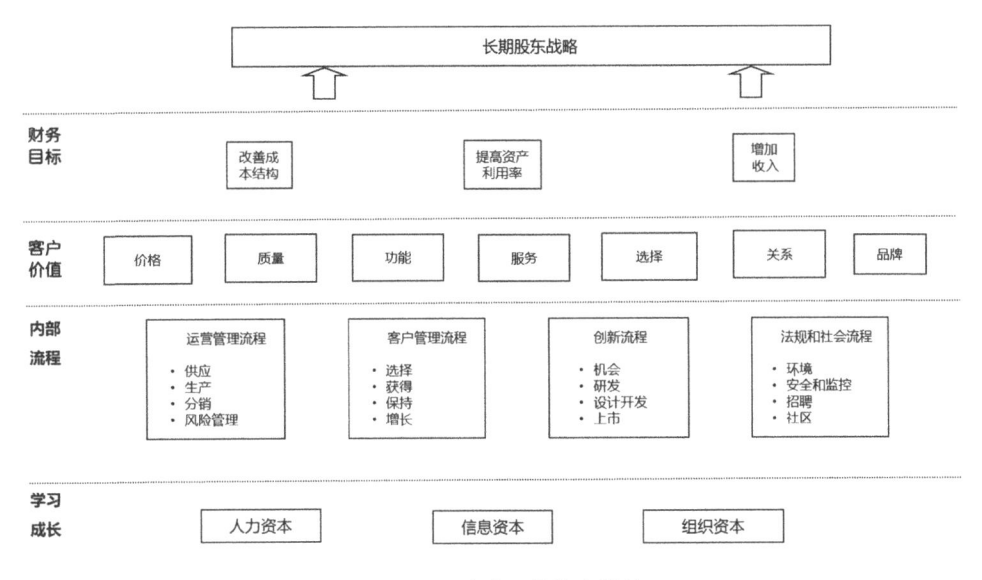

图 2-9 战略地图的基本结构

财务目标层面和客户价值层面往往是滞后性和结果性指标，它们代表了企业最终能否成功。而内部流程层面和学习成长层面是过程性和引领性指标，它们代表了企业如何成功。

六、从战略地图中找到培训机会点

在分析培训机会点时，战略地图比价值链分析结构更加明确，内容更加丰富。价值链分析在完成分析图绘制后，还需要对关键环节进行二次分析和解构，而战略地图一旦完成绘制，就可以直接从战略地图中找到培训机会点。下面来看一个案例。

E 公司是国内一家排名靠前的地产企业，人力资源经理 July 全面负责人力资源工作，培训是其中最重要的模块之一。凭借多年的人力资源管理经验，July 对平衡计分卡已经非常熟悉，在加入 E 公司的第一年，进行年终培训工作规划时，她使用了战略地图的方式，绘制了该公司的战略地图，如图 2-10 所示。

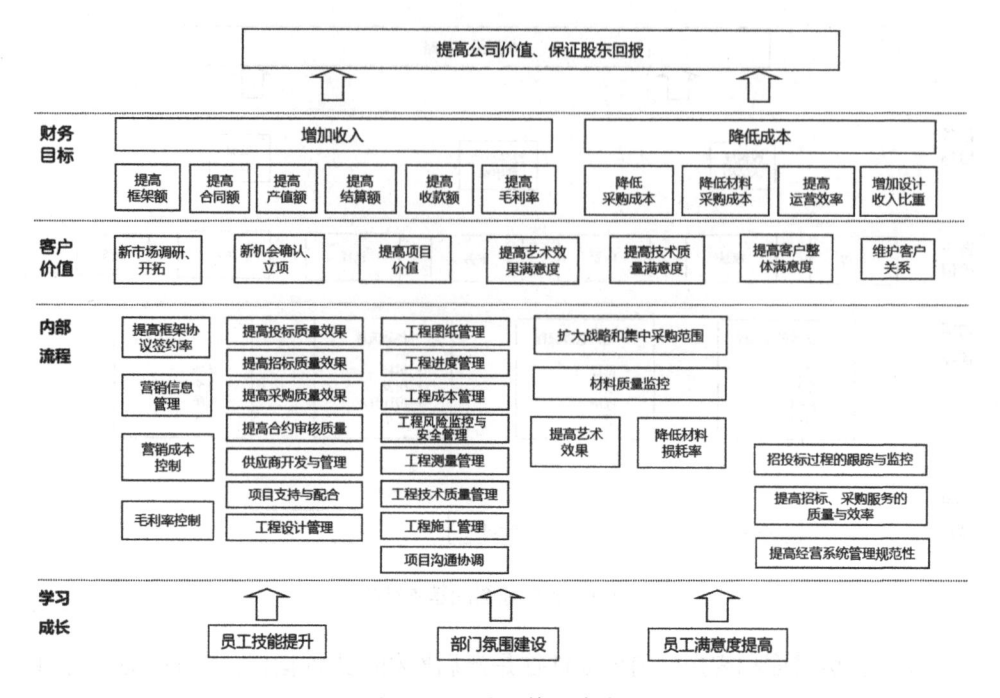

图 2-10　E 公司的战略地图

在这张战略地图上，July 知道她的着力点应该在内部流程层面和学习成长层面，她快速找到培训机会点。

（1）在内部流程层面，她发现 E 公司的专业人才队伍可以划分为三个条线：前期销售条线、招投标条线和工程管理条线，这三个条线的专业队伍是她的重点培养对象。另外从关键流程和任务上，她发现公司比较关注的是工程图纸管理、工程技术质量管理等，这些都是重点的培训内容。

（2）在学习成长层面，她发现因为公司是项目制企业，所以项目化管理、区域化管理、模块化管理是各级管理人员的必备技能。同时由于项目团队工作地点比较分散，企业文化建设与宣贯亦非常重要，这些都是重点的培训内容。

有了对这些培训机会点的洞察和分析，July 进一步结合团队能力情况和上级要求，最后将培训重点聚焦在四个人群上：大客户销售团队、投标团队、工程现场管理团队和项目经理团队。在这四个人群上形成分层级、分梯队的培养体系。同时聚焦内部最佳实践提炼和课程开发，培养内部培训师与导师，全面开展师带徒的培养模式，取得了不错的效果。

在以上案例中，我们发现培训机会点最容易从内部流程层面找到。因为内部流程层面基本涵盖了企业的核心业务活动和主要工作模块，培训能够帮助促进和提高内部流程层面的效率，从而促进企业的成长与发展。

学习成长层面也容易找到培训机会点，以上案例中对这部分的战略地图描述比较简单。在实际工作中，培训工作者绘制战略地图的这一部分时应该多下功夫，可能地图中的内容模块本身就已经是培训的重点，可以直接纳入培训计划中。

财务目标层面和客户价值层面是企业发展好坏的衡量标准，是企业经营的目标，一般来讲比较难从中直接找到培训机会点。而内部流程层面和学习成长层面是支撑财务目标层面和客户价值层面的核心活动，这两者是我们分析的重点。所以，战略地图分析的基本逻辑是，以财务目标层面和客户价值层面为最终目标，找到内部流程层面和学习成长层面的核心模块与关键活动，从中找到培训机会点。

战略地图中的内部流程层面，通常是企业最重要的工作流程。无论是运营流程、客户管理流程还是产品研发流程，内部流程中那些直接支撑客户价值创造的活动一般就是核心环节（例如，在 E 公司的案例中，优秀的艺术效果一直是公司赖以生存的差异化优势，所以运营流程中的提高艺术效果就是核心环节）。这些活动背后所需要的能力和实际执行的人群就是我们应该重点关注的培训机会点。

学习成长层面中的内容是从人力资本维度、信息资本维度、组织资本维度进行的战略举措描述。人才资本维度的配置需求和能力需求，信息资本维度的沟通方式和信息传递，组织资本维度的领导力和文化，这些内容本身就是培训的重点工作内容。只是在绘制战略地图时，对这些内容要进行个性化界定，找出企业战略要求下对这些内容的侧重选择与独特需求，只有这样才能精准定位培训机会点。

七、战略理解是一种习惯，马上行动起来

本章重点介绍了两个经典的战略理解工具：价值链和战略地图。其中，价值链分析模型要求培训工作者对企业的基本活动及支持性活动进行提炼和分析，并按照价值产生的逻辑绘制出价值链分析图，然后在这个基础上分析关键任务，从而分析出关键能力和关键人群。价值链分析模型的难点在于绘制出价值链分析图后，如何找出背后的培训机会点。其中，找到培训机会点并不难，难的是如何对培训机会点进行分析和定义，这个过程不是培训工作者自己能够完成的，而是需

要培训工作者将自己的分析和预判与业务高管进行验证和核实，在多次的来回交流与碰撞中，最终找到培训机会点。

与绘制价值链分析图相比，绘制战略地图更加复杂、难度更大。它需要做大量的资料收集与分析工作，调研访谈足够多的业务专家和职能模块同事，只有在获取充分信息的基础上，才能绘制出完整的战略地图。而从战略地图中找到培训机会点相对来说就容易很多。

无论你现在是一家企业的培训负责人还是培训团队中普通的一员，笔者都强烈建议你在看完这一小节后，马上拿起笔画出你所在企业的价值链分析图或战略地图，去尝试理解企业战略。刚开始你可能会觉得很难，觉得掌握的信息不完整，无法完成绘制的过程。这时千万不要停下来，不要想着一次做到完美，要用你手里掌握的信息将价值链分析图或战略地图绘制出来，哪怕它是不准确、不完整的。一次不行两次，两次不行三次，不断收集信息完善价值链分析图或战略地图，不清楚的可以向领导和老员工请教，最终你会得到满意的结果。通过这两个经典的战略理解工具的训练，你会让自己慢慢具备战略的思考逻辑与思维习惯，你会逐渐对企业战略信息产生更高的敏感度，未来在遇到企业战略问题时将更加容易启动自己的思考通道，慢慢你会发现自己逐渐成长为具备战略视角的培训工作者，成为能够跟业务高管对话的培训工作者。

如果我们把培训管理工作看作一个完整的战略管理过程。第二章所讲述的内容包括企业战略理解与分析，并据此找到培训机会点。它实际上只完成了战略视角的培训管理全景图中的机会识别部分，属于战略视角的培训管理全景图的前半部分。我们接下来要在机会识别的基础上，思考如何做取舍和组合，如何选择有效的培训定位模式和产品组合，形成培训定位及发展目标，这是第三章要探讨的内容。再接下来是选择什么样的路径和方法去实现培训定位及发展目标，这是第四章要解决的问题。

第三章　从机会识别到培训定位

✏️ **本章要回答的问题**

◎ 为什么要有培训定位？
◎ 培训定位要考虑哪些因素？
◎ 培训定位有哪几种模式？
◎ 不同培训定位模式的特征是怎样的？
◎ 培训成熟度包括几个阶梯？
◎ 四种培训定位模式在培训成熟度中的表现是什么？

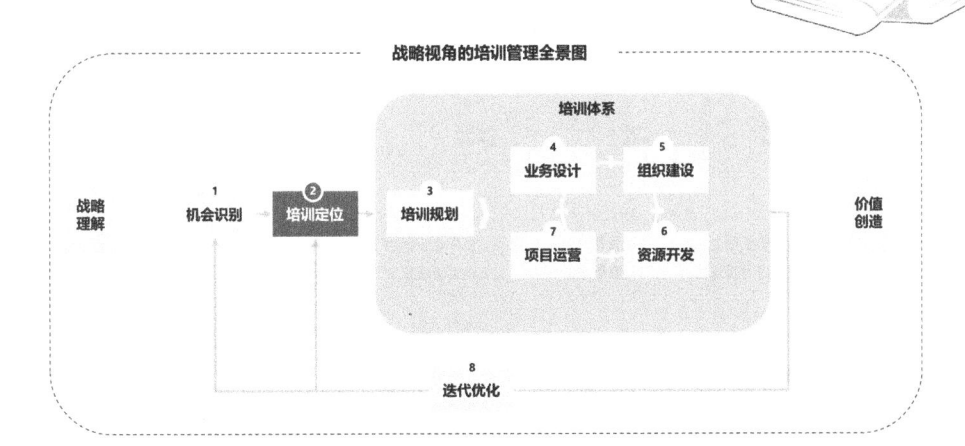

战略视角的培训管理全景图

战略理解 → 1 机会识别 → **2 培训定位** → 3 培训规划 → 培训体系（4 业务设计、5 组织建设、7 项目运营、6 资源开发）→ 价值创造

8 迭代优化

案例

焦虑的培训总监（续）

第二章提到了一个案例：焦虑的培训总监。以下是这个案例的续集，我们继续来看 Michael 怎么应对接下来的挑战。

之前提到，Michael 所在的 C 公司是一家全产业链的高科技新能源企业。C 公司业务链条完整且复杂，涵盖了底层技术研发、原材料生产、产品设计、产品制造、产品包装、品牌推广、终端销售等环节。Michael 经过半年的摸索，逐渐找到了公司的战略逻辑，将自己理解的 C 公司业务链条分析图画了出来。他将业务链条细分为五个部分，并对每个部分的核心产出进行了描述。紧接着基于业务链条和核心产出，他又梳理出其中可能的培训机会点，继续将培训机会分析图进行完善，如图 3-1 所示。

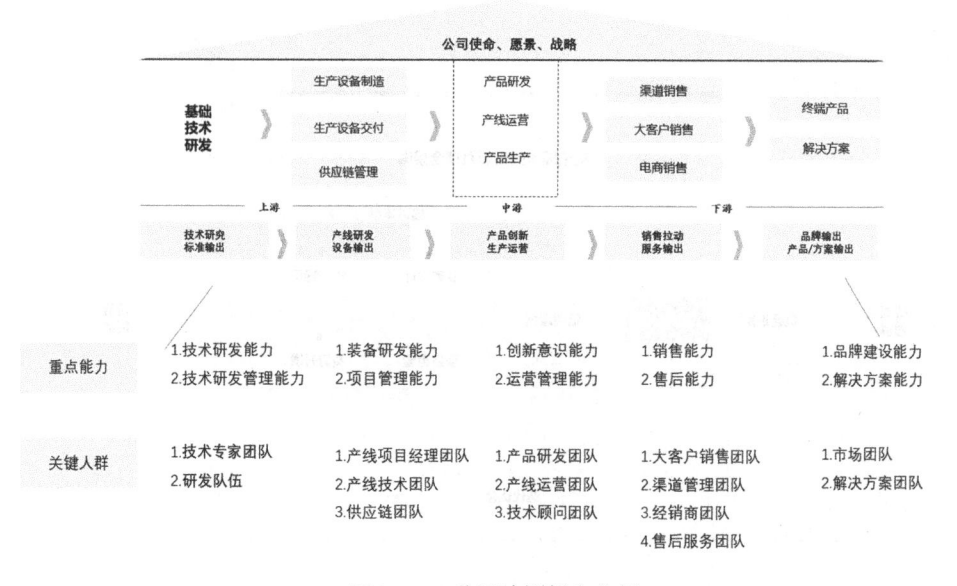

图 3-1　C 公司培训机会分析

从培训机会分析图中可以看出，Michael 找到了公司所需的 10 项重点能力和 14 个关键人群，这些都是培训机会点。面对如此多的培训机会点，Michael 又开始思考一些问题：到底应该如何选择和定位？哪些才是真正的核心？哪些是企业战略和业务发展的杠杆解？哪些是公司高管真正关心和需要培训部门发力的部分？如果不能准确地回答这些问题，Michael依然无法顺利地推进后续的工作。

这些问题的答案并不完全在这张图中，他还必须思考公司总裁的风格和关注点、参考分管高级副总裁的想法、考虑公司发展阶段的特点和诉求，以及公司未来3年可能的业务重点等一系列因素。

这些问题的解决并非一蹴而就。Michael一方面从培训机会分析图中挑选一些比较明显的重点，逐渐开展培训项目，另一方面不放过任何一次高层会议，仔细观察总裁和高管的管理理念和管理诉求，分析公司的发展历程和历史上的大事记，与公司老员工进行非正式的沟通，询问他们对培训的期望，分析培训部门能够在公司管理体系中起到的作用。

渐渐地，培训工作的方向在Michael的脑海中浮现了出来。

（1）公司所在的业务领域是一个全新的产品领域，竞争对手并不多。公司管理的重点不在于如何与对手竞争，而在于如何持续创新，如何持续引领客户。所以，在公司管理体系中，通过文化去激发员工的创新热情，引领大家的创业初心和对业务的坚持变得尤为重要。

（2）公司总裁是一个偶像级的领袖和企业家。他不仅有很强的个人魅力和影响力，还非常善于总结管理理念和策略，有自己完整和持续发展的管理哲学，是一个"实干家+管理哲学家"。所以，如何将公司总裁的管理哲学进行传播和复制，也是培训工作的一个重点。

（3）公司近两年的大部分销售额来源于第二部分，但未来的发展动力主要来源于第四部分。所以，培训工作者应该考虑如何支持现在和未来的两个部分。

（4）第二部分包含设备设计、生产、安装、交付等环节，它的主要痛点是在资源有限的条件下，如何保证多个基地的按时交付。促进按时交付背后所需要的能力就是培训工作的重点。

（5）第四部分没有可借鉴的成功例子。所以，从外部招募其他行业的销售人员的效果并不理想。公司需要创建性的销售理念、灵活的销售方法和新生的销售力量。对新生的销售力量的训练也是培训工作的重点。

有了以上五点的分析，同时考虑到培训部门的定位，Michael 渐渐将培训部门的培训定位和工作方向聚焦为以下四点。

（1）公司成功基因、公司文化的提炼与传播。

（2）总裁管理哲学的总结与推广。

（3）全员项目管理能力的提升。

（4）培养销售生力军，构建自身特色的"销售子弟兵"。

这样明确的培训定位和工作方向，让 Michael 后期的工作得心应手，逐渐推出了一系列有极大影响力的培训项目。对培训部门的大部分项目，总裁只要有时间，都愿意亲临现场，培训部门在公司内部拥有了很高的认可度和价值地位。一年后，公司将培训部门升级为企业大学，并配备了专属的培训基地。

第一节　培训机会的抉择

在以上案例中，Michael 面临的企业情况相对比较复杂。他完成企业战略理解和价值链绘制，并由此分析出可能的培训机会点后，培训战略理解并没有结束。因为所有的培训机会点都有可能创造卓越的价值，但培训部门的资源是有限的，所以抓住所有的培训机会点不现实。如何从众多培训机会点中找到清晰、准确、聚焦的一个或几个点作为培训工作的重点，培训定位是战略理解的最后一步，也是最为关键的一步，它决定了后续的工作是事半功倍还是事倍功半。

本章主要介绍确定培训定位需要考虑哪些因素，培训定位有哪些成熟模式，以及如何从培训机会点中找到适合的培训定位。

一、优秀的培训组织都有清晰的培训定位

说到麦当劳大学，你肯定会想到它的人才标准化复制培养；说到 GE 克劳顿管理学院，你肯定会想到它的变革推动与高阶领导力发展；说到华为大学，你肯定会想到它曾经的任职资格体系……

有的企业大学依然还在延续着它们的传奇故事，有的企业大学或许随着时代

的变化、市场的更新、企业发展阶段的不同，原来的模式已经不再适用，正在发生着翻天覆地的变化。不可否认的是，在当时的环境、当时的企业需求下，这些企业大学找到了最适合自己的培训模式，为企业做出了卓越的贡献，为我们塑造了一个个培训工作的典范。这些企业大学之所以能做到，是因为它们能准确洞察和捕捉到企业需求，制定清晰的培训定位，然后坚定方向、聚焦重点、集中发力，持续打磨培训产品与服务直至做出卓越贡献。

培训定位是指在众多培训机会点中，培训部门所选择和聚焦的那一部分，是培训部门为企业创造的最核心价值，是从客户角度对培训的作用和价值的感知。清晰的培训定位对一个培训部门来讲，至少有以下三大好处。

（1）清晰的培训定位为培训工作指明了方向。只有方向明确，才能让培训部门持续蓄力和积累，聚焦方向、持续耕耘，培训才能创造卓越价值。

（2）清晰的培训定位可以让培训工作事半功倍，能够将有限的资源用在"刀刃"上。

（3）清晰的培训定位能够让培训部门的目标与培训部门个人的发展产生连接，形成培训团队之间的情感契约，凝聚团队。

清晰的培训定位来自对企业需求的深刻理解。大到一个企业、一个团体，小到一个部门、一个团队，它们存在的理由和意义都是对客户需求的满足。企业、团体的表达方式是使命、愿景、目标，部门和团队的表达方式就是培训定位。

在世界经济下行通道中，培训预算与资源受到不断压缩。在这样"精打细算"的环境下，培训部门要用极其有限的资源和预算，创造出更大的价值与傲人的业绩。这容不得我们浪费半点儿资源，聚焦、聚焦、再聚焦已经成为培训工作者的必修课。

业务工作可以用数字来衡量产出，可以用直观的业绩产出来激发团队。但培训工作与业务工作不同，培训产出的表达方式不是数字，培训业绩很难直接用数字衡量。所以，我们除了用培训成果来激励团队，更多的还要用团队之间的情感契约去凝聚团队，激发团队动能，释放团队潜能。情感契约是团队成员在情感上的一种共同寄托和期待，是大家共同追求目标过程中的情感纽带，这种契约来自清晰的培训定位。

在本书第一章的开篇案例中，A公司的培训总监告诉大家，培训部门要成为集团内部的咨询"公司"，每一个人都要像咨询顾问一样学习、工作，每一个人都要用咨询顾问的标准来要求自己。在这个目标的引领下，整个部门的员工都非常有干劲，因为他们有一个共同目标，就是要成为像咨询顾问一样的企业培训工作者。

在本章的案例中，C 公司有着非常成功的发展历史，有着非常系统与完善的公司文化，公司总裁也非常重视公司文化。Michael 就告诉自己的培训团队，要建设 C 公司的"文化领导力"，要将这家公司强大文化背后的企业家精神和领导力萃取出来，形成公司独特的领导力系统。公司不仅要在所有管理层中进行这样的领导力推广，将来还要将其推向上下游合作伙伴，甚至推向整个培训市场，影响更多的公司和管理者。Michael 的培训团队亦备受鼓舞，干劲十足。

二、什么是培训定位

小米手机给你的印象是什么？——高性能、为发烧而生；你对王老吉是什么印象？——预防上火；沃尔沃——安全；江小白——段子多、理解"80 后""90 后"生活；湖南卫视——娱乐。类似这些在人们心中形成独特印象的品牌比比皆是，一想到它们，人们立刻会联想到它们的特征。这些特征和其他同类品牌相比非常明显，并且是持续和稳定的，这就是一种品牌价值。

品牌价值是品牌或产品在客户心中的印象，好的品牌往往能够在客户心里占据某种特征的第一位置。这种印象和特征的形成，不单是产品本身有这个特质，给客户留下了这样的印象，更重要的是，商家有效的引导和持续的宣传。例如，"王老吉"是否真的去火，没有人去追问，而大部分人却已深信不疑；2019 年中保研 25%偏执碰撞测试中，曾经的中级车销冠帕萨特一撞出名，但依然挡不住其他大众车继续热销。一个品牌在人们心中的形象是长期的，要发生变化也需要时间的累积。这些都是稳定的培训定位和价值形象所带来的作用，这种客户心中对产品、品牌或企业的稳定价值感知和评价就是培训定位。

这种价值感知从客户角度来看叫作培训定位，从企业角度来看叫作价值主张。即企业希望帮助客户解决的核心问题是什么，企业提供的核心利益是什么，这是企业战略管理的一个关键环节，是一个企业战略规划的核心。这样的思维同样适用于一个部门，甚至适用于个人。培训部门要传递给企业、老板、员工什么样的价值主张和价值形象，大家在提到培训部门的时候能够想到什么，在遇到哪些事情和困难的时候会想到培训部门，这些就是培训部门要构建和传递的培训定位。

让人担忧的是，很多管理者在遇到经营、业绩、团队、人才、氛围等企业管理中常见的问题时，都会想到培训没做好，培训部门没把人培养好。之所以出现这种情况，是因为培训工作者没有明确培训定位，没有主动进行价值构建、传导和引领。

培训定位，至少向企业和客户传递了三个方面的信息：一是展示企业能够为客户做什么，创造什么样的独特价值；二是说明企业有所为、有所不为，当企业把自己的核心价值展现出来的时候，也就可以拒绝那些不适合发力的部分，但当企业没有明确的价值产出时，培训部门只能对业务需求听之任之，最后难免落个"背锅侠"的名声；三是向他人说明培训的作用，大部分非 HR 领域的人员，对培训了解甚少，对培训的印象往往只是办班、组织学习活动，所以不断重复培训定位，能够提升培训部门的作用和地位。

三、培训定位的 2/8 法则

培训定位一般分为宣称定位和实际定位两种。通过查找绝大多数企业培训部门或企业大学关于培训定位的描述，我们发现战略推动、引领变革、人才发展、业务促进、文化使者等词语的表达方式略有不同，但实际上是一样的。我们还发现大部分描述的定位都非常全面，涵盖战略、文化、业务、人才等内容。笔者将这些对外表述的、正式的定位称为宣称定位。宣传定位是对培训工作和价值的一种全面表达，但不一定是实际在做和做到的。培训工作者应该明白，真正打动人、真正有效果、别人真正记得住的其实是实际定位。

实际定位是在宣称定位的外壳下，企业真正想传递的核心价值主张和差异化价值主张。例如，安全、舒适、豪华等特点是绝大部分豪华车都具有的，宝马车也不例外，但宝马车传递的差异化价值主张却是操控。在培训领域也一样，如果宣称定位没有区分，客户就会觉得无感。只有用自己独特的实际定位才能传递出独特的价值形象。

绝大多数培训部门在功能和职责上，一般都包括新员工培养、人才梯队培养、专业人才队伍培养、文化传播、业务问题解决、学习地图构建、课程开发、讲师队伍培养等内容。面对如此多的工作内容，有独特的培训定位，并不意味着培训部门只做与培训定位相关的事情。他们依然需要完成常规的各项工作，只不过他们主要的精力会投入、聚焦在最核心的事情上。2/8法则在这里依然适用，培训定位要遵循这个法则。

2/8法则告诉我们，真正让别人记住培训、认可培训的可能只是我们做的20%的事情，剩下80%的事情不会让我们变得更有价值，但也不能不做。我们应该将80%的精力和资源投入其中20%的事情上，而这20%的事情就是我们的培训定位。剩下的80%的事情用20%的精力完成它，将它标准化、流程化。笔者经常将这个法则描述为培训的"家常菜"与"招牌菜"，80%的工作内容都是"家常菜"，而另外20%与培训定位相关的工作内容就是"招牌菜"。

四、培训定位应考虑的因素

培训定位如此重要，如果没有，会对工作产生很大的负面影响；如果找错了，又会将工作引向错误的方向。那么，如何才能准确、有效地找准培训定位呢？笔者认为应该做"理性"加"感性"的综合分析。

从企业战略分析到找到培训机会点，这一部分有工具、流程和方法，只要稍加训练和多实践几次，哪怕不是那么精准，也还是比较容易掌握。这一部分是培训定位大的方向和模块判断，是培训定位的"理性"部分。

与"理性"部分相比，"感性"部分就复杂很多，它是指企业的动态变化需求、环境变化、企业关键岗位人员的特点、培训部门的特点等的影响。在这一部分，我们通常应该考虑的因素有如下六种。

1. 企业的业务形态

首先是企业所处的行业。有些行业具有非常明显的特点，这些特点本身就代表一种培训需求。例如，连锁销售型企业需要大量标准化人才，批量化复制人才肯定是培训重点之一；大型生产型企业的质量管理非常重要，质量管理能力提升也是培训重点之一；在麦当劳这样的连锁终端服务型企业，操作标准化培养也是培训重点。所以，这些有明显特点的行业，通常会有较为成熟的培训模式和做法，对它们我们不一定要做颠覆式改变，只需要在成熟模式上做个性化创新即可。当然，大部分企业所处的行业并没有所谓的成熟模式。

2. 企业的发展阶段

企业的发展阶段也很重要。在创业早期，企业通常不会花太多资源在培训上。这时我们要学会抓住痛点，解决人才发展的主要矛盾。例如，创立期的重点有可能是战略共创，振荡期的重点有可能是人才盘点，转型期的重点有可能是变革与领导力发展等。如果你所在的企业处于成熟期，你的机会点将会更多。另外，互联网和创投浪潮催生了一大批中小创业型互联网企业，它们通常比较开放，愿意尝试新的、有价值的培训手段。

3. 培训部门的汇报关系

培训部门归属哪个部门，是独立的一级部门，还是在人力资源体系，抑或是下放到业务部门？确定这一点非常重要。如果归属人力资源体系，我们通常需要站在人力资源体系全局的角度来做培训定位，考虑培训部门与人力资源其他模块之间的协同和组合。例如，我们可以关注人才发展、干部管理或梯队建设等内容。如果培训部门归属业务部门，则我们的工作内容就要更加贴近业务。例如，我们可以关注销售经验萃取、销售管理者培养、建立线上业务学习系统等内容。如果培训部门是独立的一级部门，我们就有了更多的可能性，因为可以调动更多的资源，同时也会承担更大的风险。在这种情况下，如果我们能够抓住老板需求，获得老板的信任和支持，老板就会成为我们推进工作的抓手。

4. 老板的管理风格与期待

如果培训部门是独立的一级部门，老板的需求将成为核心的影响因素。老板的创业历程、老板的管理风格、老板对管理的理解、老板期望培训部门扮演的角色等，都将是培训部门开展工作的主要方向和培训定位。例如，在"焦虑的培训总监"这个案例中，公司老板认为管理的核心是文化引领，如果员工不认可公司文化与发展愿景，其他管理动作都将无效。所以，培训部门的培训定位为"文化引领与传播"就很容易获得老板的认同。

5. 直接领导的管理风格

除了老板，培训部门的直接领导也很重要。我们要分析直接领导的管理范围，分析他的职能在组织中所呈现的整体价值，要让培训部门成为他为企业创造整体价值的一环。例如，在本书第一章的案例中，A 公司高级副总裁的核心价值是通过持续的高阶人才猎聘、因人设岗、人尽其用以支撑公司的战略推进，所以企业大学将人才盘点作为其培训定位就非常合适。

6. 培训资源情况

最后是培训部门自身的资源情况。培训部门现有团队如何，有多少编制，有没有实体培训基地，以前的培训基础如何，内部的支持和信任程度如何等。这些情况都将决定培训部门如何定位、定位的规模、定位的宣传等一系列操作。

以上是从培训机会到培训定位所需要综合考虑的六种因素。基于"理性"分析，我们找到了公司业务中可能的培训机会点，再结合"感性"分析，用这些培训机会点与企业发展阶段、老板需求、直接领导的管理风格等进行比对分析，最终聚焦到符合业务发展需要、适合企业特性、符合利益相关人要求、最容易实现的培训定位。培训定位可以是创新和独特的，也可以完全借鉴成熟的经验和例子，当然也可以在成熟框架下做的微创新和个性化设计。接下来我们看看培训领域有哪些典型的培训定位模式。

第二节 四种培训定位模式

首先，从服务对象来看，培训定位分为内向型和外向型两种形态。内向型培训定位主要服务于企业内部，它的主要作用是助力企业经营与持续发展，绝大多数培训工作者所处的培训部门都属于这种形态。外向型培训定位主要服务对象为企业外部，如上下游产业链服务商、行业内其他友商、生态联盟伙伴等。淘宝大学、京东大学、美团大学、惠普商学院等企业大学都有这样的定位，这种形态的培训部门主要是向企业外部输出培训服务，帮助整个行业或生态圈的合作伙伴共同成长。当然也有很多培训部门兼具这两种形态。

其次，根据目标客户群的不同，培训定位分为内向型和外向型两种形态。在这两种形态下，根据为客户解决问题和创造的价值不同，培训定位可以分为战略文化导向、人才发展导向、业务促进导向、服务进修导向四种模式。由于大多数培训工作者都处于内向型培训部门中，因此本章将重点以内向型培训定位形态为主来探讨四种培训定位模式的定义及特征。

培训定位模式来自对培训客户的理解，而理解客户的关键在于"客户移情"。即必须了解培训客户在做什么、说什么、听什么、看什么，他们的痛点是什么，他们的需求是什么。而企业经营活动中最重要且培训部门能够给予支持和帮助的几件事分别是战略管理、组织管理、业务管理、人才管理等，由此归纳出培训定位的四种模式。

一、战略文化导向

"成为企业战略的推进器"是很多企业大学和培训部门的口号，也是培训产生价值的最高形式。很多培训机构也声称能够让企业战略落地，而是否真正起到了战略推进的作用，不是看培训部门单方面的总结，而是看企业一把手是否认同培训部门所起的战略作用。但实际情况却是，真正能够起到战略作用的培训部门寥寥无几。

在战略推动这件事情上，培训工作者要做到"不卑不亢"。首先，战略并不神秘，并非遥不可及，培训工作者要尝试学习和理解战略，从而在战略方面提供帮助，做出贡献。其次，培训工作者也不宜把"战略"天天挂在嘴边，要认同战略推进的复杂性和难度，切勿变得好高骛远，认为自己可以主导战略推进。培训工作者应该踏踏实实从小事情做起，把战略管理相关的每一个培训项目都做好，在一把手的战略管理中，起到该有的"螺丝钉"作用。我们也要承认任何工作都有它的边界和局限性，我们不能盲目自大。

文化工作也是如此，企业文化从定义、建设、推广、实践和考核，到真正发挥隐形的引领作用，是一个系统和长期的过程。培训工作在其中只能起到其应有的作用与价值，与对待战略工作一样，我们应该以客观的认知、谦虚的态度和持续的行动来对待文化工作。

具体来说，在战略文化导向上，培训工作者可以在三个方向上发力。

1. 战略管理

首先是战略管理。这个方向是最难得的，也是最难做出成绩的。不过，一旦有过一次成功的实践，企业对培训的价值认知就会产生巨大的提升。如果是拥有多个业务板块的大型集团公司，针对集团层面的战略管理的战略规划环节，培训部门较难参与进去，但战略宣传、战略解码与战略落地通常是很好的培训发力点。集团完成战略发布后，组织全集团理解、学习和讨论战略，是战略宣传的常用方式。战略解码与战略落地主要是逐级组织战略解码研讨会，将公司的战略目标细化为各个事业部、各个业务条线的经营计划和关键项目。而公司年度工作会议，往往是组织战略解码研讨会较好的时机。

除了针对集团层面的战略管理，参与新业务板块的战略规划也是很好的培训发力点，培训部门可以帮助业务板块进行业务规划和业务实施路径的研讨。总之，在战略管理层面，培训部门可以抓住年度总结会、年初经营计划会、季度总结会这三大会议，采取工作坊和研讨会的形式，推动战略层层分解和促进战略落地。需要注意的是，培训部门在战略管理工作中不宜参与过深，要有效管理高层的期望值，完成培训部门应该完成的规划、研讨、设计的部分，不要让培训部门成为战略过程和战略落地的主导部门。

2. 文化管理

其次是文化管理。企业文化管理是另一个培训发力点。文化管理的流程包括文化提炼、定义、包装、传播、行动、检核等动作，文化管理的内容包括理念层、行为层、形象层等。培训部门可以从文化的流程和内容切入，成为文化宣传、文化交流、理念塑造、行为洗礼的阵地。

具体来讲，在文化管理方面，培训部门可以做的事情很多，如文化理念梳理、文化手册制作、文化课件设计、文化故事萃取、文化讲师培养、文化演讲大赛、文化行为激励、文化导师辅导、文化教练等。具体专注于哪些事项，要看高层对文化的重视度和诉求。例如，一家企业的老板认为文化管理是企业管理的精髓，所以这家企业的培训总监几乎将所有的培训项目都冠以文化学习的头衔，新员工培养、专业培养、讲师认证、高管培养等培训项目无一例外，让培训项目有了很好的支点，在激发员工学习态度及调动高层参与项目方面取得的效果很好。

3. 变革推动

最后是变革推动。当企业处于转型阵痛期时，容易产生这样的需求。培训部门可聚焦于帮助企业完成业务转型、组织变革、文化变革、管理变革等工作。例如，培训部门可以组织关键业务部门的变革会议、推动企业价值观和行为要求的变革、关键议题的行动学习项目、新业务突破工作坊等。

里克·莫瑞儿（Rick Maurer）在其《超越变革的阻力》一书中提到变革的三级抗拒：我不理解他、我不喜欢他、我不喜欢你。培训部门可以从如何消除这三级抗拒方面进行分析研究，设计和实施相应的变革推动项目。例如，针对"我不理解他"，可以组织持续的变革内容宣贯、企业未来研讨、变革好处与收益学习等项目；针对"我不喜欢他"，可以开展变革知识讲解、变革领导力、教练与辅导、碰撞沟通会等项目；针对"我不喜欢你"，可以进行团队建设、高层对话、利益人分析、变革共创会等项目。培训部门可以通过一系列的综合项目，逐渐让自己成为变革发声的阵地、变革中技能学习提升的阵地，以及推进组织心智改变的阵地。

创造战略文化导向的价值是大多数培训工作者的最高期待，以此作为培训定位导向的培训部门，切勿好高骛远，要敏锐地抓住每一个小机会，只有踏踏实实地做好每一件小事，慢慢形成口碑与势能，才会获得更大的项目机会，最终成为企业战略的推动部门。

二、人才发展导向

人才发展导向是最为常见的培训定位导向，它重点打造企业的内部人才培养与发展系统，帮助和促进各级员工在岗位胜任、能力提升、职业发展、储备晋升、横向转岗等环节的学习成长，人才发展的本质是加速成长。在没有学习支持的情况下，员工在工作中也会得到成长，只是这种成长速度很慢，取得的效果一般。人才培养与发展系统就是要规范化、结构化、系统化这个成长过程，让员工的成长时间缩短、效率提高，从而使企业的人才需求得到快速满足，进而通过员工整体素质的提升，促进企业的成长与发展。

具体来讲，在人才发展导向中，培训工作者可以有以下几种做法。

1. 建立人才标准

人才标准是人才发展的标尺，是人才发展最终结果的衡量指标。针对人才标准的构建，市场上有任职资格体系、胜任力模型、素质模型、能力标准等叫法。这些叫法都是关于人才标准的一种工具或理论，因其创建的逻辑和内容范围不同而不同。一般来讲，能力标准是指人才最终表现出来的状态，是涵盖内容最为丰富的人才定义，也是最能表达人才标准的完整叫法。而其他叫法，或许是能力标准的一部分，或许是能力标准建设的一种方法逻辑。

人才标准建设本质上分为以下三种逻辑。

第一种逻辑是素质模型。这种逻辑是将人才标准和能力抽象化、概念化为若干素质描述，并形成某些岗位人才的素质模型。例如，某企业的管理人员素质模型为管理战略、管理业务、管理团队、管理自己。这种逻辑的好处是高度凝练、便于理解，适用于一些比较综合、复杂程度高的岗位，如中高层管理岗位。

第二种逻辑是能力模型。这种逻辑是将人才标准总结为知识、技能和态度。例如，胜任销售岗位需要具备产品知识、行业知识、客户开发技能、客户答疑技能、不怕吃苦的态度、坚持不懈的态度等。这种逻辑适用于大多数岗位。

第三种逻辑是任务模型。这种逻辑认为判断人才是否达标，主要看他们能否完成一些关键任务，能完成这些任务就说明他们具备了相应的能力。例如，产品经理的关键任务有需求理解、产品原型设计、产品开发、产品生命周期管理等。任务模型适用于关键任务较为清晰的岗位，如专业岗位、业务岗位等。

这三种逻辑是开展人才标准建设的基本方法，实际使用中并非一定要独立使用，也可以组合使用。例如，可以通过任务分析，找出知识、技能、态度和素质。培训工作者可根据不同岗位的特点选用不同的逻辑，最终成果的叫法，可以根据企业偏好或培训对象的理解程度选择即可。

2. 人才评价

人才评价也是培训定位的一个发力点，它具体包括人才测评、人才盘点、人才报告、人才发展教练等内容。培训部门能否以此作为培训定位导向，取决于企业的特征和阶段性需求，一般在人才管理方面做得较为精细的企业会有此需求。例如，在本书第一章的案例中，因为 A 公司高端人才的大量进入、快速整合的特殊性，培训部门将自己的培训定位之一确定为人才盘点就非常符合需求。

3. 聚焦体系建设

打造完整、系统、精细的人才培养体系也是培训定位的方向之一。例如，雀巢集团、拜耳集团、万豪酒店集团等企业的培训部门都以完善的人才培养体系而闻名。完善的人才培养体系有利于人才成长，这种培训定位下，企业在员工入职 0～3 个月、入职半年、入职 2 年等阶段都会有非常细致的培养和发展计划，人才培养体系将伴随和服务每一个员工的完整发展晋升过程。

聚焦体系建设有两个前提：第一，企业的员工稳定程度要较高，这样体系才会精细化；第二，体系打造需要巨大的资源投入和长时间的持续建设，需要企业管理者有这样的决心和资源预算。当前主流的互联网企业、快速发展型企业就不太适合这种模式，而一些医药制造企业、成熟外资企业选择这种模式的成功率就相对高一些。

具体来讲，体系建设包括学习地图建设、培养体系构建、连贯化的项目组合、系统的导师和教练计划等工作。

4. 领导力发展

领导力发展是绝大多数企业大学和总部级培训机构经常会选择的培训定位之一。大家熟知的 GE 克劳顿管理学院就是一个很好的例子，它除了聚焦领导力发展方面又进一步聚焦高层和领袖培养方面。国内在领导力发展方面比较成功的例子如京东、龙湖等，它们的校招管培生项目非常成功，为企业培养了很多未来的核心人才。

领导力发展具体来看可以聚焦高潜人才、管理统一、后备干部、高层发展等领域，具体操作时应将精力重点放在开发建设独特的内容体系和设计交付创新形式上。

5. 关键人才队伍

关键人才队伍也是培训部门选择较多的培训定位之一。根据企业情况可选的具体内容比较多，如销售队伍、项目管理团队、服务团队等，只要是企业的关键队伍（人数众多、价值链中的关键环节），培训工作者用心打造就可以形成独特的价值特征。例如，用友大学的销售队伍培养、麦当劳的一线操作培养、华夏幸福的项目总培养等都是值得培训工作者学习和借鉴的关键人才队伍培养标杆。

总之，人才发展是大多数培训部门都会选择的培训定位之一，这里可选的方向和重点也很多。当然同时我们也会发现，很多培训部门虽然主要的工作都在人才发展方面，但是没有清晰的价值呈现，也没有获得清晰的培训定位所带来的好处和收益。究其原因，没有清晰的培训定位的培训部门只是将人才发展工作当作常规的职责与工作内容，没有将其作为主要价值主张开展后续的培训规划、业务设计、项目交付、价值宣传等培训管理工作。例如，安全性是大多数车企所关注的方面，但沃尔沃和其他车企在这方面的价值呈现就不一样，因为沃尔沃将安全性作为培训定位，其他车企只是将安全性作为常规特征。

三、业务促进导向

业务促进导向的工作主要聚焦在业务发展上，围绕着业务动作和业务难题进行培训工作的规划和设计，工作开展的逻辑与人才发展有很大不同，很多工作甚至看起来不是传统意义的培训工作。例如，编制销售 SOP、拍摄销售宣传短片等。一个典型的例子是李宁公司，它的人才发展团队基本不授课，而是将大部分时间和精力投入在开展绩效改进项目上。

真正实现这种导向的总部级培训部门比较少见，因为它们离业务部门较远。这种导向的培训部门一般身处业务部门中，汇报对象是业务管理者。反过来看，如果我们所在的培训部门处于业务管理者的领导下，业务导向应该是我们比较理想的培训定位模式。

业务促进导向下的培训部门往往是"痛并快乐"着。培训工作如果做好了会很有成就感，可以直接帮助业务部门，成为业务发展的重要支撑；但如果培训工作没有找到发力点，没有做好，则很有可能出现"两不像"的状态。培训部门会被动接受一些业务管理者临时指派的工作，这些工作往往都是一些"杂活"，最后让培训部门变得既不像培训部门，又不像业务部门，培训定位发生扭曲，部门成员也不能获得很好的成长。所以，在业务促进导向下，虽然要听取业务管理者的安排，但更重要的是要有自己的专业逻辑、工作方向和更具体的培训定位。在这种导向下，培训工作者通常有以下几种具体做法。

1. 业务帮扶

培训工作者大致分为业务型和培训型两种。业务型的培训工作者业务标签重于培训标签，他们的特点是业务岗位出身，自身业务技能过硬，能"下战场"，也能"上讲台"，如汽车培训工作者、保险培训工作者、直销培训工作者。他们在一个行业的工作时间很长，自身能力使他们能够在业务和培训岗位之间切换，他们可以成为汽车区域销售经理也可以转岗成为培训经理。而培训型的培训工作者培训标签重于业务标签，他们并不精通某一行业的业务技能，也不容易直接转岗做业务，但是他们的培训专业度较高，可以在不同行业的培训岗位上轮换，不受行业限制。

所以，业务帮扶就是让培训工作者熟悉业务工作，可以帮助业务部门完成一部分工作，如话术撰写、客户答疑手册编写、销售案例整理、新业务人员带训等。

2. 销售提升

销售提升是绝大多数企业的需求重点，具体工作包括萃取经验、建立模型、研发课程、研发训练项目、一线销售培养、一线销售辅导、销售话术、短视频营销、销售管理提升等内容。培训部门的一切工作都围绕销售提升进行，只要培训部门愿意下到一线，与一线在一起，不摆架子，谦虚学习，以帮助一线为初心，就能取得很好的效果。在这种培训定位模式下，培训部门的人员组成与结构也比较重要，以 1/3 的人员是培训专家、2/3 的人员是从业务转岗的业务专家为宜。

3. 绩效改进

绩效改进相比销售提升更加综合，它聚焦在解决问题、提升绩效上。它不单单聚焦在销售上，有绩效问题的地方都有可能是它的工作内容，如业务流程完善、业务规划、规章制度优化、关键难点突破等。绩效改进工作的主要方法论和工具是绩效改进技术，绩效改进一般包括定义问题、绩效评估、改进方案、实施方案、评估推进等流程模块，是一种解决绩效的项目化工作逻辑。培训和人才发展方法是解决绩效的一种工具而已。例如，万达学院提出只做"有用"的培训，他们不在乎培训的理论、形式和方法论，只要"有用"，就都是万达学院的工作。

4. 组织发展

组织发展本质上和绩效改进类似，只是它们关注的重点和主要使用的工具不一样。组织发展是近些年的热词，也发展出很多模型和方法。组织发展是一个大概念，并不单指组织发展岗位才做组织发展的事情，其实整个 HR 系统重点都在做组织发展的事情。所以，培训部门也可以将自己的关注点聚焦在组织建设、激发组织创新、机制优化、团队动能、团队建设等领域中，着重用组织发展的逻辑开展培训工作。

总之，业务促进导向是最为贴近业务的一种培训定位模式，最有可能创造直接支持业务发展的成绩。但同时也最容易让培训工作变得"两不像",变得既不像培训工作,又不像业务工作。所以,笔者从培训工作者的发展角度来看,建议业务促进导向不要使用"纯粹"的业务思维,不要完全用开展业务的方法做培训,而应该坚持和结合培训本身的核心方法论和工具,如课程开发、学习地图建设、需求分析、效果评估等,这样做既能保证培训的价值呈现,又能保证培训工作者的职业发展。

四、服务进修导向

服务进修导向在很多大型央企、国企里很常见,还有一些国家机构和机关下属企业也有这种培训定位模式的学习培训基地,主要是为超大型集团企业提供一个学习进修、交流互动、团队建设、跨界交流的机会,同时将一些行业知识研究、学术研究的职能融合在一起,如警察学习基地、银行的研修院等。

这类学习机构,往往在硬件设施上比较考究,有很好的舒适性和功能独特性,其环境和设施甚至好于很多度假山庄。很多学习机构除了接待集团内部的学习进修学员,还会将部分资源向社会开放。

以上四种培训定位模式并不是非此即彼,上文中提到的企业的例子,并不代表这些企业只有一种培训定位模式,只是这些企业在某种培训定位模式上做得比较突出或有特色,客户会把那些特点作为它们的形象标签。一个培训部门,在构建自己的培训定位模式时,要注意"一个中心、三大原则"。

1. 一个中心——"以清晰的定位为中心"

四种培训定位模式中提到的内容和具体做法,对于大多数培训工作者来讲并不陌生,或许很多领域我们都在做,却没有明显的价值感。这是因为同一件事,无论我们是将它作为日常工作来做还是作为明确培训定位来做,在资源投入、关注程度、管理精细化等方面都会完全不同,结果也会完全不同。所以,要让培训部门展示清晰的培训特征,首先要做到有清晰的定位。

2. 三大原则

(1)"少就是多"原则。培训定位切忌过多,所谓特色很多其实也就是没有特色。培训的客户只能记住我们那些最有特色的点,况且培训的精力、资源和团队能力都有相应的局限性，我们不可能同时做好多个培训定位。所以"少就是多"，学会取舍，有舍有得，找到最为核心的那个培训定位很重要。

（2）"因地制宜"原则。培训定位的最终实现，除了培训工作者自己的努力，还要看培训定位与环境的匹配度。所以，培训定位切不可凭自己的喜好选择，而应该综合分析行业、企业、战略、领导等各种因素，选择最可能、最可行的培训定位。

（3）"因人而异"原则。培训定位第三个原则是根据团队情况，尤其要根据部门一把手的能力、专长、特点来定。每一种模式和方向只要做好，就可以为企业创造卓越的价值，所以是否有能力做到是关键。

第三节 培训成熟度的五个阶梯

一、培训成熟度五个阶梯的基本特征

明确了培训方向和培训定位后，我们接下来要做的是培训规划、运营管理、项目交付和持续迭代提升，逐渐提高培训部门的价值创造水平，丰富培训产出成果，使培训部门最终成为企业发展不可或缺的重要模块。不过令人担忧的是，大多数培训工作者被困在了价值创造的路上。他们可能做了一些努力但没有看到明显的结果，然后或者对方向选择产生怀疑，盲目改变，最后导致没有真正实现高价值产出和表现；或者企业对已有的培训工作失去了耐心，把培训部门负责人换掉，培训工作又从头开始，进入一个恶性循环。

这是非常遗憾和糟糕的状况，产生这种状况的最主要原因是市场上缺少高成熟度的培训部门和培训工作者。这种状况大量的产生，一方面会降低整个环境对培训作用和价值的评价；另一方面，普通培训工作者也会缺少好的成长土壤，无法快速成长为一个成熟的培训管理者。

培训为企业创造可喜的价值需要较长时间的积累和在一个方向上的持续努力，如用友、招银、TCL 等企业大学之所以能够成为行业标杆，成为企业发展的重要力量，是因为他们有一支稳定的培训团队，培训工作者在位时间超过 5 年，有一个持续为之努力的方向和目标。

在编写本书的访谈过程中，很多培训工作者提到对现状的不满、对领导的不满、对未来的迷茫，觉得现在的培训工作没有价值，但又不知道怎么变得有价值，觉得自己现在没有成长，但又不知道什么样的环境能帮助自己成长。要解决这些问题，需要一把衡量培训工作的标尺，我们要用这把标尺让培训工作者看到理想的培训状态是什么样的，让培训工作者清醒地知道当前的问题是什么，让培训工作者理解现实与理想之间的差距，从而找到前进的方向和动力。而培训成熟度正是这把标尺，因此对培训成熟度的理解，既可以帮助培训工作者对现有培训部门进行扫描，找到自己的位置和状态，指导培训工作的发展方向，厘清培训工作思路，又可以看到不同培训成熟度的差异，构建自己完整的培训思考和管理系统。

通过大量的访谈和沟通，笔者将培训成熟度总结为五个阶梯，如表3-1所示。

表3-1 培训成熟度的五个阶梯

成熟度	特 征	价值呈现
任务型	被动的状态，培训工作内容来源于上级指派，工作内容呈散点状	任务价值
项目型	要求培训部门能够在自己选择的培训定位下，形成相应的系统状态	培训项目价值
系统型	培训部门有清晰的培训定位、系统的工作规划与推进	培训整体价值
促发展型	培训部门在企业内部已经变成不可或缺的业务组成部分	企业发展助力
原动力型	培训部门成为企业发展、变革、创新的原动力	企业发展动力

1. 第一阶梯（任务型）

这是一种被动的状态，培训工作内容主要来源于上级指派。培训部门以完成任务为导向，工作开展以事件为单位，工作内容呈散点状。培训工作缺少主动的规划和设计，或者培训工作者有一些想法，但是不成熟，也不能够很好地说服和引导上级，最后变成任务"接收器"。上级很有可能分派一些本不属于培训范畴或者培训部门根本解决不了的事情，如组织业务会议、下发业务制度等。

这一阶梯的培训工作很难有明显的培训价值产出，更多的价值来自直属领导对培训部门执行力的评价，以及直属领导对培训部门能力的主观感受。这种状态的培训部门并不少见，我们应该尽量避免。

2. 第二阶梯（项目型）

这一阶梯比任务型好了很多，培训部门有了自己的工作计划和安排。虽然也有上级指派的具体任务，但是培训部门能够将指派的具体任务和自己的想法进行整合，对工作内容进行分类处理，并形成相应的项目清单和工作计划。工作以项目的形式开展，培训部门能够遵循调研、实施、总结、宣传等培训项目管理的逻辑实施项目，关注培训前中后各项动作的衔接，让项目产生其应有的成果和价值。

这一阶梯重点关注培训工作每一个项目的产出和效果，项目之间的逻辑和关系并不清晰，也不严谨，项目之间的系统化设计不足，没有形成项目的相互协同，也没有形成项目体系所带来的系统化培训价值。

这一阶梯下的培训工作能够有清晰的项目产出，甚至一些优质项目能够在企业内部产生较大的影响力，但是培训工作的各个项目价值点并没有形成合力，也没有形成明确的整体培训价值主张。项目型是占比最高的一种培训成熟度。

3. 第三阶梯（系统型）

这一阶梯的培训部门对行业特点、企业状况、培训环境、客户需求、自身状况有比较准确的分析与研判，培训部门完成了培训机会的分析与培训定位的选择，构建了清晰的培训价值实现战略和路径，将培训规划、培训项目、培训资源、培训运营等工作进行系统、合理的安排，在实际推进工作时能够围绕着价值主张逐渐展开，集中精力，聚焦重点，为企业提供持续的、成体系的培训服务。这一阶梯并不要求培训体系一定有多么完美、多么完整，培训服务有多么庞大，而要求培训部门能够在自己选择的培训定位下，形成相应的系统状态。它可以很大，覆盖面较广，也可以非常聚焦，非常简单。例如，一家零售企业只做一线销售技巧培训，在这一点上形成了入职、提升、转正、晋升、状态调整等非常有效的系统状态，成为销售管理工作不可或缺的环节。它并不庞大，却是一个非常典型的系统型培训状态。

这种状态下的培训部门在企业内部形成了自己的特点和价值标签，能够展示出培训工作整体的价值贡献。系统型是绝大部分培训部门通过自己的努力就可以达到的一种培训成熟度。

4. 第四阶梯（促发展型）

培训部门要达到这一阶梯非常困难。前三个阶梯基本都还是培训视角，从培训本身的角度，能够做到完善、完整和系统。而要达到第四阶梯需要转换视角，从企业管理的角度来看培训是否可以成为企业发展的助力之一，是否真正起到了促进企业发展的作用。这一阶梯很难再以培训工作本身的好坏作为判断依据，它更多代表的是培训部门对企业发展的深度理解和融入，培训工作已经成为企业发展价值链条中的一环。这一阶梯的一个判断标准是，当企业经营状况不好时，企业依然不会减少培训投入，而是将培训工作作为帮助企业扭转颓势的手段之一。例如，保险公司的组训已经成为业务管理的核心动作之一，当业务不好时，公司首先要加强的就是组训工作。

这一阶梯的培训部门在企业内部已经变成不可或缺的业务组成部分，培训价值已经融入业务发展，成为企业发展的主要促动因素之一。

5. 第五阶梯（原动力型）

如果把第四阶梯的培训价值比喻成一辆车的四个轮子，那么第五阶梯就如同一辆车的动力系统。第五阶梯的培训部门已经将培训价值打造为推动企业发展、变革、创新的原动力，成为引发企业改革发展的点燃装置。它往往能够让企业通过培训这个平台碰撞出创新商业模式、孵化出新的业务、产生新的业务协同机会或培养出企业的下一代掌舵人。这一阶梯一般已经超越了企业内外之分，培训已经变成一个共生平台，超越了单一企业的服务范围，成为服务企业周边生态系统，甚至服务某个社会群体的平台。例如，GE 克劳顿管理学院为商界培养了几百位 CEO；湖畔大学成为创业家的共创平台。

这一阶梯的培训部门已经成为企业真正的发动机，成为企业发展的"火源"，这个火源可以是人，可以是机制，也可以是模式。培训部门也可能成为开放平台，成为推动生态、推动行业、推动社会发展的原动力。

二、四种培训定位模式在培训成熟度五个阶梯中的表现

无论是战略文化导向、人才发展导向、业务促进导向还是服务进修导向，无论是一种导向还是多个导向组合，培训部门只要保持聚焦、持续努力、创新迭代，

就可以在自己的模式上达到更高的层级,最后有机会成为企业发展的助力和原动力。接下来我们看看四种培训定位模式在培训成熟度五个阶梯上的表现,它是每个团队在当前状态的扫描器,还是引培训部门不断向前、持续提升的风向标。需要说明的是,培训部门一旦完成了模式选择和培训定位,就超越了培训成熟度的第一阶梯(任务型),所以以下四种培训定位模式的表现将从培训成熟度的第二阶梯开始。

1. 战略文化导向

战略文化导向的培训部门达到第二阶梯(项目型),基本属于机会型状态。当老板或业务高管有战略文化需求时,我们要能够敏锐地抓住机会,设计并交付高质量的项目,创造项目价值。但是这一阶梯的培训部门对战略和文化的支持不是稳定和长期的,因为他们的大部分需求来源于临时需求,没有形成真正的稳定需求发现、解决和交付系统。例如,组织年度工作总结会议、开展全国经理人的共创大会、组织业务部门的复盘总结会等都属于这一阶梯的典型表现。

能够在战略文化导向上做到第三阶梯(系统型)的培训部门凤毛麟角。达到这一阶梯的培训部门无论是聚焦在战略、文化,还是聚焦在变革上,都要有完整的服务逻辑和全面的解决方案,能够在战略文化方面形成持续的价值产出。例如,培训部门在战略管理上,从战略规划、战略路径、战略解码、战略跟踪、战略复盘等战略管理全流程方面,形成培训支持的动作和工作系统,形成对战略管理闭环的培训支持,同时在时间维度上也能够形成重复和持续性的支持状态。再如,培训部门成为文化管理委员会的负责单位,负责企业文化推广的整体策划等。

战略文化导向的培训部门达到第四阶梯(促发展型)和第五阶梯(原动力型)非常难实现。一般企业的战略管理会有专门的部门负责,是专业性和挑战性极强的工作,通常由核心高管挂帅,所有高管都会参与其中。所以,培训部门要在战略文化导向上达到第四阶梯(促发展型)和第五阶梯(原动力型),需要有三个前置条件。第一,培训部门的负责人应该是企业核心高管;第二,培训部门必须在自身能力上做很大的扩展和调整,部门中要有退休的高管、行业大咖或商学院大咖;第三,企业要正好处于阶段性变革、文化整合、新业务战略孵化等时期,战略文化需求多且急迫。在这三个前置条件下,培训部门达到第四阶梯(促发展型)和第五阶梯(原动力型),最终可发展成为业务领袖培养的摇篮、战略管理理论研究的阵地、企业战略共创的基地、新业务孵化研究的平台等。

2. 人才发展导向

人才发展导向达到第二阶梯（项目型）也是绝大部分培训部门所处的状态。这一阶梯的培训部门能够在新员工、领导力或某些专业条线上，形成自己的特色和一些明星项目，为企业持续培养优秀的人才队伍。在这样的状态下，项目通常来自不同业务和发起人的需求，单独看每一个需求或许都很重要，但各项目之间没有形成强关联性，没有形成项目与企业需求之间的系统化连接。

人才发展导向达到第三阶梯（系统型）后，状态有了较为明显的变化。培训部门认真分析了企业的价值链和战略重点，清楚哪些关键队伍和人才是企业发展的核心，并据此形成了完整、重点突出的人才发展架构和体系，展示出整体的人才发展价值。例如，华为大学的任职资格体系、TCL大学的鹰系列领导力发展项目体系、中粮集团的 LDP 系列领导力发展项目等都属于这一阶梯的典型表现。

人才发展导向的培训部门要达到第四阶梯（促发展型）和第五阶梯（原动力型）同样比较困难。因为能够起到企业核心助力和原动力的人往往都是顶尖技术专家或业务领军人物，而这些人很难实现批量培养产出，需要培训部门构建长期的和持续的人才发展与评估系统，这个系统往往短时间内看不到明显效果，坚持 5 年以上的持续投入，在企业发展或转型的关键时刻，才能看到它的威力和价值。例如，京东的管培生计划在阶段性的变革和大换血中就起到了核心作用；GE 克劳顿管理学院在业务领军人物的培养上也起到了关键作用；联想等企业的接班人培养和评价机制在企业转型和领导人调换过程中也都起到了非常重要的作用。

3. 业务促进导向

业务促进导向的培训部门达到第二阶梯（项目型）与其他阶梯相比更加困难。它是指培训部门能够捕捉到一些业务促进的机会点，通过培训手段真正促进了业务发展，解决了业务实际问题。例如，用友大学开发一门业务明星课程，覆盖全国，帮助提升全国的销售业务；万达学院聚焦真正有用的项目；链家地产萃取业务技巧的"葵花宝典"；李宁公司的绩效改进系列项目；GE 克劳顿管理学院的群策群力项目；等等，都属于这种项目的典型例子。

业务促进导向的第三阶梯（系统型）是指培训部门形成了完整的业务帮助系统，自成一体，有完整的服务体系和交付方式，能够持续为业务发展提供服务。

例如，麦当劳所有新店的开业培训、4S店的新产品上市销售培养体系等都属于这一阶梯的典型表现。

业务促进导向的培训部门达到第四阶梯（促发展型），是指将培训动作融入业务工作中，使培训工作成为业务发展的核心动作之一。例如，保险公司的组训系统，组训工作的组织架构和目标都按照保险业务三大指标（增员、晋级、收入）为基础，已经没有培训与业务之分，培训已经是业务的一项职能。再如，淘宝的商户培训和用友的软件配套培训本身就是业务和产品售后服务的一部分。

业务促进导向更高级的模式还有安利、玫琳凯这类直销企业，它们的培训、会销、各级经销商培养都成为销售、业务发展的标准动作之一，会销本身就是直销企业核心的销售方式之一，培训已经成为企业发展的核心原动力。这类将培训作为企业销售的手段，并依赖培训部门构建系统的销售体系、经销商体系的状态达到业务促进导向的第五阶梯（原动力型）。

4．服务进修导向

服务进修导向的培训部门达到第二阶梯（项目型）和第三阶梯（系统型）都是容易实现的。第二阶梯（项目型）是指有一些好的培训项目和服务内容，如拥有拓展基地、休闲场地、温泉等；第三阶梯（系统型）是指可以形成自己独特的味道和特色，如培训基地具有一些特色的文化氛围等。如果要继续形成更高的价值输出，培训部门还可以专注在行业研究上，将培训的职能向高校的部分功能延展，但是要有所区别，重点研究专业在行业实践中的应用，与高校的学术研究形成差异化。

回顾一下到目前为止我们走过的培训管理历程。首先，从企业战略理解开始，了解企业战略管理的基本逻辑，在企业战略和业务理解中找到可能的培训机会点。其次，面对众多的机会进行取舍，做"理性"加"感性"的综合分析，准确、有效地找准培训定位。探讨四种培训定位模式的定义特征，同时在此基础上用培训成熟度的五个阶梯来对现状进行扫描，找到当前位置和未来的发展目标。接下来我们将进入正式的培训管理运营与落地阶段，重点介绍如何将培训定位转变为培训规划与培训执行方案。

第四章 从培训定位到培训体系

本章要回答的问题

◎ 清晰的培训规划有哪些作用？
◎ 如何做好培训规划？
◎ 年度培训计划有哪些重点？
◎ 如何进行培训业务设计？
◎ 培训业务设计画布包括几个部分，具体内容是什么？
◎ 课程体系建设的五个步骤是什么？
◎ 培训项目管理的逻辑和流程是什么？

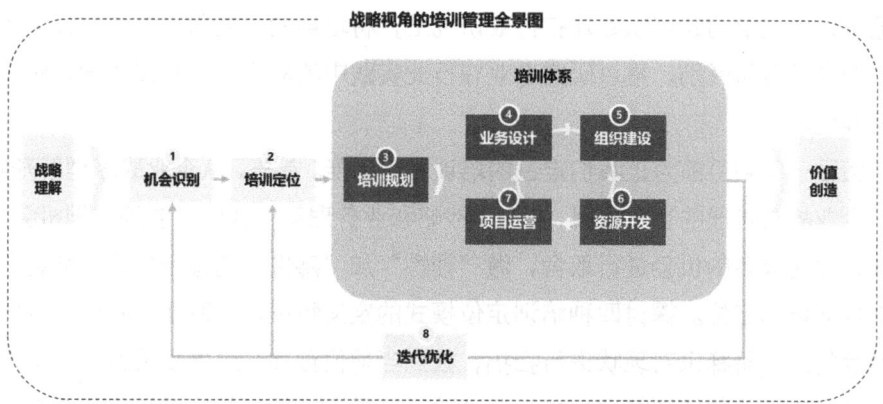

战略视角的培训管理全景图

战略理解 → 1 机会识别 → 2 培训定位 → 3 培训规划 → [培训体系：4 业务设计、5 组织建设、7 项目运营、6 资源开发] → 价值创造

8 迭代优化

案例

Riley 的挑战

E 公司是一家多元化集团企业，旗下有五大主营业务，还有一些创新业务。Riley 是这家公司集团总部的培训负责人，工作汇报给人力资源副总裁。Riley 加入这家公司已有将近一年的时间，通过自己过硬的专业能力和较强的沟通协调能力，在集团复杂的业务和架构下，完成了几个让领导满意的项目，基本站稳了脚跟。

通过这一年的磨合，Riley 认为这家公司平台足够大，公司文化氛围、做事方式与自己的性格和需求都比较匹配。所以，她准备在这个平台大展拳脚，目标是将现在的培训部门建设成企业大学。

经过前期的摸索和仔细分析，Riley 初步设计了培训部门的三大定位，如图 4-1 所示。

文化使者
"愿做事"

持续创新
百年企业

黄埔军校　　　　　　　　黏合剂
"能做事"　　　　　　　　"做成事"

图 4-1　E 公司培训部门的三大定位

接下来，摆在 Riley 面前的就是如何一步一步稳健地实现这三大定位。随着工作的深入，以及与各部门更多的工作沟通和互动，她发现其中的挑战越来越多，她将这些挑战总结为以下几点。

- 公司曾经提出要建企业大学，但是培训部门的工作一直不温不火，近几年没有做出突出成绩，也没有特别有影响力的项目。
- 培训工作在公司内部没有太多支持的声音，没有口碑基础，甚至还有部分老员工认为培训部门形同虚设。
- 由于培训部门未能形成很好的影响力，集团中的一些部门已经开始形成自己的培训力量。
- 以前的培训部门没有做好知识管理，目前几乎没有留下任何有价值的培训沉淀资源。
- 目前的培训部门到了重建的边缘，剩下的人不但能力不足、工作态度不佳，甚至部门内部都开始怀疑培训的价值。

Riley虽然找到了定位，也信心满满，但面对如此多的挑战，培训工作依然困难重重，前路未知。她首先要全面了解真实现状，尤其是集团核心干部层对培训的认知和需求，并获取他们的基本支持。所以，她花了一个月的时间，逐一拜访集团各部门的一把手，一方面完成基本的相互熟悉，另一方面也用非正式的方式将自己前期的定位设想进行一轮交流验证。这个沟通过程非常重要，一个月下来Riley收获颇丰。

Riley主要有三点收获：第一，几十个核心干部，除了小部分在公司时间超过十年的老干部非常谨慎，带着审视和警觉的官方态度与她进行沟通，剩下一多半的干部还是能够在沟通中与她产生共鸣的，并表达了对她的支持意愿；第二，通过直接沟通和交流，对集团各部门的业务情况有了更加深刻和直接的感受；第三，虽然不是每个人都表现出对Riley定位的完全认同，但是从他们的反馈来看，Riley的定位设想是符合集团现状的。

有了这些基础，Riley就开始了正式的部门工作规划，将定位转化成目标，将目标进行分解，找到实现路径和方法，她梳理出了以下四个重点工作事项。

- 培训部门的更新和重建迫在眉睫，要给部门树立新的目标，让大家重拾信心。
- 集团化培训管理必须明确，集团和业务培训在分工上要有清晰的职能区分。
- 尽快将三大定位设计为当年的项目方案，报集团审批。
- 形成一份培训部门年度规划报告，与主管领导达成一致。

以上四个重点工作事项并非一蹴而就，有的是当下可以完成的，有的要做长期的博弈与争取才能实现。Riley 在回忆的时候谈道："正是因为在内心坚定了这四个重点工作事项，才让我后续的工作无论多么繁杂，始终倾注精力完成这四个重点工作事项，并对最终建设企业大学起到了至关重要的作用。"

第一节 培训规划

一、培训规划是价值实现的起点

培训部门完成了从企业战略理解到培训机会的洞察，再从培训机会的选择评估到培训定位的明确，接下来就进入培训规划环节。如何找到培训定位和价值实现的方法和路径，这是培训规划要解决的问题。通过以上案例我们发现，培训管理工作到了培训规划环节才真正进入培训具体操作和实施的部分。

如同登山一样，机会识别和培训定位告诉我们要登哪座山，去哪个山峰。而培训规划要解决的就是我们应该从什么地方开始，从什么时间开始，选择哪条路径，在登山的过程中要配备什么样的装备，选择什么样的同伴，以及预判我们会遇到哪些风险，如何应对这些风险等问题。解决这些问题固然非常困难，却是我们必须要面对的，一旦解决了这些问题，培训工作就会事半功倍。

清晰的培训规划的作用是显而易见的。

第一，清晰的培训规划能够使整个培训部门在工作中方向一致、步调一致、动作一致，能清楚地告诉我们应该做什么、不应该做什么，告诉我们当在工作中出现精神疲惫、资源不足、时间不够等情况时，我们应该如何进行区分和取舍。当我们面对大量琐碎事务的时候，它往往能够把我们拉回正轨，让我们的工作回到"主干道"上来。

如果没有清晰的培训规划，整个培训工作的方向就会不明确。尤其当主管领导和培训客户不断提出一些碎片化需求时，我们会很被动，我们不知道应不应该做，如果都做，资源不够，如果拒绝，似乎理由又不够充分。所以，提前进行培训规划并主张自己的想法，是对主管领导和培训客户的一种需求引领，也是对培训期望值的一种管理。

第二，清晰的培训规划能够帮助培训部门建立工作全局观，能够让大家知道培训工作的完整架构，知道每一项工作在其中的位置和作用，同时还能清楚各部分之间的关系与关联。例如，在"Riley的挑战"这个案例中，因为业务模块较多，培训工作非常繁杂，不同部门会提出不同的需求，所以大家很容易陷入迷茫和"瞎忙"的状态。此时，清晰的培训规划一方面能够让培训部门在应对这些工作时，工作内容依然保持较好的结构性和流畅度，另一方面会让培训部门的力量有效地用在"刀刃"上。

第三，清晰的培训规划还有利于帮助培训部门创造更高的价值产出。培训价值来自优质项目，而优质项目需要准确的客户分析、精细的项目设计、全面的过程管理及持续的成果强化。正所谓细节是"魔鬼"，只有聚焦明确的重点和事项，才能让培训部门对关键项目持续打磨并精益求精，才能集中发力，最后创造出影响大、水准高的项目，进而创造高价值的产出。在本书第一章的案例中，培训部门每年都会牵头做一次针对中层以上干部的人才盘点项目，就是因为培训部门所有人都知道这个是必须成功的项目，所以全员都异常投入，最后让人才盘点项目成为公司内部口碑和影响力均很高的品牌项目。

第四，清晰的培训规划还是培训部门与业务部门交流时的影响话术。如同广告语重复加深消费者印象一样，培训部门也要在公司内部用自己的培训规划重复自己的价值主张，加强公司员工对培训工作的熟悉和认知。

总之，无论是培训部门的负责人，还是培训部门普通的一员，我们都应该有清晰的培训规划，头脑中要有一张完整的培训规划图。

二、培训定位到培训规划的三个视角

培训规划的本质是寻找培训定位和价值实现的方法和路径。这个过程通常有三个视角：第一个是未来情景视角，这个视角主要描述培训定位实现以后的理想状态和情景，是对结果状态的一种思考；第二个是驱动因素视角，这个视角主要分析要实现未来的情景，有哪些前提条件需要创造，需要哪些关键资源，必须要完成哪些前置事项；第三个是障碍视角，这个视角主要分析在实现培训定位的过程中，我们有可能遇到哪些困难，以及如何去克服这些困难。我们要基于培训定位，从这三个视角进行分析，找到实现价值的方法，最终找到实现价值的路径。

1. 未来情景视角

未来情景视角是对未来理想情景的描述。我们不考虑任何的资源限制，也不考虑太多的假设条件，大胆设想一下，如果培训部门实现了预设的培训定位，到那时，培训部门会是什么样的，会有什么样的组织架构，培训部门具有哪些能力、有哪些叫好又叫座的产品，公司老板对培训的感受是什么，公司高管和负责培训工作的直接领导会如何评价培训部门，公司与哪些外部机构建立了良好的合作、公司在行业内获得了哪些赞誉等，这些都是对未来情景的描述。

总之，未来情景视角是从工作结果、自身情况、客户评价、合作伙伴、外部环境等维度，进行理想状态的梳理和构想，形成一个远景画面。这个画面中的各种要素将作为培训规划的第一个内容来源。

2. 驱动因素视角

驱动因素视角是对培训规划完成的前提条件的分析。它具体指要实现某种理想状态，我们需要什么样的前置条件；要让公司老板对培训产生相应的认知和感受，需要做哪些事情、前提是什么；我们需要培训部门的架构和编制是什么样的，如何才能获得直接领导的认可；要实现培训的集团化管理，培训、人力、业务人力之间要形成哪些关系状态；等等。这些都属于实现培训价值的驱动因素。

在以上案例中，培训部门有一个定位是希望成为文化使者。如果用驱动因素视角的方法，就是分析要实现这样的培训定位，要求培训部门具备哪些能力、这些能力如何构建、在职责划分上需要得到上级什么样的支持等，这些都是实现培训定位的前提条件。这些前提条件将作为培训规划的第二个内容来源。

3. 障碍视角

障碍视角是一种风险视角。它考虑当有了理想状态的远景画面，也有了前提条件后，在实现培训规划的过程中，会遇到什么困难、什么障碍、什么挑战等问题。这些问题有可能来源于企业战略，有可能来源于预算制度，有可能来源于人力策略，有可能来源于企业文化，也有可能来源于业务流程、制度，甚至有可能来源于培训工作的直接领导，当然更有可能来源于培训部门本身的局限性等。这些问题将作为培训规划的第三个内容来源。

基于培训定位，从以上三个视角进行分析和判断，梳理出来的内容会变成培训规划的核心要点，这是培训规划的初步清单。我们已经对培训规划的内容完成了思考和收集，接下来将对培训规划进行整合与分析，并最终呈现出结构化的培训规划图。

三、培训规划的"一个核心、四大模块"

培训规划具体包括"一个核心、四大模块"五部分内容。

1. 一个核心

一个核心是培训使命，也就是培训价值的具象化描述。它表达的是培训部门为什么存在，培训部门如何支撑企业战略，培训部门对业务有哪些促进作用，培训部门为企业发展带来哪些价值等内容。这一部分是方向性、长远性、高视角的一种描述，培训使命能够让培训的学员、培训的客户、培训的领导对培训的价值产生长远的期待和认知。它同时也代表着培训工作的大方向，以及培训部门的系统性思考能力。

培训使命的具体描述方法和用词没有统一的标准，要根据企业文化和特点找到那些容易被接受、容易被理解、容易被记住的描述方式。有的描述对某个企业来说可能非常贴切，但对另一个企业来说可能无法接受。例如，在"Riley的挑战"的案例中，Riley对培训使命的描述是这样的——促进全体员工"愿做事""能做事"和"做成事"，这就是一种培训价值的具象化描述。这种描述方式符合Riley所在公司的文化，也是董事长经常会提及的词语，公司员工对这几个词语的认知程度和认可程度都很高。

2. 四大模块

四大模块是培训规划的具体内容。

模块一是在培训使命的基础上，描述培训的主要业务、主要产品与服务是哪些。这一部分通常采用项目的形式来表述培训的整个产品与服务体系。在业务描述上，要注重从业务视角用客户语言进行描述，描述要用客户能听懂、能看懂的语言，而不是培训的专业术语。例如，"研讨技巧培训"就不如"如何召开精简高效的会议"或"会议革命"等名称好，后者更符合客户的语言与理解方式。

模块二是培训部门的组织建设。企业战略管理中有一个公式：企业持续发展=

企业战略×组织能力。这个公式同样适用于培训管理工作。在培训定位和培训业务设计的基础上,培训部门采用怎样的组织架构、组织形式、组织能力建设、工作流程、培训机制和支撑系统等,这是组织建设要考虑的问题。组织能力建设这部分容易被忽略,无论部门大小、人数多寡,都应该构建契合培训定位和业务设计的组织能力,只有这样才能让培训工作顺利开展,提高培训业务实现的可行性和有效性。

模块三是为了支撑产品的交付,培训部门需要开发一些资源,包括能力标准、课程体系、培训课程、培训讲师、学习教材、学习案例等。很多培训工作者会把部分学习资源直接当成产品,这是不对的。培训资源确实是培训产品实现的必备内容,甚至是培训产品效果好坏的关键因素,但是对于业务高管和老板等非培训专业的客户来讲,他们听不懂,也不关心,这些对他们来讲是培训服务的过程性材料,是半成品。例如,培养了多少讲师不是业务高管关心的,他们关心的是这些讲师培训了多少人,培训了哪些内容,产生了什么效果。

所以,在跟客户沟通时,我们切忌只强调课程开发、讲师培养等专业内容,而要站在客户的角度强调客户收益和客户接触的产品部分。培训资源的开发要以最终的产品为前提,所有资源最后都要为产品交付服务。

模块四是培训的运营执行,包括项目管理、学员管理、业务流程、硬件设施、学习平台、管理平台、制度体系、预算管理方式等内容。

"一个核心、四大模块"五部分内容构成了整个培训规划的全貌。无论是企业大学,还是培训部门,都应该有清晰的培训规划。根据企业大学规模和培训部门规模的大小不同,培训规划可大可小、可繁可简,是培训工作的具体指引,主要内容如表4-1所示。

表4-1 培训规划的主要内容

培训规划	主要内容	
一个核心	培训使命	培训价值的具象化描述
四大模块	培训业务	培训的主要业务、主要产品与服务
	培训组织	组织架构、组织形式、组织能力建设、工作流程、培训机制和支撑系统等
	培训资源	能力标准、课程体系、培训课程、培训讲师等
	培训运营	项目管理、业务流程、硬件设施、制度体系等

四、年度培训计划的六项内容

长期的培训规划通常采用滚动规划的形式，一般以三年为一个周期，每三年的最后一年滚动做后续三年的培训规划。培训规划要变成可落地执行的培训计划，需要将其细化为每一年的年度培训计划，年度培训计划通常包括以下六项内容。

（1）年度工作中的重点项目。重点项目在做规划时一定要具体，不能多，要少而精。重点项目是呈现培训价值的关键，也是时间和精力投入的重点。

（2）年度工作中的常规项目。常规项目或许不会成为亮点，但依然需要持续开展，如新员工项目、中层管理培训项目等。这种类型的项目，重点在于保证不出问题，维持稳定的项目质量。如果重点项目没有或不够时，要善于从常规项目中找到突破点，用心设计，认真运营，让常规项目变为重点项目。在本书第一章的案例中，Steven 设计的"高管入职面对面"项目，就让常规入职培训项目变为领导非常满意的重点项目。

（3）培训能力建设的计划。它包括培训组织、培训团队文化、培训工作者能力建设等内容。这部分内容往往容易缺失和遗漏。有明确的计划，意味着我们会有意识地投入时间和精力，虽然因为能力建设属于重要不紧急事项，但如果不坚持进行能力建设，最终会导致更多的不紧急的事情变得重要且紧急。

（4）资源开发计划。它包括能力标准、课程体系、课程开发等内容。这部分内容是培训部门保持旺盛生产力和持续创造价值的关键因素。

（5）培训预算。它的关键点是有理有据、逻辑清晰。只有有了清晰的项目来源与成本计算标准和方式，才不会让培训预算在被财务审核时随意删减。

（6）下属机构培训计划。对于集团化培训管理来讲，年度培训计划还应包括对下属事业部或者分/子公司培训计划的管控或备案。由于公司文化和制度的不同，培训管控的程度也不同，但集团培训部门一般都应该关注培训全局，承担集团各层级培训工作的管理责任。

年度培训计划的主要内容如表 4-2 所示。

表 4-2　年度培训计划的主要内容

六 项 内 容	具 体 说 明
年度工作中的重点项目	在做规划时一定要具体，不能多，要少而精
年度工作中的常规项目	重点在于保证不出问题，维持稳定的项目质量

续表

六项内容	具体说明
培训能力建设的计划	包括培训组织、培训团队文化、培训工作者能力建设等内容
资源开发计划	包括能力标准、课程体系、课程开发等内容
培训预算	有理有据、逻辑清晰
下属机构培训计划	下属事业部或者分/子公司培训计划的管控或备案

第二节 培训业务设计

一、基于市场化视角进行培训业务设计

如果把培训部门比作一家独立的公司，它要生存，要有存在的理由和价值，那么它的业务就必须满足一定客户群体的某些需求，只有客户愿意为之买单，培训这个"公司"才有存活的空间和可能性。所以，要让培训部门不再是一个附属品，不再是企业价值链中可有可无的环节，要让培训部门活得硬气，我们就需要基于市场化视角进行培训业务设计。

公司或业务部门在做业务设计的时候，首先要找到合适的目标客户群和市场机会。培训部门亦是如此，它的目标客户群主要分为四种类型。

（1）整个公司。公司之所以设置培训部门，是希望培训部门能够为公司的盈利、公司的成长、业务的发展做出相应的贡献。从客户身份来看，公司是一个大概念，老板和高管通常是公司意见的代理人，所以他们是培训第一层面的客户。

（2）培训部门的主管领导。从市场角度来看，能够对产品和价值做出决定性判断和购买决策的通常就是客户。而培训部门的价值、产出、贡献及存在的意义，在很大程度上取决于主管领导的判断和意见，他们对培训工作有决定性的话语权和评价权，所以他们是培训第二层面的客户。

（3）各个业务单元和职能部门的管理者。这些部门包括销售部门、市场部门、运营部门等，这些部门的管理者是培训第三层面的客户。培训部门所有的项目、产品与服务，最终的使用者几乎都在他们的管辖范围内，所以他们对产品与服务的评价及接受程度，也是影响产品价值和部门价值的重要因素。

（4）学员。准确来讲，学员应该被称为最终用户，当然他们同时也是客户。培训服务口碑的好坏，客户是否愿意为培训买单，客户是否认为培训有价值，都来自他们在培训产品与服务中的体验及他们的反馈。

以上是培训业务设计的第一步，即明确目标客户群。在此基础上，第二步是客户需求分析，包括对客户工作行为、客户痛点及客户需求的分析。第三步是进行结构化的产品与服务设计，包括产品定义、产品内容、产品包装、产品过程、服务细节等内容。

培训工作者应该掌握上述思维结构，只有这样才能把培训工作当作一个市场化的模块进行思考并开展工作，进而让培训部门具有更市场化的竞争力、更持久的生命力，让培训部门真正在企业发展过程中发挥不可替代的作用，获得应有的话语权和地位。

二、培训业务的六大类型

培训业务来自核心客户的需求。只有找到客户的需求，并且进行清晰的描述，才能让培训工作"对症下药"。所以，客户需求分析是培训业务设计的第二步。

1. 整个公司的需求

首先是整个公司的需求，老板和高管通常是公司意见的代理人。他们关注的重点有三个：战略、文化、公司。

（1）从战略的角度来讲，公司老板和高管希望培训能够帮助把公司战略解码为部门经营计划，用经营计划分解每一个人的指标。他们希望培训部门能够在如何使各级管理者更好地理解战略、使员工更坚定地在执行战略等方面做出努力。

（2）从文化的角度来讲，绝大部分老板都希望通过好的文化影响来实现对公司员工的软性管理。他们希望公司的使命、愿景、价值观能够准确地传递给每一个员工，并让公司员工在使命、愿景、价值观的引领下始终保持高向心力、凝聚力和战斗力。他们希望公司的管理思想、管理要求、行为准则能成为员工坚定不移的价值判断和行为规范。这些需求都是培训部门可以做出贡献的范围。

（3）从公司的角度来讲，老板和高管希望由成熟的部门来支撑公司的业务发展。他们关注部门是否建立合理的结构、角色和工作流程，是否设计有效的激励方式和考核机制，是否有能力完成战略落地执行和岗位关键任务等。

2. 培训部门主管领导的需求

其次是培训部门主管领导的需求。培训工作者需要思考两个问题。

第一，主管领导在公司里扮演什么角色，是业务高管、运营高管、整个职能部门高管，还是人力高管，他们的角色不同，对于培训的需求也有所不同。所以，培训工作者首先要揣摩主管领导对公司的价值创造是什么，他的培训定位是什么，在他的整体培训定位下培训能够帮他做什么，能够将培训放到他的价值版图中的哪个位置，从而帮助他把价值版图拼得更加完整。

第二，我们会发现主管领导对培训本身往往并不熟悉，因为培训工作专业性较强且很难进行考核评价。这需要培训工作者有较强的规划和设计能力，去主动影响部门主管领导，去了解他们对培训的想法及需求，让他们的想法及需求和我们本身想要表达的培训价值形成连接，并达成一致。

3. 各个业务单元和职能部门的管理者的需求

再次是各个业务单元和职能部门的管理者的需求。他们的想法相对比较聚焦，大部分关注点都可以归结到业务目标的实现与完成上。所以，在解读他们的需求时，要从他们的业务指标往下去分解，分析哪些事项是促进他们业务达成的重点，哪些因素是影响他们业务指标完成的关键，哪些问题是最有可能出现的等，这些都会影响到最后业务指标的完成。例如，业务收入的占比，哪块业务是卡点，这块业务的业务流程是怎样的，关键环节是什么，其中的杠杆性指标是什么，关键人群是哪些，他们的哪些能力有短板，部门之间的协同如何，哪个条线和职能比较让人担心等。

这个层面的客户需求是较难把握的，与此同时准确捕捉需求也是最容易出成绩的。在理解这部分需求时，培训工作者要用到本书第二章提到的两个经典的战略理解工具：价值链和战略地图。用这两个经典的战略理解工具对业务条线进行理解和洞察分析，从中找到相应的需求点，即培训机会点。这两个经典的战略理解工具既适用于整个培训部门的定位选择分析，又适用于培训业务设计的需求分析。

4. 学员的需求

最后是学员的需求。他们的需求一般比较清楚，也是绝大部分调研问卷都会涉及的内容。例如，对培训课程的需求、对培训环境的需求、对培训方式的需求、对培训老师的需求、对培训内容针对性的需求、对培训时间的需求、对培训服务水平的需求等。

通过对以上四种类型的目标客户群工作场景进行换位分析，洞察他们的需求，将他们的需求进行分析整合，设计能够满足他们需求的业务，最终形成我们的培训业务组合。培训业务有六大类型：战略与文化类、绩效改进类、人才梯队类、专业人才类、资源建设类和其他类型，如表 4-3 所示。

表 4-3 培训业务的六大类型

培训业务类型	具体培训业务
战略与文化类	战略规划、战略共创、文化建设、文化宣贯、文化落地等
绩效改进类	提升收入、加强销售、降低成本、提高产能等
人才梯队类	各层级的管理人才及储备人才培养等
专业人才类	业务团队培养、技术团队培养、运营团队培养等
资源建设类	能力建设、课程体系搭建、课程开发、讲师培养等
其他类型	其他专项业务，如管理哲学梳理、办公会精神传递等

（1）战略与文化类。这类业务通常包括战略规划、战略共创、文化建设、文化宣贯、文化落地等。

（2）绩效改进类。这类业务通常包括提升收入、加强销售、降低成本、提高产能、提高质量、解决关键难题、共创开拓新市场、促进业务创新等。

（3）人才梯队类。这类业务一般是指为公司培养各层级的管理人才，通常包括高、中、基层管理人才培养，以及各层级的储备人才培养等。

（4）专业人才类。这类业务一般是指为公司培养各专业条线的专业人才队伍，通常包括业务团队培养、技术团队培养、运营团队培养等。

（5）资源建设类。这类业务一般是其他培训业务的基础，通常包括能力建设、人才盘点、学习地图建设、课程体系搭建、课程开发、讲师培养等。

（6）其他类型。不同的公司往往有各自的特点，由此产生的一些特殊需求很难归于以上某一类型，所以可以算作其他专项业务，如管理哲学梳理、办公会精神传递等。

以上六大类培训业务并非与目标客户群一一对应，而是来自不同客户、不同需求的整合，四种类型的目标客户群或许有多种类型的业务需求，同一类培训业务也可以服务于多种客户对象。不同类型的培训业务如何设计与操作实施，将在本书下篇中详细解读。

三、培训业务设计画布

培训业务设计第二步完成了对客户需求的分析，接下来要对这些需求进行判断和选择，确定哪些需求是培训部门可以去解决和支持的，哪些不应该作为重点，甚至应该放弃。针对选出的需求，设计用什么服务、什么产品、什么方式、什么工具、什么流程、什么渠道去满足这些需求就是培训业务设计的第三步。通过第三步将业务转化为产品与服务。

笔者将业务转化为产品与服务的过程总结为一套模型工具——培训业务设计画布。画布一共包括五个部分，如图 4-2 所示。

主要关系	客户选择	产品与服务
重要资源	价值主张	

图 4-2　培训业务设计画布

1. 客户选择

在大多数公司里，培训的目标客户群差异不太大，还是上述四种类型。具体在进行业务设计时需要进一步对核心客户进行归纳总结，明确客户的核心关键人物或核心岗位，把这些内容罗列出来。在整个项目管理过程中，我们应随时关注核心客户的利益和反馈。

2. 价值主张

本书第三章在做培训部门的培训定位设计时，也提到了价值主张，这两个地方的价值主张定义是一样的，只是应用的范畴不一样。第三章是整个培训职能的价值主张，本章则是设计每一项业务、每一个产品的价值主张。它指的是，对于核心客户，培训产品要传递给他们的独特价值是什么，要帮助他们解决的痛点是什么，当他们提到培训产品时会如何评价。在设计具体培训项目的培训业务设计画布时，价值主张也可以表述为项目目标。

以最常见的新员工入职培训项目为例，价值主张是指培训部门希望学员参加培训后记得的是什么？对培训产生什么印象？是培训部门的讲师很专业，是培训部门对公司文化的强烈认同和骄傲感，是培训部门非常完善与周到，还是对某门精品课程记忆深刻、难以忘怀。如果强调对公司文化的认同，那么整个项目将会围绕对公司文化的理解、认同、交流、行动等内容来开展；如果强调课程的质量，那么培训部门将对整个项目的课程开发投入更多资源，甚至引入一些品牌课程。所以，同一个培训产品，当有不同的价值主张诉求时，着力点就会不同，产品架构、产品设计、产品匹配资源等内容也会不同。

3. 主要关系

主要关系对项目的成功、对价值主张能否实现起着异常重要的作用。切忌只顾培训项目的实施和现场管理，而忘记主要关系的维护与引导。

主要关系通常有两个层次：第一个层次是培训部门的主要关系，这主要是从整个培训部门的角度来分析，具体是指公司中对培训工作起到支持作用、影响作用或干扰作用的利益相关者，他们或能提供培训资源，或对培训有评价权，或在工作中与培训部门有交叉影响；第二个层次是项目的主要关系，它包括项目的发起人、项目的影响者、项目的用户、项目成果与成效的评价者等，这些主要关系都是培训业务设计中需要考虑的因素，需要有相应的管理手段和维护手段。

在项目管理过程中，无论是项目准备、学员时间安排，还是项目评估、项目成果宣传工作，都需要考虑主要关系的诉求及学员的感受，这些都是决定项目成功的重要因素。例如，假设一个培训项目的现场体验效果很好，却没有与学员的直接上级就学员参加时间达成一致，学员的出勤时间就会难以保证。

4. 重要资源

重要资源是指培训的产品与服务要落地，需要哪些培训资源，包括课程资源、场地资源、知识性资源、合作资源、讲师资源和项目领导资源等。重要资源的获取和建设是为了保障培训项目的顺利执行。一般来讲有三类：课程资源、讲师资源和项目领导资源（负责项目发起、提出项目要求、听取项目汇报的业务管理者）。

以上就是整个培训业务设计画布的完整画面。在使用它的时候，可以分为两种使用方式。

第一种方式是应用于整个培训部门，我们可以梳理研讨部门级的培训业务设计画布。这种方式包括整个培训部门的重要客户、培训部门传递的整体价值主张、产品与服务清单、长期主要关系和最核心资源等。

第二种方式是在第一种方式的基础上，针对每一项重要业务和项目，研讨梳理项目级的培训业务设计画布。它包括一个具体项目的客户选择、价值主张、主要关系、重要资源、产品与服务。培训部门可以形成基于重要项目的若干个业务画布，使其成为部门推进项目落地、指导项目实施、复盘项目成效的指引和评价标准。

培训业务设计画布是业务设计环节的最终产出，是后续开展组织建设、资源开发和项目管理的基础。

5. 产品与服务

产品与服务将以培训项目的形式展现，主要内容包括项目的对象、项目的基本流程、项目的资源需要、项目的关键节点等。当前大部分培训部门或企业大学采取的管理方式都是项目制管理，培训工作者通常扮演两个角色：客户经理和产品经理。客户经理的角色要求培训工作者要像销售一样，以对待客户的方式对待内部培训学员，包括客户沟通、客户维系、客户推广、客户关系管理等；产品经理的角色要求培训工作者用产品全生命周期管理的思维去管理每一个培训项目，包括项目前期、项目中期、项目后期、项目成果等一系列事宜。这两个角色所需要完成的工作内容都应该展示在产品与服务中。

第三节 培训组织建设

案例

艰难的集团化培训管理进程

F公司是一家全产业链的高科技企业，业务流程包括研发、供应链、制造、市场、营销等环节。公司架构以事业部门的形式进行设置，所以每个部门的独立性和自主性较强。

Jason是新加入公司的集团培训总监，以前集团没有独立的培训模块，所以培训工作非常松散，没有统一的管理。Jason加入公司面临的第一个挑战就是如何建立集团化的培训管理体系，界定集团和事业部门之间的关系，划分职责，划分权限。在这个过程中，Jason遇到了极大挑战，挑战不仅来自事业部门的个性化需求和独立性，还来自集团领导要求的变化和不坚定。

通过前期的摸索和碰壁，Jason逐渐厘清了工作重点和思路，准备从以下几个方面着手工作。

- 由集团统一举办一些核心项目，如新员工入职、文化宣贯、干部管理培训等。
- 明确下属公司的培训工作计划、备案与汇报机制。
- 逐渐统一培训预算管理与审批流程。

虽然Jason已经有较为成熟的想法，但在实施过程中，依旧面临很多挑战。例如，新员工入职培训项目各事业部门表面上都很支持，但学员出勤率并不高，并且各事业部门依然还会组织自己部门内部的新员工培训；培训工作计划、备案机制虽然已经建立，并通过HR管理会议进行了宣贯，大家也能按时提交，但是私下沟通发现，提交内容和实际情况相差甚远。

采访Jason结束的时候，他说道："到目前为止，这些策略依然还在实践过程中，有的已经看到一些成效，有的完全受阻无法推进。"总之，道路迢迢，挑战依旧。

一、集团化培训管控的四种模式

同以上案例中 Jason 所面临的挑战一样，集团化培训管控越来越难。近几年经济环境的急剧变化与不确定性，让很多企业呈现出以下的特点和形态：组织扁平化、组织动态化、组织设计客户导向化等。很多企业尤其是互联网企业，培训部门不但已经下沉到事业部门，甚至有的下沉到一线作战部门，将培训职能与人力资源合作伙伴一起下放给业务管理者，让业务管理者有了更多的自主权和资源调配权。在这样的管理模式下，培训部门将更加灵活，也更能直接获得业务管理者的支持。但是与此同时，集团培训管理部门将更难进行准确的定位，并将面临更大的管理挑战。

结合国内外很多企业大学和集团化培训部门的现状，我们发现有四种相对比较常见的集团化培训管控模式，它们分别是强管控型、资源型、聚焦型和生态型。其中，前三种是内向型培训定位模式，主要服务对象为企业内部员工，最后一种是外向型培训定位模式，主要服务对象为企业外部客户。

第一种模式是强管控型。强管控型是指将集团各层级的培训部门和相关工作收归集团统一管理、统一调配、统一制订计划、统一执行、统一考核，这是一种集权式管理。强管控型模式的实现需要较多的前提条件，如由内部德高望重的高管任职培训负责人，或由总裁亲自管理培训部门，否则强管控型模式很难成功。例如，一家物业管理集团公司的业务遍布全国，总部培训部门在各个区域建设了 10 多个分部门，名义上由集团和区域共同管理，但实际上由集团统一管理，就是因为总裁非常重视培训，亲自主抓培训部门的工作。

第二种模式是资源型。集团化培训部门通过预算管理制度，掌握一部分培训预算，这部分预算可用于集团直接开展项目，也可投入分／子公司、业务板块的培训工作中。这样，集团化培训部门就成了大家想要争夺的资源部门，集团化培训部门也能够根据集团的战略要求，从容地进行资源分配，并对下级部门提出一定的指引和要求。

第三种模式是聚焦型。集团化培训部门将自己的精力和资源，聚焦在培训的某些模块和关键点上，使业务一线培训工作与总部培训工作形成不同的侧重，同时与功能互补。例如，集团只聚焦中高层管理者培养，只聚焦集团级讲师管理，只聚焦销售条线培训等。这种模式需要集团化培训部门在所聚焦领域的专业度高于业务部门，能力强于业务部门，资源多于业务部门，使集团化培训部门与业务培训部门处于互助和相互支持的平衡状态。

最后一种模式是生态型。服务范围从企业内部扩展到公司业务所覆盖的上下游和整个行业生态系统的企业。很多互联网企业的培训部门就属于这种类型，如京东、美团。

总之，集团化培训部门面临比业务培训部门更大的管理压力和挑战。集团化培训部门要想有很好的培训定位，形成良好的集团管控状态，需要注意两个关键点。第一，切忌定位摇摆不定。很多企业大学和集团化培训部门在管控模式上没有清晰的定位，什么都想要，什么都想管，最后什么都管不好，还可能让自己失去价值。因此，培训定位要坚定，培训管理动作要聚焦。第二，我们要对自己的影响力和手里的资源有清晰的判断。基于此再去选择适合自己现状的模式，然后持续精耕，让自己立于不败之地，将自己建设成为真正有特色的集团化培训部门。

二、培训部门的三种形式

培训部门无论大小，在进行人员分配、业务划分、工作计划时都应该按照一定的组织形式开展。目前，较为成熟的是职能型、项目型和业务型三种组织形式。

职能型是较为传统的一种组织形式。它是指将培训部门按照培训的业务流程或职能模块进行划分，一般可以分为培训规划、课程开发、项目运营、在线学习、综合管理等模块。这种组织形式在传统型企业中使用较多。在这种组织形式下，我们进行有效的分工管理，并在每一个模块上深耕和持续完善，假以时日就能形成稳定的培训工作品质与高质量的培训项目产出。这种组织形式的缺点是培训部门协同管理难度较大，面对业务变化时灵活度不够。职能型的组织结构如图4-3所示。

图4-3 职能型的组织结构

第四章　从培训定位到培训体系

项目型是越来越多企业培训部门选择的一种组织形式。它是指将培训部门按照不同的产品类型、项目类型进行划分，一般可以分为新员工、通用力、领导力、专业力、绩效提升等模块。以培训的产品与服务类型作为划分标准，有利于按照不同的项目进行人员和工作管理，能够有效面对组织变化和突发需求。它的缺点是对培训部门员工的能力要求较高，每一个项目模块的员工都需要进行全流程的项目管理，既要会设计，又要完成项目实施、交付及服务。项目型的组织结构如图 4-4 所示。

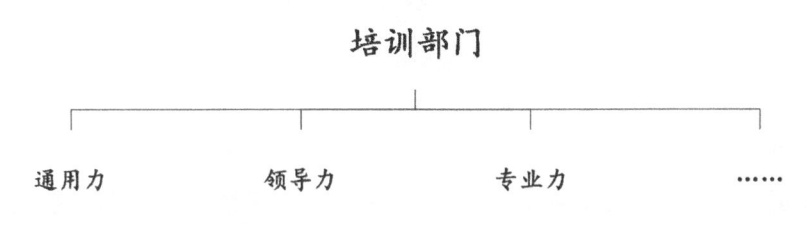

图 4-4　项目型的组织结构

业务型常见于较为成熟的培训部门。培训部门经历了前两种组织形式，员工经过较长时间的培养和锻炼，部门中大多数员工已经具备了独当一面的实力。这时可以采取业务型的组织形式，它是指以服务对象和业务单元作为组织划分标准，每个小组对接所负责的业务单元，完成所负责业务单元的所有培训相关工作，运用培训工具和方法同业务部门进行深度合作，帮助业务单元解决实际复杂问题。这种组织形式要求培训部门的员工具有较好的培训综合能力，能够独立面对和解决复杂业务问题。这种组织形式相当于将培训部门拆分成若干个小的独立培训部门。业务型的组织结构如图 4-5 所示。

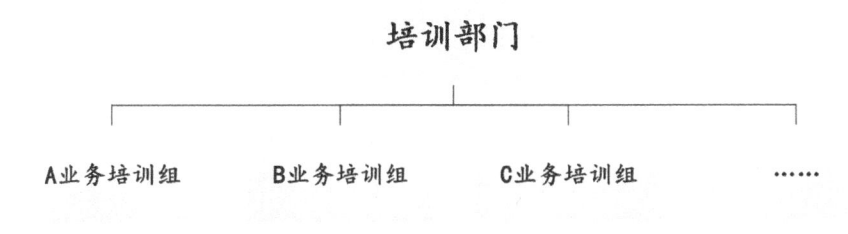

图 4-5　业务型的组织结构

三种组织形式各有优劣，我们可以选择某一种组织形式，也可以组合使用。比组织形式本身更重要的是明白培训部门背后的工作开展逻辑和分工逻辑，在此基础上，我们结合企业发展情况和培训部门现状进行综合判断，最终找到使用最佳的组织形式。

三、培训工作的流程与制度

要让培训工作顺利发挥作用，培训部门还应该建立与之匹配的流程与制度。培训工作的流程与制度一般包括计划与总结的流程与制度、预算与报销的流程与制度、项目管理的流程与制度等。流程与制度相辅相成，流程需要有制度做保障，而制度往往需要有流程才能落地。

将计划与总结的流程与制度纳入培训工作的流程与制度中，并提出写作与提报标准，这有利于明确各培训部门的工作目标，统一考核各培训部门的培训执行情况，同时可以对培训工作的整体情况进行系统监管。

预算与报销的流程与制度是监控培训部门是否完成培训工作，是否将培训预算实际投入进行培训和人才发展的重要手段。如果没有明确的控制，培训部门会将培训预算用到开会、团建甚至管理费用中，这样就失去了培训预算的意义，并会影响培训工作的价值产出。长此以往，业务部门还可能反过来指责培训部门的工作没有效果。

很多培训工作者只关注项目实施，不重视项目管理全流程，最后导致项目数据和项目中的经验没有得到整理和传承，知识管理更是无从谈起。所以项目管理的流程与制度至关重要，培训部门应设置专人对其进行管理，统一管理项目过程中的方案、课件、视频、调研表、评估表等各种素材。同研发代码一样，这些项目管理信息数据都是培训部门重要的知识积累和智慧沉淀。

以上三项是最为基础的流程与制度。除此以外，为了让培训工作思路更加清晰，管理有理有据，我们还应该逐渐建立基于项目的、基于资源的、基于系统的其他各项制度，如新员工入职管理制度、干部梯队培养制度、讲师管理制度、导师管理制度、硬件设施制度、教学管理制度、学员积分制度等。

总之，培训工作的流程与制度是培训管理的重要手段和工具，在关键事项和管理要点上一定要有制度做保障，但同时应避免制度过多和琐碎。

四、其他培训支撑系统

除了培训工作的流程与制度，培训管理中还有一些其他重要的支撑系统需要我们关注，如在线与移动学习平台、信息与知识管理系统、培训硬件设施等。

在线与移动学习平台，在不同的组织和业务形态下，它的作用和价值不太一样。例如，全国性销售型企业，因为企业销售人员数量众多、地域分散，在线与移动学习平台成为 80% 以上销售人员的学习渠道，这时在线与移动学习平台将成为所有产品与服务的核心，成为最重要的资源。但如果是生产制造型企业，大量学员是技术工人，在这种情况下，在线与移动学习平台有可能只是他们学习方式的补充。

随着大数据、人工智能等新技术的快速发展，未来在线与移动学习平台或许将扮演更加重要的角色，为我们提供意想不到的学习功能。但不可否认的是，目前在线与移动学习平台在学习效果上有局限性，它必须在课程质量、学习体验、场域建设、交流互动、团队反思、学习心智碰撞等环节上做出更多努力，只有研发出更多接近线下学习体验的手段和工具，才能在学习发展领域发挥更加重要的作用。这里暂且先将其作为培训的支撑系统来介绍。

在线与移动学习平台在国内经过 10 多年的发展，技术和服务已经比较成熟，目前大致分为四种类型。

（1）账号租用型。平台有较多的通用课程内容，服务器和技术维护由供应商负责。企业按照人员数量规模租用学习平台账号，并共享平台部分学习课程资源。平台给予个性化的界面设计和模块化的功能选择，但不能做定制化功能开发。这种类型相对比较灵活，企业可以随时更换平台，但功能定制化不足，整体来看平台的功能和内容较为均衡。

（2）定制化学习平台。由供应商针对企业的要求与内部办公系统的特点，开发定制化学习平台，平台功能和内容都是企业个性化的，并且平台可与企业办公系统或 HR 系统进行数据对接。平台服务器由企业购买持有或租用云服务器，这种类型的平台适用于超大型企业，功能定制化程度要求高，平台上的内容以内部开发为主。但这种平台购买成本较高，并且企业一旦采购，更换难度和成本非常大。

（3）标准化内容平台。平台主要以提供标准化学习内容为主，只提供很少的学习管理功能。平台学习内容可以嫁接到企业内部的学习平台，也可以直接使用供应商提供的平台进行内容学习。这种类型适用于短期或一次性的在线学习需求。例如，某个领导力发展项目中的在线微课的学习部分，可以单独采购一批在线微课。

（4）定制化内容开发。供应商不提供学习平台，只提供定制化的线上课程、线上活动、线上项目的开发。员工可以基于企业现有的学习平台技术，在此基础上开发内容和学习产品。

信息与知识管理系统的主要目的是对知识进行储存、管理、协同和分享，它通常包括学员信息、课程、案例、讲师、培训计划、项目、培训管理等内容。信息与知识管理系统能够帮助培训部门提高培训管理效率，传播重要知识，沉淀组织智慧。

培训硬件设施是指与培训教学相关的各种设施，一般包括教室、住宿、餐饮、娱乐设施、图书馆、户外活动场地、教学工具、拓展基地等。

第四节 培训资源开发

培训管理是从培训定位到培训规划、从培训规划到业务设计和组织建设，最后落实到日常的运营和执行。运营和执行部分涵盖了大部分培训工作者的日常管理工作，这其中最主要的是两个方面——培训资源开发和培训项目运营，这些将在接下来的两节进行介绍。

笔者将培训的核心资源总结为"培训资源三支柱"模型（见图4-6）：标准体系、课程资源、讲师资源。

图4-6 "培训资源三支柱"模型

一、"培训资源三支柱"模型

1. 标准体系

标准体系包括两部分内容：标准和体系。

1）标准

标准是衡量一个培养项目或课程是否有效的指标，通常又称能力标准或任务标准。关于标准的建设方法和工具，整个学习发展领域提供了很多，大家耳熟能详的有任职资格体系、胜任力模型、素质模型、DACUM法、典型工作任务法等。如何选择合适的建设方法和工具，首先需要理解这些建设方法和工具背后的逻辑和理论基础。这些建设方法和工具从根源上来讲都基于两种理论逻辑：能力导向和任务导向。

（1）能力导向的逻辑认为，所有的培训结果和产出，都指向学员的能力变化和提升。它对学员的能力进行了阶梯式的描述和定义，并将学员的能力在训前、训后进行了比对评价，从而证明培训的价值和作用。例如，对于倾听能力的定义和评价：初级，能够保持微前倾的身体状态聆听对方的事实表达，并不打断；中级，能够在聆听对方事实的基础上，感同身受，聆听到对方的情感需求；高级，聆听时能够对对方情感进行同理回应，并聆听到对方未来的可能性。采用这样分层级的聆听能力描述，可以定义学员的学习目标并判断培训后的学习效果。在效果评估时还可以采取测试题、自评、上级评价等多种方式。

（2）任务导向的逻辑认为，所有的培训成果和产出，都指向学员能够完成的工作和任务。它认为培训成功的标志是学员在培训后能够完成某些关键的任务，并达到任务的绩效标准要求。它认为工作任务的完成和绩效效果的产生并不能与能力画等号，而是能力、环境、协同、任务等因素综合作用的结果，所以它更关注任务的完成，而非能力本身。

在开展标准建设时，我们需要关注的是它采取了什么样的前提理论，要明白不同的理论基础适用于不同的范围。任务导向的逻辑适用于绝大部分专业序列岗位和基层专业管理岗位，如销售条线、运营条线、项目管理、产品研发等岗位，这些岗位都清楚地梳理出了关键任务。而能力导向的逻辑更适用于新员工、中高层管理者等岗位。这些岗位所需要的学习主题，如战略思维、团队管理、打造执行力等，很难被完整地描述和界定为关键任务，而更适合采用能力导向的逻辑。

当然，在实际工作中，能力导向和任务导向并不是非此即彼的矛盾体。它们可以相互交叉、相互配合使用，只要明确标准设计的初衷及岗位的特性，我们就能根据实际情况选择合适的建设方法和工具。标准既可以单独使用，又可以作为体系建设的前置条件。

2）体系

体系也称学习地图或学习路径图。对于一个关键人群，首先要界定它们的成长阶梯，其次要明确每个成长阶梯的成长标准、学习内容、学习方式、学习资源等，再对相应的课程目标、主要内容、主要形式进行定义，这些内容汇总起来，就形成了最终的课程体系。这部分内容将在本书下篇中详细介绍。标准和体系形成"培训资源三支柱"的第一个支柱。

2. 课程资源

课程资源包括常见的面授课程、线上课程、线上微课、案例库和案例分析、问题解决库、工具库等内容。目前，各企业使用比较多的课程资源一般有三类：线下面授课程、线上微课和案例集。课程资源首先要有一定的总量，它能覆盖大部分的关键培训人群，其次要关注课程的质量和品牌化，课程资源的建设需要聚焦重点、坚持不懈、打造品牌，集中资源形成培训部门的王牌课程。例如，用友大学的品牌课程建设效果显著，一门精品课程全国轮训，效果和影响力远大于一堆平庸的课程。

3. 讲师资源

讲师资源一般包括三个部分。一是培训部门的专职讲师，包括集团的培训讲师和分/子公司的培训讲师。例如，对于全国性销售型公司，一般专职讲师团队能力比较强，每个区域都会配备销售培训讲师队伍，并且有很多专职培训讲师是从销售岗位转岗而来的。二是内部的兼职讲师，他们有自己的本职工作，同时兼任某些课题和某些专业方向的课程讲师。三是外部合作机构的讲师和顾问，包括咨询公司顾问、职业讲师、高校教授、商学院讲师等。

"培训资源三支柱"的建设水平、完整度和成熟度，代表了一个培训部门的生命力及价值创造能力。我们需要提高对培训资源建设的重视程度，持续投入资源，强化内部宣传，最终使"培训资源三支柱"成为培训创造价值的三个支柱。

二、课程体系建设的五个步骤

课程体系涵盖了企业内部和外部所有的课程资源。课程体系的作用是构建完整的学习路径和学习资源全景图，让管理者清楚知道下属能力提升的阶梯和需要提供的帮助，让学员对象知道自己成长的路径和每一步成长所需要学习与掌握的内容。所以，课程体系具有管理支持和职业生涯指引双向的作用和价值。

课程体系通常分为四种类型，分别是通用力课程体系、领导力课程体系、专业力课程体系和专项课程体系，如图 4-7 所示。

通用力课程体系	领导力课程体系
专项课程体系	专业力课程体系

图 4-7 课程体系的四种类型

（1）通用力课程体系。它的学员对象是全体员工。内容主要包括企业的应知应会、职场素养和与职场技能相关的课程体系。例如，企业文化系列、职场人际系列、高效工作方法系列、企业介绍系列等。

（2）领导力课程体系。它的学员对象主要是各层级管理者和后备管理者。内容主要包括与高潜管理者、后备管理者、基中高层管理者相关的课程体系。例如，管理者自我提升系列、业务管理系列、团队管理系列、领导艺术系列、战略管理系列等。

（3）专业力课程体系。它的学员对象主要是各个专业条线的专业岗员工。内容主要包括专业技术、操作技能、业务技能等专业能力课程体系。例如，销售技巧系列、销售管理系列、项目管理系列、产品研发系列、财务管理系列等。

（4）专项课程体系。专项课程体系是根据企业特殊情况或高管的个性化需求所设计的专项课程体系，因为其内容的独特性和作用的特殊性，所以作为一种单独类型。它的学员对象较为灵活，可能是企业内外的任何群体，需要根据他们的目标和内容进行相应的匹配。例如，生态系统系列、独角兽投资管理法宝系列等。

以上四种课程体系基本覆盖了企业大多数的课程，每种课程体系都有其相应的属性和特点，在目标、学员对象和学习内容上均有不同。但在进行课程体系建设时，它们的方法和逻辑是一致的，通常包括以下五个步骤。

第一步，职位族划分。职位族是指工作职责、工作内容相近的一个或几个岗位的集合。在一般企业的人力资源管理工作中都有相应的界定和区分，可以直接使用。培训部门无须建设所有专业条线和职位的课程体系，只需要挑选出重要的职位族，挑选时一般有两个标准：重要性高和人数多。例如，企业一般对品牌管理很重视，但企业全部品牌岗位的员工一般只有几十人，针对这样的人群和职位就没必要建设课程体系。所以，课程体系建设的第一步是对企业进行职位族划分和职位族优先级选择。

第二步，定标准。这里的标准就是指前面提到的能力标准或任务标准。定标准这个阶段要完成两件事情：第一是划分职位族的能力发展阶段和层级，通常至少有三个层级；第二是界定每个发展阶段和层级的能力标准或任务标准。一般来讲，企业内部80%的课程体系标准都可以基于任务标准进行开发建设。

第三步，搭体系。在第二步的基础上，要对每个发展阶段的标准进行描述与分析，细化具体工作场景，分析典型问题与解决方案，进而找到和确定能够帮助学员达到标准的课程，从而形成基本的课程体系清单。

第四步，定义课程。这一步非常重要，通过前三步形成的课程清单（课程名称），如果不对这些课程清单（课程名称）进行定义和描述，单独的课程清单（课程名称）将是一张苍白的、失去意义的大表。只有结合前面的任务和能力分析，对课程目标、内容架构、课程来源、开发策略、实施形式、考核形式、讲师配置等内容进行了相应的定义，才能为之后的课程开发和讲师培养提供足够的信息和明确的指导。所以，定义课程的重点不在于罗列课程清单（课程名称），而在于定义与课程相关的细节。

第五步，学习方案。最后一步是进行初步的方案设计，它是基于任务特征和能力特点，将课程体系转化为具体可执行的学习项目方案。学习方案中一般需要包括项目目的、项目目标、项目对象、项目阶段、课程组合、项目形式、考核方式等内容。

最终课程体系的产出模板如表4-4所示。

表 4-4　课程体系的产出模板

××岗位课程体系				
发展层级	能力标准或任务标准	课程名称	课程定义	学习方案
高级				
中级				
初级				

三、课程开发的三个关键角色和三种形式

在课程体系的基础上，培训部门应按照长期培训规划和年度培训计划有节奏、有重点地逐渐进行课程开发。课程是知识的载体，它的形式非常多样化，并随着学习技术的发展不断更新迭代，具体包括面授课程、线上微课、视频课、案例分析课、问题解决清单、知识长图等。

无论什么形式的课程，一般都会起到两个作用：提炼复制成功经验和探索解决未来问题。前者是指对过去的行动和实践进行分析、总结和提炼，找到内外部最佳实践经验并进行传播，这个过程也可以叫作组织经验萃取、最佳实践经验提炼等；后者是指对未来可能发生的事情或问题进行探索、研讨和分析，找到可能的解决方案和思路。一个是聚焦过去的经验，一个是面向未来的可能性，这是课程的两个作用。

好的课程都应该具备两个特点：内容实用和方法有效。内容方面要贴合实际工作，能解决实际问题，能真正帮助学员；在教学方式上，课程方法要符合成人学习逻辑，要方便学员快速掌握并进行实践转化。

在课程开发的过程中，要保证好的课程产出，三个角色很关键（见图4-8）。

图 4-8　保证好的课程产出的三个关键角色

(1)项目管理角色是整个课程开发项目的组织推动者,他们要有效地将业务专家和方法专家组合在一起,并使两者有效配合,相互发挥长处,从而合作完成课程。

(2)方法输入角色一般由培训部门的专职讲师或外部顾问担任,他们对业务专家的课程开发过程进行辅导和反馈,帮助业务专家按照符合成人学习的结构、逻辑、方法和形式进行培训方式、培训活动的设计,确保课程传授过程的有效性。

(3)内容输入角色一般由内部的兼职讲师(业务专家)担任,他们输入有效的学习知识、技能,保证学习内容符合学员实际岗位和工作的需要,确保课程内容的准确性。

这三个角色是保证好的课程产出的关键,缺一不可。在实际操作过程中,三个关键角色的职能不一定需要三个人承担,也可以由一两个人承担。例如,培训部门的专职讲师在开发沟通技巧等通用技能课程时,就是一个人承担了三个关键角色的职能。再如,业务专家如果经历了系统的课程开发技巧训练后,他也可以承担内容输入和方法输入两个关键角色的职能。

基于课程开发的三个关键角色,企业内部进行课程开发时一般有三种形式。

(1)自主开发。由专职讲师或兼职讲师基于自己的岗位实践经验按照一定的标准和工具模板自主开发完成课程。这种形式开发效率较高、成本较低,但是课程质量难以把握。它的前提是讲师要有较强的开发动机,掌握课程开发的相关技巧。

(2)外包开发。委托外部咨询机构进行相应的课程开发。企业提出课程开发的需求和目标期望,课程调研、访谈、案例编写、课件编写、文件包制作等均由外部顾问完成。这种形式开发的课程质量较高,但成本也较高。

(3)内外联合式开发。这种形式由内部业务专家与外部课程开发顾问一起完成课程开发。内部业务专家负责输入内容和案例,外部课程开发顾问负责给予反馈和辅导,并把控课程架构、逻辑和方法。这种形式开发的课程质量和成本相对较为均衡。

总之,课程质量的高低是影响培训项目成效的关键因素,持续开发和输出高质量课程是培训部门赖以生存的基础之一。在实际工作中,需要按照三个关键角色的要求,基于不同课程的主题,选择适合的课程开发形式。

四、兼职讲师管理体系六大维度

企业讲师，也称内训师。企业讲师大致分为专职讲师、兼职讲师和外部合作讲师三类。其中，专职讲师一般是培训部门的培训专职人员，我们在管理时要重点关注他们的课程开发质量和授课任务量。我们需要投入更多精力管理的是兼职讲师，对他们的管理重点是寻找挖掘、激发动机和高效使用。我们要善于找到散落民间的业务高手、提炼高手，突出他们业绩背后的优秀经验，激发他们作为兼职讲师的热情和成就感，并让他们参与各领域的授课工作。好的兼职讲师管理和使用体系，能够组织、萃取和传播企业内部最佳经验，将产生卓越绩效的方法和工具复制给绩效一般的员工，从而培养出更多绩效卓越的员工，进而推动员工快速学习。

具体来看，兼职讲师管理体系包括六大维度，如图 4-9 所示。

图 4-9　兼职讲师管理体系六大维度

1. 标准

标准是指选拔兼职讲师的标准，通常有三个方面：一是基础素质，包括是否乐于分享、是否喜欢表达、基本表达能力如何、有没有讲授分享经验等；二是业务能力，兼职讲师在所负责课程的内容方向上经验是否丰富，他可以不是这方面的顶尖专家，但一定要善于从自己和他人身上总结提炼经验；三是专业能力，这方面主要看兼职讲师的演讲基础、文字功底、课程开发和授课技巧等。

2. 选拔

兼职讲师在选拔上有两种方式：第一种是能力驱动，即基于兼职讲师的能力达标情况和意愿情况进行选拔；第二种是业务驱动，即基于业务需要、项目需要和课程需要而进行相应的兼职讲师选拔。少数大型企业，因为基础兼职讲师数量与课程数量能够满足企业基本的培训需求，所以企业总部在做兼职讲师选拔时更加注重兼职讲师能力的选拔，采用能力驱动的方式；但大多数企业更加适合采用业务驱动的方式，即兼职讲师更多来自业务和培训需求。

兼职讲师选拔要有明确的制度、流程和仪式感，要让成为兼职讲师变成一种荣誉，只有这样才能让更多有能力、有特长的人愿意主动加入兼职讲师的队伍。

3. 认证

认证主要指兼职讲师的级别、阶梯、保级、晋级管理等内容。每个企业都会设置兼职讲师管理的阶梯，如一星到五星、初中高特级、钻金银铜牌等。在进行阶梯和晋级设置时要注意三个原则：第一，初级门槛要低，要让更多愿意参与的人容易进来；第二，高级门槛要高，人数要少，要让他们成为明星，成为兼职讲师体系的代言人；第三，晋级重点不在兼职讲师能力的高低，而在兼职讲师贡献的多少，晋级的标准应该重点关注兼职讲师的课程开发质量和授课任务量。

4. 培养

兼职讲师的培养不仅是提升兼职讲师能力、提高兼职讲师队伍水平和整体培训效果的手段之一，还是一个个人成长学习的机会，是吸引更多人加入兼职讲师队伍的重要因素。兼职讲师培养一般分为四个层级和模块：一是演讲呈现技巧，重点培养兼职讲师讲授和表达的技能；二是授课互动技巧，重点培养兼职讲师以学员为中心的互动式培训技巧；三是课程开发技巧，重点培养兼职讲师课程分析、开发、优化的技能；四是其他高阶培训技巧，如引导技巧、提问技巧、复盘技巧等。

5. 共享

共享主要指兼职讲师的使用、共享、交流等机制。兼职讲师通常有本职工作，同时兼任讲师。他们在进行内部授课或课程开发时，存在授课时间与工作时间之间的协调问题，存在本职部门和跨部门授课之间的安排问题。这些都需要有相应的制度和流程来做保障，从而让兼职讲师在企业内部真正地流动和使用起来，让他们发挥最大的价值。

6. 激励

激励是激发兼职讲师授课动力和提高兼职讲师荣誉度的重要手段，通常包括物质激励和精神激励。物质激励一般包括课酬、积分兑换物品、其他学习机会等方式。精神激励一般包括兼职讲师级别、评优评先等方式。企业一般综合采用这两种激励手段，让兼职讲师既能获得一定的物质报酬，又能通过荣誉体系获得一定的内部荣誉认知和成就感，从而激发员工担任兼职讲师和参与培训工作的热情。

第五节 培训项目运营

案例

"一年不开单，开单管一年"

G公司是一家集团性的地产公司。公司主营业务板块的各项常规培训工作处于较为成熟的状态，工作比较平稳，但成绩也没有太大惊喜。Davis是这家公司培训部门的负责人。

集团公司前年新成立了一个事业部门，主要负责新兴互联网业务的探索，被集团高层看作未来业务增长的主要动力。去年集团从行业排名前三的公司挖来高管Ben做这个新事业部门的总裁。在经过半年的摸索期后，Ben准备加大改革力度，提速业务。Davis知道这个事业部门的重要性和集团高层的关注程度，所以也特意多花时间跟Ben进行沟通和交流，一来二去算是比较熟悉了。

今年年初，Ben邀请Davis单独会面，要谈一谈培训需求的事情，Davis喜出望外，欣然前往。Ben提出今年集团对整个事业部门期望很高，但事业部门是新组建的部门，他对部门的执行力信心不足，所以想请 Davis 给事业部开展培训，提高整个部门的执行力。Ben 请 Davis 先思考一下，一周后带着思路和方案再沟通。

回到办公室，Davis 喜忧参半：喜的是这绝对是一个很好的证明培训价值、支持业务的机会；忧的是 Ben 提出的需求又是一个培训千古难题——执行力培训。在这样的情况下，Davis 首先开始了各种信息收集和分析，并与自己的直接领导进行了沟通，大致了解了集团对事业部门和 Ben 的期待，并获得了直接领导对这个项目的支持；接着他通过各种渠道沟通了解事业部门的真实情况和团队状况，感受部门的执行力的问题；最后在自己的培训百宝箱里搜索，思考有哪些方法和策略有可能解决部门的执行力的问题。

通过这些分析，在第二次见 Ben 之前，Davis 对部门的执行力的问题已经有了基本的判断，解决方案也有了大致的思路和框架。

第二次见面主要是跟 Ben 确认两件事情：第一，项目目标；第二，资源投入。通过侧面的了解，Davis 了解到 Ben 的 4 个副总裁，均是跟随老板打江山的"老干部"，他们的执行力和危机意识都有不确定性。所以他真正担心的是，制定了年度高目标和年度战略，这些战略能否落地，能否落到每一个员工头上，让事业部门每一个员工都能承担相应的指标。对于资源投入，Ben 愿意调动一切资源，自己亲自参与，时间可以覆盖全年。

在第二次和 Ben 沟通的基础上，Davis 已经胸有成竹，他进行了项目设计，主要包含以下七部分内容。

（1）战略解码研讨会，找到目标与战略背后的关键任务和引领性指标。

（2）各业务条线和部门，基于关键任务和引领性指标制订以周为单位的滚动工作推进计划。

（3）制定引领性周汇报机制（Ben 办公室门外一整面墙以周为单位进行张贴，以红绿灯方式进行进展提示）。

（4）开展问责会，部门以周为单位，副总裁以双周为单位，总裁以月为单位。

（5）上半年完成以上几项任务，下半年开发线上工具，通过线上平台进行管理。

（6）开展战略执行的干部管理培训，培养各级干部如何进行团队执行力管理。

（7）开展"全员请给我结果"的执行力培训，塑造结果导向的执行力文化。

项目实施过程中虽遇到很多阻碍和挑战，但最终取得了很好的效果。事业部门当年的绩效也达到了集团的要求，Ben在老板面前表扬了培训部门。

Davis后来回忆，之后的一年内，集团仍然不停有人提到和赞赏这个项目，真是"一年不开单，开单管一年"啊！

一、培训项目的"招牌菜"原则

全聚德因烤鸭而广为人知，每次我们去全聚德餐厅吃饭，或许烤鸭只是我们消费很少的一部分，有时甚至并不会点烤鸭，却会因为烤鸭而选择去全聚德用餐，这就是"招牌菜"的影响力和价值。培训亦是如此，培训工作的影响力和价值，靠的是少量的"明星产品"，培训工作者要学会"招牌菜"原则。

例如，以上案例中所遇到的情况，Davis就因为一个项目的成功，建立了自己在集团内部牢固的形象认知和培训的价值认同，对他开展后续培训工作和自身的成长发展起到了助力作用。

每个培训部门都应该兼有"家常菜"和"招牌菜"。在做培训业务设计时，"家常菜"在大多数企业中差异其实并不大。我们在本章第二节中所提到的六类培训业务中的人才梯队类、资源建设类大多数企业都在开展，如高、中、基层管理队伍培养、课程体系搭建、讲师培养等。这些项目都是培训部门的"家常菜"项目，"家常菜"项目的特点是，虽然它不会给你带来惊喜，但"味道"很稳定，培训工作者要让这些项目保持稳定的品质和效果。对于这类项目，要尽可能做到标准化和流程化，明确项目成功的关键点和风险点，用最少的精力和投入，带来最稳定的培训效果。当然，如果培训部门精力足够，可以对这些项目进行持续优化、创新和升级。

要打造"招牌菜"项目，需要培训工作者有敏锐的洞察力和判断力，在做培训业务设计时，需要提前预判和确定哪些项目有可能成为"招牌菜"。这时有两个判断标准。第一，这个项目不一定有多大、多复杂，但一定是老板或高管关注的项目，能够解决他们的困惑点和痛点。例如，在本书第一章的案例中，培训部门就将一个常规项目（高管入职面对面）打造成了"招牌菜"项目。第二，项目能够真正产生业务价值，易于呈现培训的作用。通过这两个判断标准找出"招牌菜"项目以后，培训部门的负责人和整个培训部门在资源分配时都应该向"招牌菜"项目进行相应的倾斜。在保证"家常菜"项目效果的同时，将主要的精力都投入"招牌菜"项目中，集中力量办大事，将"好钢用在刀刃上"。

当然，我们要切记"招牌菜"项目不宜过多，要和手里的资源相匹配，每年有1~2个成功的"招牌菜"项目足矣。同时"家常菜"项目也不是一成不变的，要根据业务需求的变化，对资源投入进行调整，"家常菜"项目也可转化为"招牌菜"项目。

无论是"家常菜"项目还是"招牌菜"项目，具体的项目管理逻辑和流程都是一样的，这里将其总结为培训项目运营四步法。

二、培训项目运营四步法之一：项目需求分析

培训项目进入具体的运营实施阶段，一般包括项目需求分析、项目设计、项目交付和项目评估与推广（见图4-10）。

图4-10 培训项目运营四步法

项目需求分析阶段要解决三个问题。

（1）确定项目发起人和重要利益关系人。有效的项目发起人通常包括三类：企业高管、业务部门领导和培训部门负责人。如果某个项目的发起人是业务对接人、HRBP或某个基层领导，这个时候需要注意，有可能这个需求只是某些非关

键人物的不成熟判断，并非精准的项目需求。这时需要进一步与三类有效的项目发起人进行确认。例如，某个业务部门领导的秘书提出他们要做一个时间管理培训，了解后才发现，只是业务部门领导随便提了一下部门的时间管理太差，秘书"适时"提醒领导要不要做一个时间管理培训，这时领导也没多想，就答应了。如果直接按照业务部门领导的秘书的要求进入项目设计，而不去了解业务部门时间管理背后的真正问题，将是培训"痛苦"的开始。

（2）要与项目发起人对项目成果和产出达成共识。培训工作者一定要避免进入一个误区，即试图通过自己的专业，去达成业务目标、业务收益，这种做法难度很高、风险很大。原因有两个：一是培训工作者本身对业务并不精通，仅仅利用自己的专业和理解，通常不可靠；二是对业务是否有帮助，评价标准并不是我们所定义的"业务收益"，而是业务部门领导的判断。所以，项目成果和产出可以贴近业务、提升绩效固然重要，而可以满足业务部门领导的实际要求和期待，成为业务部门业务推动与管理的帮手更为重要。

（3）调研分析培训项目所需的数据和基础信息。培训项目从所解决的问题形态上可分为两类：差距类和发展类。差距类项目是业务绩效或业务行为与预期的状态存在一定的差距，通过培训可以弥补这样的差距，如销售人员能力提升项目。发展类项目是为了面对未来可能发生的工作和任务，找到可能的解决方案或准备相应的能力，这是一种基于未来的项目，如数字化转型下的产品经理培养等。

差距类项目在进行差距分析时，往往要找到产生差距的关键原因。产生差距的关键原因一般包括业务、组织、能力三个维度，具体可能有信息、资源、流程、工具、激励、能力、动机等各种因素。发展类项目在调研时，需要对过往信息和数据进行整理，找到发展的趋势和规律，同时对未来的障碍和风险进行预评估。

具体调研可采用问卷、访谈、评估、测评、自评、观察等方法，根据所采集信息的特点和重要性采用不同的方法，一般问卷法和访谈法用得较多。

三、培训项目运营四步法之二：项目设计

在进行培训项目设计时，有很多工具可供使用。但培训工作者除学习这些工具以外，更应该掌握的是这些令人眼花缭乱的工具背后的项目设计核心理念与底层逻辑。

战略视角的培训管理全景图

从纵向看，项目设计包括目标设定、前期宣传、中期学习、实践转化、成果评估与推广等阶段。从横向看，项目设计一般围绕几条主线来设计：第一，课程线，这是项目设计的主轴，也是培训项目要传达和培养的核心内容；第二，动能线，这条线通过各种各样的活动、互动来激发部门的动能；第三，实践线，实践设计应贯穿项目管理全流程，一般涵盖训前的调研和预习、训中的实践和练习、训后的转化和强化等；第四，个人发展线，这条线从关注项目整体到关注每一个个体，包括测评、个人发展计划等内容；第五，管理与宣传线，这条线保障了项目的顺利运行，包括学员积分管理、干系人管理、持续宣传造势等。

项目设计围绕纵向和横向两个维度进行立体设计，既要保证项目设计没有遗漏，覆盖项目管理的各个维度，又要有选择地进行侧重设计，将资源和精力聚焦在产生价值和保证项目成功的那些"杠杆解"上。

项目管理经过多年的发展，已经形成成熟的培训项目模式和方法论，这里从两个维度（组织与个人，绩效与能力）将项目设计方法划分为四个部分，供读者在使用时根据项目情况进行选择，如图4-11所示。

第一部分（组织发展、绩效结果）。这个部分更加关注项目对组织发展的帮助及绩效结果的产生，如战略共创会、战略型行动学习、业务型工作坊等。

第二部分（个体发展、绩效结果）。这个部分关注绩效结果的达成，同时关注个人在解决问题过程中所获得的成长，如个体问题分析与解决、行动学习圆桌会等。

第三部分（个体发展、能力结果）。大部分传统的培训手段都属于这个部分，它关注个人能力的发展，通过个人能力的提升最终促进组织发展与绩效提升，如培训课程、轮岗实践、个人教练等。

第四部分（组织发展、能力结果）。这个部分关注组织能力成长方面，如团建型工作坊、团队教练等。

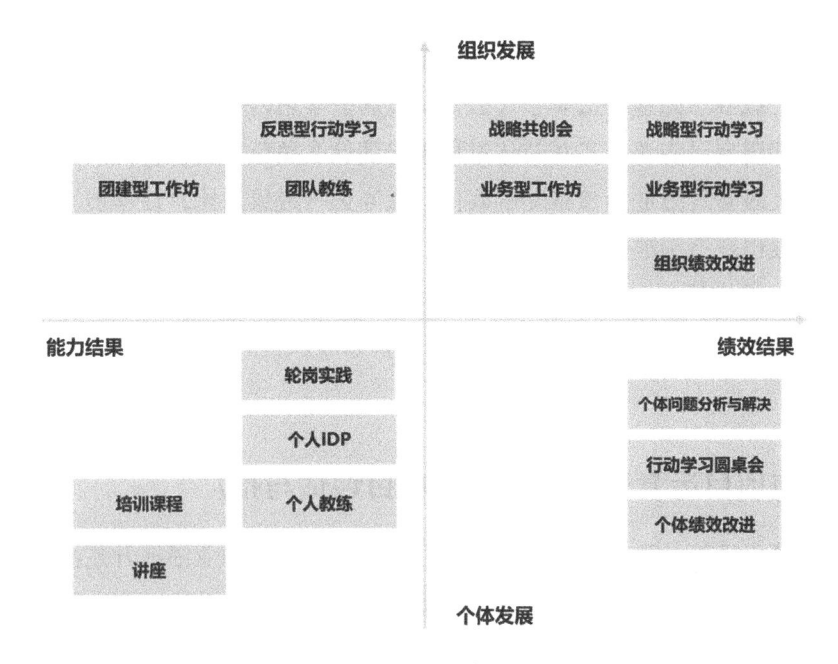

第四章　从培训定位到培训体系 | 101

```
                        组织发展
                          ↑
              反思型行动学习      战略共创会    战略型行动学习
    团建型工作坊   团队教练         业务型工作坊   业务型行动学习
                                              组织绩效改进
    能力结果 ←                              → 绩效结果
                   轮岗实践
                                          个体问题分析与解决
                   个人IDP
                                          行动学习圆桌会
         培训课程   个人教练
                                          个体绩效改进
              讲座
                          ↓
                        个体发展
```

图 4-11　项目设计方法图

以上对项目设计方法的划分并不绝对，很多项目设计方法涵盖了多个部分的内容。这里重点要了解项目设计背后的出发点，我们只有结合项目初衷和目标，才能设计出有效的培训项目。

四、培训项目运营四步法之三：项目交付

项目交付的效果是项目设计、资源开发、项目管理、环境因素等综合作用的结果，在这个过程中培训工作者应重点做好以下三件事情。

（1）培训质量管控。要想项目产生好的效果，我们要保证培训课程、学习活动、实践练习等环节的高质量，不可以让学员对培训项目内容本身的质量产生不满或质疑，这是首要任务。

（2）培训成果转化。这是项目运营的重点，我们要确保学员对项目内容的掌握，要关注学员在实际工作中的转化应用，要给予工作实践应用相应的资源支持，确保学习成果有效应用，并可以将其转化为绩效结果，这是培训项目成败的临门一脚。具体来讲，我们一定要严格执行项目管理机制，并持续跟进，营造你追我赶的实践氛围，及时开展学习激励和标杆包装等。

（3）学员上级管理。学员训后实践是否有效，很大程度上取决于上级的要求和支持。上级应该知道学员学了什么，知道这些学习内容对部门工作的价值是什么，以及知道自己应该在实践转化过程中扮演什么角色、提供什么支持，这些都是在学员上级管理方面应该推动的事情。适当进行成果对比，让学员上级加入成果转化过程也是不错的方法。

总之，培训项目的成败都在细节，无论项目设计得多么精妙，项目能否取得成效，都要看项目交付过程中的完成度和完成质量，所以项目交付是项目成功的关键。

五、培训项目运营四步法之四：项目评估与推广

培训项目运营的最后一步是项目评估与推广。所谓的业绩提升或投入产出结果评估是培训工作者比较热衷的，但老板和业务部门领导并不一定认同。大部分的业务部门领导其实并不相信也不期待培训真的能帮他们提升绩效，获得投入产出收益。培训对于他们来讲是一个管理工具，只要培训能够成为他们进行业务管理、组织管理的一个有力工具，并且还在这方面已经产生一些可见成效，就已经足够了。

所以，项目评估与推广，要学会业务视角，找到业务部门领导和业务人员可理解、可接受、可相信的成果。这些成果比类似投入产出这样的成果更有说服力，也更容易引起大家的共鸣。要实现有效的项目评估与推广有三个关键因素。

（1）明确培训成效的评价人。像两个人谈恋爱一样，能否获得对方的认可，不在于你向对方证明自己在长相、身高、性格、事业方面有多优秀、综合评分有多高，而在于对方对你的感受和评价。培训也一样，培训成效在多数情况下不是你能证明为公司挣了多少钱、提升了多少业绩（况且实际很难证明），而是你能否成为客户的重要管理工具，帮助他们完成业绩目标。所以，培训评估重在"人"，而不在"事"。

（2）用数据说话。虽然项目成果更多取决于我们核心客户的评价，但充分的数据支撑还是能够给我们带来更多的底气和证据。这些数据可以是过程的，也可以是结果的，数据越多，对成果证明越有利。

（3）来自学员的声音更有说服力。在项目管理过程中，一定要善于记录和总

结果来自学员的声音，可以是学员的评价，也可以是学员实践的照片，还可以是学员运用课程工具达成的一个小业务成果。总之，学员的一句话胜过培训部门自己的千言万语，我们要养成持续积累和保留的习惯。

项目评估与推广的方法和工具很多，这里并非否定这些方法和工具，而是让培训工作者明白，只有明确了项目评估与推广背后的影响逻辑、业务视角和业务关注点，才能够让这些方法和工具真正成为培训工作者的助力，而不是限制和阻力。

下 篇

培训项目案例与操作要点

第五章 战略和文化项目案例与操作要点

本章要回答的问题

- ◎ 战略项目包括哪些具体做法？
- ◎ 文化项目包括哪些具体做法？
- ◎ 战略项目的设计重点是什么？
- ◎ 战略项目的交付难点是什么？
- ◎ 文化项目的设计重点是什么？
- ◎ 文化项目的交付难点是什么？
- ◎ 战略和文化项目有哪些风险点？

第一节 战略项目

案例

千载难逢的机会

J集团是一家大型国有企业，员工总数达几万人，主营业务是城市交通建设、运营和管理。经过20余年的发展，集团已经成长为涵盖设计、建设、施工、运营、地产、服务等产业在内的综合性集团公司。目前，集团有五大业务板块、几十家子公司和机构。

J集团的人员稳定性很强,且因为交通行业工作要求安全是第一位的,所以整个集团稳健有余但创新和灵活度不足。培训部门属于集团的一级部门,直接向总裁汇报。集团董事长和总裁在集团的工作时间都超过了10年,对培训工作比较重视,每年给予培训工作的预算与资源投入都很充足。培训部门因为预算充足,每年组织的培训项目类型也比较丰富,却没有做出过特别亮眼的成绩。

去年年初董事长提出,今年全集团要完成"十四五"规划的初稿,并且期望全员都能参与其中。同时因为董事长的前瞻性眼光和开放式管理方式,他一直期待全集团要有危机感和创新意识,不能故步自封,期望一线骨干敢于说真话、说实话。

基于这些信息,培训部门负责人Herman敏锐地意识到,这是培训部门参与集团战略规划工作千载难逢的机会。基于多年的培训经验,Herman快速在脑海中形成了一个大致思路:全员参与,规划和落地相结合,要有创新和突破,并能够在这个规划中让集团高层听到一些一线员工的声音,了解他们的想法。

虽然有了大致的思路和想法,但是具体怎么做,Herman心里却没底,毕竟他没有操作过几乎所有核心管理层都参与其中的、这么大的战略项目。Herman请教了几个战略、引导和行动学习的外部培训公司(供应商),也邀请他们设计了简单的方案。然后他结合内部情况和外部咨询方案进行了仔细分析,组织培训部门进行了几次研讨,慢慢地设计出了这个项目的雏形,用培训业务设计画布对它进行了呈现,如表5-1所示。

表5-1 培训业务设计画布——J集团"十四五"战略规划

主要关系	客户选择	产品与服务
• 战略管理部门 • 集团工会	(1)核心客户 • 董事长 • 董事会成员10人 (2)学员 • 各分/子公司一把手30人 • 集团一级部门负责人20人 • 集团中层干部150人	(1)项目需求分析 • "十四五"规划 • 董事长对培训部门的期待 (2)项目设计 • 高层访谈 • 高层共识会 • 核心管理层战略共创会

续表

重要资源	价值主张	● 中层战略解码会
● 外部培训公司（供应商） ● 内部催化师 ● 工作坊方法论 ● 行动学习方法论	● 高层战略共识 ● 核心管理层战略路径图 ● 中层战略解码与分解	● 战略落地核心项目 （3）项目交付 ● 逐层向下进行 ● 工作坊、研讨会、项目、汇报 ● 最终形成战略规划到战略落地的闭环 （4）项目评估与推广 ● 将研讨过程的结论反馈至集团高层 ● 将项目研讨结论形成报告，在全集团推广 ● 本项目的核心方法论形成内部战略

以下我们结合 Herman 的这个项目，来介绍战略项目管理的全貌。

一、战略项目需求分析

在项目开始之前，Herman 很清楚，对于集团"十四五"规划这样的战略项目，首先要满足董事长的管理需求，其次董事会所有成员的需求也很重要。没有董事会成员的一致认同和支持，项目要调动所有部门和子公司的一把手参与是非常困难的。所以这个项目的核心客户是董事长和董事会成员。

经过几次沟通和汇报反馈，Herman 基本清楚了董事长的需求，也与董事会的核心领导进行了汇报确认，最终将项目的目标与成果产出聚焦在以下三项上。

（1）"十四五"规划的战略主题要在董事会层面达成共识。

（2）"十四五"规划的战略策略要让核心管理层参与共同研讨，董事会成员要能够听到一线员工的真实声音，一线员工要敢于表达真实想法。

（3）"十四五"规划的核心工作最终要落到中层干部身上，形成下一步的行动方案。

1. 客户选择

战略项目的发起人通常是公司或业务板块的一把手，战略项目本质上是一把手工程。不同业务板块的一把手面临的战略挑战往往也不一样，我们要清楚一把手的困惑与关注点，项目主要目标必须将这些作为重点，解决他们的困惑，使项目成为一把手推动战略的抓手和工具，这是战略项目成功的关键。在此基础上，再结合一般的战略管理逻辑，丰富和完善项目目标。

除了一把手，我们还要关注的就是战略的核心利益相关人，通常是公司的高层管理团队。获得他们的全力支持也很重要，如果因为利益影响或其他因素，部分高层无法支持，那至少也要确定他们在项目过程中不反对。例如，一家互联网公司的总裁提出要进行关于核心产品竞争力的战略共创，而这个主题的核心承担部门是研发部门。在进行类似项目时，就一定要留心研发副总裁和研发部门的态度。

2. 主要关系

在"千载难逢的机会"这个案例中，有两个核心部门的主要关系不得不考虑，一个是战略管理部门，另一个是集团工会。战略管理部门是集团战略管理的主管部门，如果不能平衡好它在项目中的角色，培训工作就会有越权和抢功的嫌疑，项目肯定会受到诸多阻碍。在本案例中，Herman 让战略管理部门作为整个项目的牵头部门，研讨共创部分共同参与，训后落地跟进部分也由战略管理部门负责，这样做让战略管理部门在项目中担任了合适的角色。

集团工会关系的整合来自 Herman 的工作敏锐度和洞察力。近几年，很多大型企业提出"不忘初心、牢记使命"的干部学习活动，集团工会也一直想做点儿事情，但又希望与业务相结合，而不是单调的理论学习。Herman 把自己的想法与集团工会领导简单沟通后，双方一拍即合，两个部门都同意将整个项目过程与干部学习过程合二为一。这样干部学习要求也成为项目推进的抓手之一。

总之，对于战略项目，识别和整合内部关系极其重要。正反两种立场的主要关系都值得我们注意，一方面是可能给项目带来阻碍和利益冲突的关系，另一方面是可能给项目提供支持和帮助的关系。

3. 目标与成果产出

培训项目的目标与成果产出大致可以分为可见型产出、认知型产出和关系型产出三类。可见型产出主要指具体的工作成果型产出，如调研报告、项目方案、行动计划、实施结果等；认知型产出主要指知识和技能性产出，如学习新的方法、掌握新的技能；关系型产出主要指人与人之间的关系连接发生的改变，团队状态发生的变化，如团队共识、跨部门协同等。

战略项目主要关注可见型产出和关系型产出。例如，在 Herman 的项目中，可见型产出包括战略路径图、战略落地项目等；而关系型产出包括两部分，一部分是高层的共识，另一部分是核心管理层的共创。这两部分的产出都非常重要。

战略项目的关键因素及注意事项如表 5-2 所示。

表 5-2　战略项目的关键因素及注意事项

关　键　因　素	注　意　事　项
客户选择（目标客户）	一把手；战略的核心利益相关人
主要关系	一方面是可能给项目带来阻碍和利益冲突的关系；另一方面是可能给项目提供支持和帮助的关系
目标与成果产出	可见型产出：调研报告、项目方案、行动计划、实施结果等 认知型产出：知识和技能性产出 关系型产出：团队共识、跨部门协同等

二、战略项目设计与交付

围绕战略项目目标与成果产出，Herman 进行了项目设计。项目分为三个阶段：高层共识阶段、核心管理层共创阶段和中层解码落地阶段。高层共识阶段主要达成第一个目标，即在董事会层面对"十四五"规划的关键战略方向达成一致；核心管理层共创阶段，是基于高层共识的战略方向，一起共创解决策略与方案；中层解码落地阶段，是将共创出的战略解决策略解码为若干战略项目，并形成相应的项目组进行执行落地。

项目前期重点有三个部门的协同会议、项目组成立、项目访谈、供应商选择、项目设计等工作。项目后期主要包括战略执行落地情况汇报、战略复盘等环节。

1. 战略项目设计重点

1）调研和准备

战略项目的前期准备是比较复杂的，在 Herman 的项目中，他遇到了以下几个挑战。

（1）供应商选择。本项目涉及的人员众多，几乎涵盖所有管理层，需要借助外部培训公司（供应商）的帮助。而如何选择供应商就变得极为重要，通过多次互动讨论，项目组最后总结出三个标准：首先，供应商核心顾问引导高层工作坊的经验要丰富；其次，核心顾问的风格要与董事长的风格匹配；最后，供应商的响应和个性化设计服务能力要强。这三个标准也适用于其他大多数战略项目对供应商的选择。

（2）考核与管理机制。虽然一把手和高管直接参与，员工的积极性和参与度有了一定保障，但为了确保员工学习过程的投入度，依然还要有相应的考核与管理机制。本项目就很好地发挥了集团工会的作用，以干部学习活动的方式来严格要求员工的出勤率，最后取得的效果非常不错。另外，项目组也制定了方案 PK 和评优评先等机制，过程中很好地激发了员工的积极性。

（3）高管访谈。访谈什么问题、如何访谈、访谈多长时间、访谈产出等都是 Herman 需要考虑的问题。有供应商核心顾问的参与和指导，本项目的访谈过程比较顺利。最后 Herman 总结出访谈的几个关键：第一，访谈提纲要精简，并与高管的表达习惯匹配；第二，访谈过程的灵活调整极其重要，要有预案；第三，高管的主观意识都很强，访谈过程要紧盯目标，随时拉回主题，切勿被带偏，导致最后聊得很高兴，但什么都没拿到。

2）整体设计

J 集团战略项目整体设计包括三个层次，如图 5-1 所示。

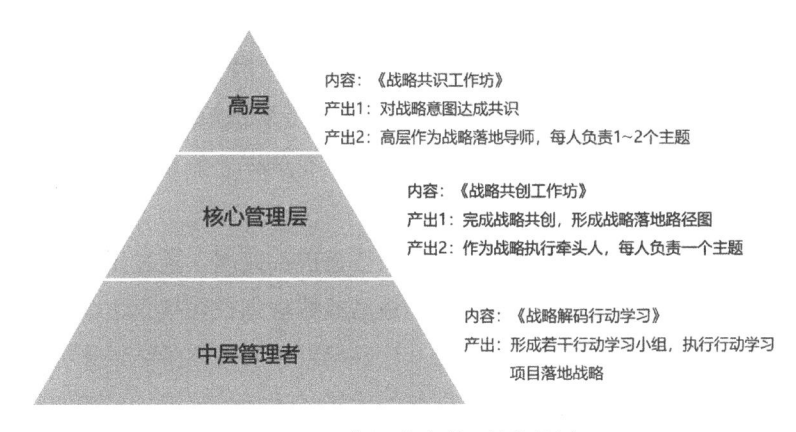

图 5-1 J 集团战略项目整体设计

第一个层次是高层的《战略共识工作坊》。这个层次由董事长牵头，完成 10 个董事会成员对"十四五"规划的战略意图的共识讨论。Herman 在前期访谈过程中了解到，基于集团所处的行业特点和环境，未来 5 年业务形态发生颠覆性变化的可能性不大，所以董事长比较关注如何在保持业务主线不变的情况下，重新审视业务的品质、客户感知、区域化扩张、业务结构、集团治理等战略主题。董事会层面需要对这些战略主题达成一致,并将这些战略主题的内容明确下来,交由核心管理层寻找解决方案。

第二个层次是核心管理层的《战略共创工作坊》。核心管理层由集团各部门一把手和子公司一把手组成,大概50人。他们需要根据高层共识的战略主题,共创研讨出相应的解决方案和建议。在这个阶段核心管理层需要充分表达看法,研讨他们对战略主题的问题和思考,并形成解决方案和建议,在第二阶段汇报时与高层进行互动和交流,最终形成战略落地路径图。

第三个层次是中层管理者的《战略解码行动学习》,也是战略的执行阶段。战略能否有效传递给一线执行者,能否最终落地,主要取决于战略执行团队对战略的理解和他们对战略执行的承诺度。所以,中层管理者要将核心管理层共创形成的战略落地路径图,细化为一个一个的战略项目,并研讨出项目的执行方案,形成若干行动学习小组,制订行动计划,最终实现战略落地。

在整个项目设计中,有三个要点贯穿始终。

(1)团队共创。企业常常是不缺少好的战略,缺少有效的战略。而有效的战略不在于战略有多么正确,而在于团队的共识和承诺度。有效的战略要从少数人参与的战略、精英的战略、"你们"的战略,变为多数人参与的战略、大众的战略、"我们"的战略,而要实现这样的转变,必须坚持团队共创的方式。

(2)上下反馈。在整个项目过程中,既要强调上层理解与下层承接的一致性,又要关注下层思想、观点向上的表达和反映,只有这样才能真正做到上下一致,制定出接地气的战略。

(3)落地导向。传统战略咨询的做法往往是虎头蛇尾,通过研究形成厚厚一沓战略规划,然后交由执行团队落地,但最后战略规划往往被束之高阁,项目只能落个纸上谈兵的结局。所以,本项目从一开始就明确最终的结果是要形成若干战略项目,要执行,要落地。从每个层级的承接和导师的层层指导传递,到战略管理的跟进落地,都保障了最后的落地性。

2. 战略项目交付难点与解决策略

1)高层战略共识

针对高层战略共识,最初项目组设计了两种方案。

方案一：通过一对一访谈解决共识问题。首先，对董事长进行访谈，得到主要的方向和框架；其次，据此与董事会成员一对一沟通，对战略方向和框架进行补充完善；最后，形成报告再与董事长审定。

方案二：组织董事会成员开一次研讨会，通过引导师的引导，在研讨会中达成战略方向的统一。

刚开始项目组绝大部分成员都支持方案一，因为这个方案符合大家日常的工作习惯，也会为项目过程操作留有较大的空间，风险可控。但供应商介入以后，坚决反对方案一，因为共识需要董事会成员之间的碰撞、互动和理解，是一个从发散到收敛的过程。而方案一只是进行了信息收集、汇总、整理和单项沟通，并不能达到共识的目的。最后项目组在有些不确定的情况下，采纳了方案二。

在引导师的引导下，董事会成员花了半天的时间进行了共识讨论，最后一致认为在"十四五"规划中，全集团要重点抓的八项战略事项，包括使命与愿景的重新诠释，如何有效调动与整合资源并找到新的业务增长点，如何将业务范围从城市扩展到经济带，如何优化组织实现内部的敏捷决策等。

2）核心管理层战略共创

有了高层共识会的经验，大家一致同意核心管理层采取"共创工作坊"的方式。高层共识会完成后，形成了八个核心战略议题，这些议题有商业模式类、运营类、品牌类、市场类、组织类等主题。在具体设计时，项目组又遇到了一些困扰点：一共有50人，是分班还是一个班？班内分组是按照专业相关原则还是完全打乱原则？具象产出物是什么？每个主题内容不一，研讨流程是否一致？

项目组通过多次的沟通讨论，也听取了外部顾问的专业建议，最后确定了以下操作方式。

（1）50人一个班进行，易于构建整体场域和所有学员相互之间的碰撞。

（2）每组6人，3人工作与主题相关，其他人随机分配。

（3）研讨流程根据不同主题进行定制化设计。

（4）产出内容分为三大类方案（决策类、专项类、日常类），所有小组一致。

在核心管理层战略共创会的操作方式中，有两个环节对项目成功非常重要。

（1）培养内部引导师。第二阶段还有一个特点就是使用了内部引导师。现场一共分为8个小组，如果只有1个引导师，则无法关注每组的状态。所以在项目开始前进行了2天的内部引导师训练，培养了8个内部引导师。最后3天的共创会,由外部引导师和 8 个内部引导师共同完成。

(2)对话型汇报会。值得一提的是,本项目的成果汇报采取了新颖的方式:"汇报+对话"的方式。汇报中既完成了对共创内容的汇报和反馈,又通过对话环节,让高层听到了一线员工的真实声音,了解了他们的想法,回应了项目之初董事长希望听真话、听实话的期待。

3)中层战略解码行动学习

中层是 150 名来自各个业务板块和公司的部门负责人,这个阶段有两个独特的做法值得介绍。

(1)项目研讨 PK 赛。150 人分成了 3 个班,每个班分成了 8 个小组,共 24 个小组。每个主题交由 3 个不同的小组同时研讨,各小组独立形成实施方案,由高管听取汇报,汇报完毕后高管在 3 个小组中评选出优胜小组。这样的方式极大地激发了大家的参与性和投入度,最后取得的效果非常不错。

(2)战略行动学习。项目第三阶段不是项目的结束,而是行动学习的开始。研讨结束,每个议题解决方案都需要上报战略管理部门,并正式纳入各组成员的年度战略 KPI。由战略管理部门以月为单位进行过程跟进和结果汇总,半年组织一次全集团战略复盘,这样做最大限度地保证了战略的落地性。在项目执行阶段,培训部门只提供了行动学习方法论和技巧训练的支持,后续管理工作移交到战略管理部门。培训部门这样的做法是"聪明"的,懂得"适可而止"。

三、战略项目评估与推广

1. 战略项目评估要点

战略项目是最高级别的培训工作,一旦启动就必须成功,在项目评估与推广层面更要不留余力。在评估上,一般提炼两个成果:一个是可见性成果,往往是研讨成果、行动计划、项目清单等,这些成果在项目实施过程中要安排专人进行整理和包装;另一个是团队碰撞和共识的过程记录及成果,通常记录一些过程信息、收集一些核心高管的评价,将这些信息和评价在最后的汇报中进行呈现。很多时候,汇报环节的成功与否直接代表了项目的成功与否。

2. 项目推广要点

除项目评估外，项目推广同样重要，具体要注意以下几个方面。

（1）前期造势。项目前期造势必不可少，前期造势能够为项目的顺利推进保驾护航。开一个大规模的启动会、发最高级别的集团通知、编辑高管的采访视频、制作大气势的启动短片等都是大型项目前期造势的有效方法。

（2）过程宣传。过程中的持续宣传，尤其是学员、客户的发声和培训成果的展示非常重要。宣传上切忌"憋大招"的行为，不能等到成果全部产出后再全面宣传。因为宣传一方面是展示项目成果，另一方面是推动项目、传递培训价值细节。

（3）成果包装。Herman 就很擅长成果包装，最终的项目成果无论是项目总结视频、获奖集锦、项目精彩瞬间，还是项目报告集，都展示出了很高水准，可以说后期项目成果包装所投入的精力，不亚于前期的项目实施。

（4）从项目到方法论。本项目最出彩的地方还不是项目本身，而是培训部门基于此项目在全集团推动团队共创的理念。通过本项目，他们让全集团看到了团队共创的力量，从而总结出集团的学习方法论，在后期的各种学习项目中持续应用团队共创的学习理念和方法，使团队共创学习成为培训部门一个清晰的价值标签。

总之，战略项目评估与推广，不单是项目的延续和影响范围的扩大，它更是展示和表达培训部门的价值主张与培训定位的关键时刻。

第二节 文化项目

案例

多样化的文化项目

Ada 是一家大型企业的培训总监。她所在的这家企业是一家比较传统的设备研发与制造企业，企业成立于 20 世纪 90 年代，随着中国经济的起伏与周期变化，这家企业也经历了初创、发展、成长、衰落、重生和变革等阶段。

但在创始人（本案例指董事长）极强的企业家精神和领导力下，企业有惊无险，经过 20 多年依旧保持着旺盛的生命力，成为所处行业的领头羊。

这家企业的董事长个性非常鲜明，诚信、坚韧、使命感、自信、反思等特点在他身上都表现得淋漓尽致。而他的管理风格强调文化先行，他认为一家可持续发展的企业本质上要有优秀的企业文化和价值基因。Ada 作为培训总监，文化宣贯自然成为其重要的职责之一。

Ada 知道这家企业有着优秀的发展历程，有着众多催人泪下的故事和人物。企业当前发展进入一个新阶段，发展动力来自新的业务增长。很多老员工在转岗到新业务的过程中，出现了适应力和学习力不足的情况，所以近几年企业从外部招募了大量的高端人才，企业文化出现了被稀释的情况，企业文化的融合与强化已经迫在眉睫。

Ada 清楚，董事长想要的企业文化融合绝不是一两个项目就可以解决的。所以，Ada 在规划文化工作时，做好了长期作战的准备，以年为单位进行系统设计，逐渐形成了一套完整的文化落地方案。

接下来，将以 Ada 的文化落地方案为例，向大家介绍文化项目的操作要点。Ada 的培训业务设计画布，如表 5-3 所示。

表 5-3　培训业务设计画布——某企业文化落地系列项目

主要关系	客户选择	产品与服务
• 董事长办公室 • 品牌中心	（1）核心客户： • 董事长 • 文化工作的主管 （2）学员： • 集团全员	（1）项目需求分析 • 文化革新、新老融合 （2）项目设计 • 文化提炼和革新 • 文化课程开发与讲师认证 • 文化地毯式宣传 • 行为改变项目 • 文化标杆宣传等 （3）项目交付 • 重点是主动学习而不是被动灌输 • 全员卷入，而不是自说自话 （4）项目评估与推广 • 2019 年是首年，重在提炼、共识、宣传理念 • 持续找到和竖立标杆并宣传
重要资源	价值主张	
• 文化故事集 • 原企业文化手册 • 集团发展大事记 • 文化讲师 • 文化课程	• 更新和共识文化理念 • 提炼文化故事，传递有温度的文化	

一、文化项目需求分析

有了清晰的想法和方向后，Ada 并没有马上着手工作，而是先了解企业的发展历史和董事长的期望。Ada 通过多方沟通和几次汇报，了解到企业文化背景大致如下。

- 企业文化基础资料丰富，有成型的企业文化手册和故事集。但是，现在的文化资料已经有 5 年没有任何更新了。
- 近几年企业进入发展快车道，在新业务上持续发力。董事长在坚持文化内核不变的基础上，也希望文化能够根据未来需要做适当的完善，期望文化在总结和发扬历史品质的同时还能起到引领未来的作用。
- 董事长对文化的短期效果并没有明确的指示，并且清楚发展文化项目是一项长期和持续的工作。

在此分析的基础上，Ada 把 2019 年的文化工作目标聚焦在了以下三点。

- 完成企业文化在新时期的创新优化和共识。
- 完成企业大规模的文化宣贯，宣贯过程必须有温度。
- 抓典型、树榜样，形成一批新的文化标杆。

1. 客户选择

文化项目与战略项目一样，属于一把手工程，项目的核心客户是董事长。我们必须清楚他们的想法和诉求，不能完全照搬文化理论，那样很有可能南辕北辙。例如，在以上案例中，董事长希望文化有更新，但又不希望更改内核，这是非常关键的信息，如果盲目进行文化重建很有可能弄巧成拙。

另外一个核心客户就是文化工作的主管。作为具体工作推动者，培训工作者要通过多次沟通和持续反馈确认，保证主管对文化工作的重视度和理解度与董事长一致，否则会困难重重。在实际案例中，职业经理人和老板对文化的理解和重视度往往很不一样。他们或许口头上都一样重视和认真，但在实际操作时会有巨大的差异，所以同文化工作的主管充分沟通也是文化项目成功的关键之一。

最后，文化的用户或学员一般都是企业的人，层级越往上越重要，但也越难影响，这也是文化项目挑战度高的原因之一。

2. 主要关系

在以上案例中，有两个部门的主要关系是 Ada 一定要处理好的：一个是董事长办公室（以下简称董办），另一个是品牌中心。董办主导着董事长的各种发言稿，企业内外只要与董事长有关的事项，都需要董办最后审定，可以说他们是离董事长思想最近的部门；而品牌中心是文化理念、文化手册的编制部门，是曾经的文化主责部门。与这两个部门的关系有一个处理不好，部门负责人都可以随时暂停这个项目。

所以，项目一开始，Ada 就很小心地处理与这两个部门的关系，将这两个部门都纳入项目中来。Ada 主动沟通让这两个部门在文化项目中各司其职：董办作为这个项目发布信息的审定部门，品牌中心依然是文化的主牵头部门，而 Ada 重点负责后续推广和落地的部分。两个部门都有了明确的职责，使这个项目有了更大的支持力度，项目开展也更加顺畅。

总之，文化项目的主要关系对项目的影响非常大，需要特别关注与管理。通常董办、品牌中心、市场等部门的关系都可能是需要处理的主要关系。

3. 目标与成果产出

在以上案例中，Ada 在制定项目目标时，没有好高骛远，而是在第一年设定了合理的目标。设定合理的目标，科学管理客户期望值，等于项目成功了一半。

文化项目目标从文化的内容上来看，一般包括了精神层、制度层和物质层；从价值主张和目标来看，通常可以用四个字来表达：知、信、行、领。

1）"知"

通过宣传、标语、故事、理念传递等方式，让目标对象知道文化是什么、价值观是什么，能够说出、理解文化的基本表述和内涵。只要保证充分的宣贯力度和宣传持续度，第一个层级是不难达到的。

2）"信"

宣贯效果要达到第二个层级相对困难很多。大家虽然知道企业文化的基本内容，但是否认同不得而知。做到"信"就是要让大家发自内心接受和认同企业文化，从内心深处认为企业文化是对的、有效的、有益的，自己愿意采纳企业文化的要求。

3)"行"

从认同到付诸实践，再到形成习惯，这是文化的第三个层级，也是文化工作的主要结果——让员工能够用文化理念和价值观去指导行为，并在企业内部形成文化场域，让团队形成文化行为习惯和惯性。

4)"领"

最后一个层级是"领"，是指自己在能够自然表现出文化要求的行为、语言、思维方式后，还能够做到引领和影响周边人的一种状态。这种状态的个体会成为文化传播和影响的"火种"，能够影响周边的一群人。这个通常是对管理者的要求。

总之，这四个层级虽然层层深入，但在实际项目推动工作中，却并非完全以层层递进的方式操作，更多的时候我们需要同时考虑四个层级的目标达成，只是在不同阶段则重点不同而已。

二、文化项目设计与交付

Ada 为了得到董事长的支持，她又将 2019 年的三个目标细化为具体的文化推广数字目标（宣传场次、覆盖人数、检核达标率等）。经过汇报，她的目标设定得到了董事长的认同。接下来 Ada 开始围绕目标进行项目设计。

首先是文化的完善和共识。Ada 很清楚，要完善文化并得到董事长的认同，一定不是少数人闭门造车就能够实现的。所以 Ada 设计的第一个子项目是文化理念全员有奖征集，这个项目策略也得到了董办和品牌中心的支持。

其次是文化宣贯，这个是培训的强项。Ada 设计实施了一系列贯穿全年的项目，包括文化手册更新、文化故事会、文化人物志、部门文化研讨会、文化理念全员有奖征集、文化课程讲师认证（"魔鬼"训练营）、文化下午茶、新员工入训练营、新任高管文化研讨会等。

1. 文化项目设计重点

阿里巴巴的"政委体系"、华为的"狼性文化"都是企业文化工作学习的标杆。这两家企业无论对内还是对外都有很强的文化影响力，员工具有高度价值观和行为的一致性。分析其中的原因，我们发现这两家企业都是通过不同形式、不同内容，长期、持续地宣贯、影响和激发才最终实现了员工这种思维、语言和行为的一致性。在以上案例中，算上各种大大小小的子项目，Ada 设计和实施的各种项目达到了近20个。真正产生效果并对文化场域和团队行为产生影响的,不是某一个或几个核心项目重复、持续作用的结果,而是这些项目一起重复、持续作用的结果。

所以,本书接下来尽可能将文化项目更多的可能性和可选项介绍给大家。文化项目没有固定的项目模式,它需要围绕"四字"目标——创新方式、多种组合、持续影响,最终才能达到企业所期望的文化影响力和文化场域。

这里介绍 Ada 的项目中几个比较有特点的做法。

1)文化理念全员有奖征集

这个项目分成三个步骤。第一步,Ada 联合董办和品牌中心对文化内容中有可能需要更改和调整的地方做了初步讨论,并由董办向董事长做了第一轮汇报和确认;第二步,针对需要修改的部分做了修改示例和意义描述,作为征集的参考标准;第三步,全员征集理念修改建议,并评比各部门的征集数量,对被采纳的建议给予奖励。

这个征集活动,前两步是成功的关键,这两步保证了征集的聚焦性和有效性。此外前期的造势和过程的宣传也很重要,要让全员知道此事的重要性,从而激发大家的参与度。

2)文化课程讲师认证("魔鬼"训练营)

通过前期的造势和过程的宣传,新的文化理念已经出炉,并在新员工入训练营、部门文化研讨会、新任高管文化研讨会等项目中交叉使用。全员学习文化的势头与氛围已经形成,各部门一把手也开始关注本部门在文化宣贯和落地中的表现。这时 Ada 适时推出了文化课程讲师认证项目("魔鬼"训练营是本项目后来在学员中流传的名字)。三天两夜的训练营,把文化理念、故事集下发给所有训练讲师,由他们在三天内研发出个性化文化课程。后来因为项目强度大、挑战性强,培训当天基本都研讨到凌晨以后,所以得名"魔鬼"训练营。后期很多报名学员甚至是为了体验"魔鬼"训练营而慕名参加。

3)文化下午茶

文化下午茶这个项目也是一个有趣的创新项目。最能打动和影响员工,让员工感受到原汁原味企业文化的毫无疑问是与董事长的近距离交流。Ada 设计了一个文化下午茶项目,在一个类似宴会厅的场所,每个周五的下午,有 90 分钟的下午茶时光。员工可以自由报名,现场有各种点心和饮品,有高脚桌,大家不分层级、自由交谈。同时，每期设定一个主题，邀请不同的演讲嘉宾做主题分享，形式由最开始的演讲，逐渐变为对话、角色扮演、圆桌会、问答、研讨等各种丰富的形式。最后15分钟是董事长的演讲和分享。这种形式很大程度上拉近了一线员工与董事长的距离，能听取董事长最直接和最有温度的分享，对员工理解文化内核也起到了非常重要的作用。

4）全国演讲比赛

全国演讲比赛其实是很多企业都在开展的一个项目。对于将文化作为培训定位之一的培训部门，建议可以每年持续举办。Ada在谈到这个项目时，也是非常激动。她回忆在决赛现场，演讲者的很多故事都引起了公司高管的共鸣和回忆，现场点评的8位高管中有5位都哭了，带着哭腔进行点评。

办好演讲比赛的诀窍是辅导和层层筛选。这个项目通过全国初选，入围半决赛的是40人，这40人分为两组，由企业聘请外部辅导顾问进行为期2天的演讲训练与演讲稿加工，这40人中只有20人能够进入半决赛，半决赛再评比出10人进入决赛，这样的层层筛选和辅导保证了进入决赛的选手个个精彩。

5）文化导师项目

文化导师项目是指为新入职员工配备文化导师。项目目的是在新员工入职到转正期间，帮助新员工快速融入企业，解答新员工关于企业和文化的疑问。这个项目一般持续半年，既能保证新员工快速理解企业文化，又能拉近新员工和老员工的距离，还能激发老员工的成就感，一举三得。同时，随着新员工的持续入职，文化辅导工作持续不断，项目在企业内部形成了大范围的影响作用，对文化学习氛围的打造起到了极大的促进作用。

总之，以上介绍的几种文化项目，在具体操作方式上随着互联网、AI等技术的不断发展，会有更多的可能性。例如，Ada对于外地不能回企业的新员工，就采用了VR实景培训、VR看展厅等形式。最后，我们将文化项目设计原则总结为"三多"。

（1）多样创新。文化不能变成说教、不能枯燥，所以要多样创新。

（2）多重组合。文化不是一两个项目就能达到目标的，所以要多重组合。

（3）多层持续。文化不是一蹴而就、立竿见影的工作类型，所以要多层持续。

2. 文化项目交付难点与解决策略

文化项目的交付，与纯培训项目有所不同。这类项目的各种繁杂事务会更多，对交付团队有更高的要求标准，需要交付团队本身就表现出良好的文化特征。具体来讲，在实施项目交付时，要注意以下三个要点。

1)"搭台唱戏"

文化的宣传与推广，最有说服力的就是当事人现身说法。技术人员肯定更相信技术专家、技术前辈的分享；营销人员肯定对销售同事分享的故事更能感同身受；董事长讲企业发展史肯定最有说服力；高管谈论文化对人的塑造和职业帮助，肯定更多人愿意听。所以培训部门一定要有"搭台唱戏"的意识，培训不是主角，只有调动各种资源和内部人员在文化的"台子"上共同"唱戏"，才能够让更多人加入文化活动中，避免文化项目成为培训部门的"独角戏"。

2) 平常人和身边事

企业董事长、高管的倾囊讲述，也许可以让员工感同身受，得到员工的理解和认同。但真正要实现文化内化于心和外化于行，最佳的"良药"是讲平常人和身边事。人们更愿意相信和跟随的是，平常人在身边事上做出的卓越成绩并得到了收获，大家会认为这是自己也能做到的，也能实现的，也有可能得到的，而不全是那些离自己很远的人。这样能够激发员工发自内心付出的可能性，会让他们真正在工作中去尝试和执行。

3) 仪式感

文化项目上的仪式感非常重要。集体会议前的合唱司歌、每年的员工家庭日、集体婚礼、文化标杆表彰、员工的入职周年典礼等，这些都是文化的仪式，这些仪式可以让员工对文化有直接的体验感，有更深的理解，甚至形成对文化的敬畏感。在这些仪式的感召下，员工更愿意敞开心扉，更愿意放下自我，更愿意表达信任。

三、文化项目评估与推广

1. 文化项目评估要点

培训项目的评估本身就比较难，文化项目又是培训项目中最难评估的类型。文化项目最为通用的评估方法是 360° 评估，但要让评估更加精准或有效，我们可以从文化项目目标的几个层次来看具体的评估要点。

1)"知"

"知"属于认知层面，所以柯氏四级培训评估中的一二级方式都适用，可以评估大家对文化内容的熟悉程度，对文化关键词的记忆程度。

2)"信"

"信"属于态度层面，评估比较难。员工是否相信，并不能通过考试来得到答案，它更多体现在员工面临疑难问题时的判断和选择。通常，董事长和高管可以通过听取项目汇报来判断员工能否结合自身经历理解和认同文化。例如，Ada 在新任高管文化研讨会中的最后交流环节，就是请新任高管结合自身经历分享对文化主题的理解，董事长听取汇报。

3)"行"

行为层面相对更难，如果想要评估，必须投入很多的资源。例如，行为评估较为成功的例子是阿里巴巴，它通过一半的绩效分数来评估价值观，而其背后的资源投入是强大的"政委"团队配置。在企业并没有这么多资源投入的情况下，行为层面建议的评估方式是例证式评估，就是在团队中抓典型人物、讲典型故事，当然也可以变成文化故事 PK、文化行为评优等形式。

4)"领"

"领"一般是对管理者的要求。判断一个管理者是否能做到"领"，最好的方式就是看其部门状态，看其部门成员在价值观行为上的践行程度。除此以外，管理者必须以身作则，带头讲文化，持续讲文化。例如，Ada 在项目一开始就与董事长达成共识，董事长每年宣讲文化不少于 10 次，同时其他高管也相应效仿，在各个层级进行文化宣讲，这就是很好的形式。

2. 文化项目推广要点

最后，在项目推广上，文化项目与其他项目类似，前期、中期、后期的推广渲染均不可少，甚至比一般的培训项目还要花更多的精力，毕竟每一次的推广，都是在加深文化的影响力。做好推广关键在于要做到三个激发。

1)激发领导责任

首先，文化工作是一把手工程，不仅需要董事长的重视，还需要各条线、各业务一把手的重视，所以激发业务一把手的重视和参与是第一个关键。例如，Ada

就很好地应用了数据评比的方式，对部门学习情况、标杆情况、故事典型等数据进行排名，各部门一把手就算本来不重视，但在落后的数据面前恐怕也不得不重视。

2）激发群体PK

其次，激发群体、团队的荣誉感可以让他们之间形成PK、你追我赶的态势，氛围和场域建立起来，才能够让更多人被影响和代入进去。Ada在项目中就设计了文化标杆、文化故事、文化抽检等具体项目，激发各个团队的学习热情。

3）激发个人学习

最后，回到学习动力的根本，还是需要激发每一个员工主动学习和践行文化的内在动机。持续塑造标杆个体，让员工看到文化与个人成长之间的关系，让员工看到文化与职业发展之间的关系，并且辅以相应的文化激励手段，这样才能让更多员工主动参与进来，主动学习和应用文化价值理念。

总之，战略和文化项目都属于高覆盖面、高影响度的项目，牵一发而动全身，容不得半点儿马虎和松懈。无论是项目需求分析，还是项目设计、项目交付、项目评估与推广，都需要一丝不苟、精益求精。如果项目成功了，可以让培训工作者一战成名，不仅能使培训工作者快速建立价值标签，还能为推进其他培训工作打好基础；如果项目失败了，培训工作者也容易失去企业内部的信任。

第六章 绩效改进项目案例与操作要点

本章要回答的问题

- ◎ 培训与绩效改进有哪些异同？
- ◎ 绩效改进的核心思想是什么？
- ◎ 绩效改进的模型有哪些？
- ◎ 培训可以解决绩效问题的哪部分？
- ◎ 绩效改进项目的构建流程是怎样的？
- ◎ 如何评估财务结果和非财务结果？
- ◎ 绩效改进项目的评估与衡量手段设计在哪个阶段？

案例

出人意料的结果

2018年6月，清源集团（化名）质量部门负责人向集团培训部门经理Daniel发出培训需求，希望进行与精益生产相关的培训。

背景情况是供应链总部正在向全体生产制造基地导入精益管理理念，希望在供应链体系内部，通过精益计划、精益采购、精益物流、精益供应商等管理体系的打造，实现六个"零"的极限目标——零库存、零浪费、零不良、零故障、零停滞、零事故。

Daniel经前期调研和分析后得知，原有工艺、技术、操作方法不佳等原因，造成生产效率低、良品率低。本次培训项目的目的是帮助供应链体系内部提升生产效率，提高良品率，并协助质量部门推广精益管理理念，提升生产线人员的精益管理能力。

时间紧，任务重。Daniel 在综合了内外部专家的意见后，分两步来解决目前的培训需求：一是开展"集团质量与流程标准化管理能力提升训练营"；二是开展绩效改进项目，通过项目的持续推进与落地，最终达到解决业务问题的目的。

经过 2 个月系统化培训项目的实施，完成了 172 人的质量体系宣贯培训与认证，完成了 15 个生产基地的 1000 人的培训。同时通过本培训项目，制造序列及质量序列学员结合自身工作，针对具体生产问题设计并实施了几个大的绩效改进项目，总财务收益预计约为 300 万元。具体项目如表 6-1 所示。

表 6-1 绩效改进项目

项目	部门	项目名称	项目负责人	项目开始时间	项目计划完成时间	项目预计收益
1	制造部门	电池芯片全检改善方案	A 经理	2018 年 9 月 1 日	2018 年 9 月 30 日	单卡塞全检工时减少 3 分钟，全检效率提高 5%，收益增加 48 万元（节约人力×年度工资=48 万元）
2	设备部门 1	WEAVER 设备 GT 模块层压轮改良	Z 经理	2018 年 8 月 1 日	2018 年 9 月 30 日	可以减少 HAZ 原因产生的不良品，降低不良率。收益增加 156 万元
3	设备部门 2	工厂备件优化项目	W 经理	2018 年 9 月 1 日	2018 年 12 月 31 日	能降低 30%左右的资金投入，可以释放 3 万元的流动资金
4	生产计划部门	ROC 工序制造人力精简	M 经理	2018 年 8 月 1 日	2018 年 8 月 31 日	单 ROC 工序单班合计节省人力 1 人，满产能的条件下每日节省人力 16 人（96 万元）
5	质量部门	Cell 送检合格率提升	Y 经理	2018 年 8 月 1 日	2018 年 10 月 30 日	人工成本：40h×20 元/h=800 元
6	…	…	…	…	…	综合所有项目成效，总财务收益预计约为 300 万元

除了以上主要问题，各生产制造基地还提出了相应的绩效改进业务指标：H 基地生产周期缩短 10%；S 原材料国产化成本降低 25%；仓储管理提高库存立体空间利用率 10% 等，并据此进行其他绩效改进项目的设计与实施。

经年底验收，在 13 个绩效改进项目中有 8 个项目正常完成。其中，供应链仓储管理项目，通过提高库存立体空间利用率，使全年成本节约 28.04 万元；H 基地产线设计与运营项目，使平均产能提升 14%。

为评估学员在精益管理知识和技能方面的掌握情况，以及推广已完成的绩效改进项目中的优秀经验和做法，Daniel 后续策划了"集团首届精益项目大赛"，对整个精益推广项目完成了闭环管理。

"出人意料的结果"案例中的项目是一个典型的绩效改进项目。从中可以看出，项目的复杂程度和操作难度要远远大于普通培训项目。项目中采取的方法和工具也与普通培训项目有所不同，最后的产出成果也紧贴业务，并产生了清晰的经济收益。

由于绩效改进项目与一般培训项目的逻辑和结构不同，所以本章与下篇中其他章的表达方式略有不同，不采用培训业务设计画布的模式，而从绩效改进理论和模型入手，系统介绍绩效改进项目的起源、方法和应用策略。

第一节　培训与绩效改进的异同

培训往往是一个短期行为，只能解决由于人们缺乏开展工作所需要的知识、技能和态度而产生的绩效问题，不能解决工作场所所有的绩效问题。

绩效改进又称人力绩效改进，是一套系统化的流程。绩效改进从发现和分析重要的人力绩效差距，规划未来人力绩效改善策略，到设计和开发符合经济效益的改进措施，然后落实到实施改进措施，最后进行财务结果和非财务结果评估。

人力绩效改进能够帮助组织解决组织层面的绩效问题，这是绩效改进最终的目标和价值。绩效改进包括以下五个步骤。

（1）发现和分析绩效差距。

（2）分析原因。

（3）设计和开发改进措施。

（4）实施改进措施。

（5）评估财务结果和非财务结果。

这五个步骤缺一不可，而且第五个步骤（评估财务结果和非财务结果）贯穿绩效改进全流程。在每一个步骤完成之后，都应进行相应的结果评估。

绩效改进是一种综合性的方法，融合了诸多学科的理论和理念。绩效改进不是运用单一的手段和原理解决问题，而是需要调用多学科的方法、知识和技能，面对的组织问题往往也是复杂和综合的。

培训的主体是个体，绩效改进的主体是组织。培训的直接目的是通过个体知识和技能的提升来改变个体行为，最终提升工作绩效；绩效改进的直接目的是通过找到解决组织绩效问题的措施，系统性地解决组织绩效问题。绩效改进的成果比培训的成果层级更高。

培训所使用的工具和方法，包括教学设计、课程开发、互动式讲授、案例教学等；绩效改进所使用的工具和方法，除了教学目标与教学系统设计，还包括行为工程模型、前端分析、科学管理原理与方法等。由此可见，培训与绩效改进既相互关联，又有各自独特的理论模型。

第二节 绩效改进对培训工作的启发

培训工作者除了使用培训的工具和方法，还可以从两方面着手：一方面是应用绩效改进的核心思想；另一方面是使用绩效改进的工具和方法，尤其在进行培训需求分析和结果评估时。下面就依次介绍培训工作者如何从这两方面应用绩效改进。

一、绩效改进的核心思想

绩效改进实践是建立在成功绩效改进核心四要素基础上的，四要素即结果、系统化、价值和协作，简称 RSVP。

1. 以结果为导向

RSVP 带给培训工作者的启示是，当我们在进行培训项目设计时，要以结果为导向，明确需求方最终是希望达成学员学习到相关的知识和技能的目标，还是希望通过培训达成改善绩效、解决业务问题甚至是完成业务的目标，不同的结果导向，使培训工作者所使用的方法和最后评估手段也有所不同。

以结果为导向，还启示培训工作者要对解决问题的假设性方案及期望的结果进行反思和质疑。培训工作者可以时常问自己：这样做是否是需求方需要的结果或能否满足需求方对培训的期待，还是会超出他们的期待？在本章开始的案例中，Daniel 作为培训部门经理没有只满足于需求方最初为员工进行赋能的培训期望，而是在此基础上与需求方一起致力于业务问题的解决和提高业务产出。

当确定需求方希望培训达成的结果时，培训工作者可采取提问和需求澄清的方式进行。需求方希望通过培训达成什么期望？需求方希望员工在培训后有怎样的行为表现甚至是工作成果？需求方在达成期望的过程中可能遇到的阻碍有哪些？如果描述的期望不仅在于提升员工的知识和技能，还在于希望提升需求方满意度、保留核心员工、减少失误、提高生产效率等，培训工作者就更需要以终为始，进行系统化的培训需求分析。

2. 系统化视角

培训工作者要看到绩效状况的复杂性和内部关联性，要将绩效状况看作一个整体系统。绩效改进作用于整个组织系统，组织是一个复杂的系统，组织中的环境、制度、工作流程、组织氛围等因素影响着组织中每一个员工的绩效状况，进而也对培训成果产生重要影响。因此，在进行培训需求分析时，要系统化分析所有对绩效产生影响的因素，并从中确定根本因素。如果是员工的知识和技能不足造成的，那么可以通过培训的手段来解决。

系统化的分析方法包括分析外部市场，分析环境和客户需求，分析竞争者是否发生相应改变，分析相关利益关系人所面临的业务挑战和关键压力来源是什么，分析所在工作场所的环境、制度、流程等对组织绩效产生了哪些影响，分析组织文化是支持还是阻碍绩效的达成，分析是否还有其他因素（如激励与岗位角色职责的设计等会影响绩效结果等）。系统化分析要在工作场所内、外部找到相关驱动因素，并进行分析、交流和讨论，最终与客户确定合适的解决方案。

3. 增加价值

培训作为一种干预手段，产出成果应当是为内部组织或外部客户增加工作的价值。如果不能衡量产出的价值，培训的有效性就难以明确，最后会失去客户的信任和支持。在为客户提供价值的过程中，培训工作者可以通过专业能力，帮助客户澄清需求，让客户理解只有通过培训才能达到他们想要的最终效果。

4. 协作

协作，即通过与利益相关者、参与者和内容专家合作以改进绩效。与利益相关者和内容专家合作，意味着每一部分决策的制定都应该邀请他们参与，就其中的目标、步骤、方法、结果产出与评价等与他们达成一致。在合作过程中，培训工作者应该倾听客户的想法，尊重与信任他们，同时要考虑到组织环境和文化的制约因素，这类因素的软性条件有时甚至比硬性的绩效改进更能影响结果产出。这样，所有项目参与人可以同心协力确定最合适的目标成果与达成结果的最佳方式。协作中最难处理的部分就是项目的时间、效率和质量三者如何在不同利益关系人之间达成一致，这需要培训工作者具备良好的咨询顾问技能。

二、绩效改进的模型

1. 行为工程模型（BEM）

最早在人力绩效改进领域内创造了独特绩效技术模型的是托马斯·吉尔伯特，他在行为工程领域内提出了行为工程模型（BEM），主要关注工作场所的变化由哪些因素引起。他总结出两大类因素：一类是和组织相关的，包括信息数据、设备工具、激励奖励；另一类是和人相关的，包括知识、能力、动机。这两大类因素一共有六个方面。

吉尔伯特的行为工程模型，常被人们用于找到绩效问题的原因。吉尔伯特认为人取得优秀工作绩效的最大障碍是缺乏绩效支持而非缺乏知识和技能。这些绩效支持包括工作场所中提供的数据、信息和反馈是否及时、有效，并能够被人们及时利用；人们在资源、设备和工具方面获得的支持是怎样的，提供的工具是否合理，时间是否充足；人们在工作场所获得的奖励和激励情况是怎样的，工作与组织的使命连接是否一致，奖励与绩效贡献是否一致；等等。

分析完和组织相关的因素，再分析和人相关的因素，如人的知识和技能是否与工作岗位及绩效的要求相匹配、人的能力尤其是天赋是否具备、人的动力和期望是否充足和能够实现等因素。用吉尔伯特的行为工程模型分析，能够使绩效问题的原因更加明确，帮助我们快速找到问题所在。这与以往相比，有了更多的原因分类。实际应用时需注意，确定原因不能简单依靠通过数据统计的方式来找到六个方面中哪个方面对绩效的影响最大，而应该在六个方面中找到与问题具有直接关系的因素，加以改进。

2. 缩小差距器

罗宾逊认为绩效受三个因素的影响：一是组织外部因素，包括经济形势、人口分布、竞争情况、变化的客户预期等；二是组织内部因素，包括角色与预期的清晰度、激励政策、工作系统和流程、获得信息工具和得到岗位支持的途径等；三是个人因素，包括知识、技能及人的本能，本能包括智商、情商、个性、品质、动机、过往经验等。

当培训工作者接到一个培训需求时，可以围绕以上三个因素进行分析，与利益相关人探讨除了个人因素，是否还有其他影响绩效的因素。如果有，找到它们，并制定相应的方案予以解决。

3. 梅格模型

梅格模型是与培训相关度最高的一个模型，主要用于判断绩效问题是否适合用培训的手段予以解决。它从确定问题开始，明确此项问题是否值得解决，并通过分析绩效期望、资源、质量、问题解决的效果、惩罚与奖励等方式确定绩效是否是由于人的知识和技能不足而受到影响的。如果是，用培训手段解决；如果不是，可以用提供反馈、提供实践、清除障碍甚至更换人员的方式解决。

从以上三个绩效改进的模型可以看出，影响绩效的因素是多方面的，培训只能解决与人的知识、技能和态度有关的部分，培训应该被看成是解决绩效问题的最后方法而不是解决绩效问题的首选方法，因为它的成本相对较高，且培训成果在没有经过良好设计的条件下转化率比较低。当培训工作者使用以上三个绩效改进模型时，也可以根据模型定义的流程和步骤，拟定自己在访谈时使用的问题大纲和问题清单，从而保持绩效需求分析的一致性。

第三节 绩效改进项目的流程

绩效改进项目的流程可以根据我们所面临的情况，自行构建。下面我们借鉴 Rothwell 绩效改进项目定义的六个方面来构建绩效改进项目的流程。

一、发现和分析绩效差距

在"出人意料的结果"这个案例中，Daniel 通过前期的调研，以及与质量部门的多次沟通，确定本次绩效改进项目主要解决以下两个问题。

- 生产效率低。
- 良品率低。

这两个问题一直困扰着清源集团，也是董事长多次提出希望改进的问题。集团成立质量部门，也是希望成立更加专业的部门来帮助所有生产基地提升生产效率，提高良品率。

可以说，如果培训部门和质量部门最终通过绩效改进项目解决了这两个问题，就既帮助质量部门完成了最重要的工作职责，又帮助董事长解决了一个核心的管理问题。

绩效改进项目的起点是存在绩效差距，差距是目前情况与理想或者标准情况之间的距离。绩效差距分析就是检查员工绩效并确定是否可以通过相关绩效改进工具解决绩效问题的过程，也可以称为前端分析。前端分析有两类：一类是基于具体情境的绩效问题分析与解决，如销售经理对销售人员的售前绩效差距分析与解决，情境类绩效模型适用于小范围的特定问题；另一类是基于组织的全面的绩效分析模型，如 ISPI（国际绩效改进协会）发布的绩效改进 HPT 模型，从组织分析与环境分析开始，确定绩效期望与绩效现状之间的差距。

在确定绩效差距的过程中，还会涉及将业务需求转化为绩效需求进而确定绩效差距。例如，我们接到业务高管的一个项目需求，描述为"我发现事业部门员工在做成事的意愿方面不够强烈；部门整体的战斗力不足，事业心弱，需要加强培训"。当面对这样的项目需求时，我们先要判断这是一个现象还是一个需要使用绩效改进手段解决的绩效问题。显然这是当前事业部门存在的现象，我们可以通过提问的方式与业务高管进一步探讨澄清真实的需求和绩效差距。

- 员工的这种现象反映在业务上的结果表现是怎样的？
- 您对该结果的重要程度和紧急程度的判断是怎样的？
- 该业务成果的达成与哪些绩效行为和绩效结果是相互关联的？

进行前端分析时，我们面临的情况可能是当前业务目标没有实现，还有可能是全新的绩效需求没有被满足。如果面临的情况是当前业务目标没有实现，我们可以通过提问进一步明确问题。

- 确定总的业务目标是什么？
- 哪一项业务目标没有实现？
- 绩效有哪些不足造成业务目标没有实现？

如果我们面临的情况是全新的绩效需求没有被满足，需要确定以下问题。

- 要实现的全新业务成果是什么？
- 这些新的业务成果需要哪些新的人员绩效？将会有哪些新的行为？

二、分析原因

Daniel 明确了要解决的绩效差距后，进一步与质量部门同时讨论产生问题的原因，并安排团队进入六个典型生产基地进行实地调研，了解一线员工对要解决的两个问题的看法，询问他们生产效率低和良品率低的原因，最终找到了以下三个主要原因。

- 原有工艺、技术比较落后。
- 员工操作方法不佳。
- 工作流程化和标准化不足。

原因分析是绩效改进的第二步，它是检查员工绩效以确定造成该绩效问题的根本原因的过程，也叫根因分析。例如，造成员工与新客户沟通意愿不佳、动力不足背后的原因是什么？

在进行根因分析时，我们可以根据绩效问题的大小、与组织或岗位直接因素相关程度的深浅来判断使用哪种根因分析的工具。绩效调查的工具有很多种，如现有绩效考核数据的分析、问卷调查、结构化访谈、焦点小组、目标岗位工作观察等方式。挖掘根因时我们要像侦探一样进行调查，就每一项绩效差的因素列出详细的调查结果，确保每一项数据信息来源都是经过验证的。

以下使用吉尔伯特的行为工程模型，对"员工与新客户沟通意愿不佳、动力不足"的原因进行根因分析举例，分析过程采用提问清单的方式。

1. 信息

- 开发新客户的信息是否已准确传达到每一个相关岗位员工？
- 新的客户挖掘期望与以往老客户挖掘策略是否存在期望的冲突或处理优先次序的冲突？
- 员工在考虑了各种资源、自身能力和制约因素的情况下，是否可以实现该期望？
- 新客户挖掘中是否存在绩效表现优异的榜样？
- 组织绩效考核的标准是否清楚？
- 员工是否得到以上绩效差距行为的反馈？
- 对于新客户的开发，员工是否已得到易于获得的相关信息，并且持续更新？

2. 工具和资源

- 员工是否易于获得开发新客户所需要的可靠资源？
- 员工是否有足够的时间正确完成新客户开发的工作任务？
- 员工开发新客户的标准和步骤等材料是否清楚？
- 组织的考核机制等是否支持员工开发新客户？
- 组织是否有足够的专家或管理者支持员工开发新客户？
- 组织有对开发新客户设计完整的政策、流程和工具吗？

3. 激励

- 组织的薪酬是否恰当从而支持期望绩效的达成？
- 组织是否有恰当的物质奖励支持员工开发新客户？
- 员工是否认为奖励公平、合理？
- 组织是否提供有意义的薪酬以外的激励措施，以认可或支持员工开发新客户？

- 员工是否认为自己努力开发新客户能够得到晋升？
- 员工中是否存在不支持新客户开发的行为反而得到认可和激励的情况？

4. 知识和技能

- 员工是否拥有开发新客户所必要的知识和技能？
- 员工是否能够得知自己和别人绩效差异的情况？
- 员工在工作中的行为表现是否熟练？
- 员工是否有足够的机会应用该技能？

5. 能力

- 员工是否具备开发新客户所需要的个人特质方面的能力（如人际交往能力、情绪控制能力、组织管理能力）？
- 员工是否具备开发新客户的经验？
- 员工是否存在个人因素而妨碍其达成期望绩效？

6. 动机

- 员工是否看重开发新客户的绩效要求？
- 员工是否有信心开发新客户？
- 员工在工作中是否有阻碍因素？
- 员工是否认为自己受到了不公平对待？

从以上六个方面的问题入手，进行相关的调查和信息收集，并确定哪些是造成员工与新客户沟通不佳、动力不足的根本原因。通常前三个方面的组织因素对绩效结果影响大，改善手段见效快；而越是员工个人层面，影响越小且更不易改变和提升，见效更慢。

三、设计和开发改进措施

在 Daniel 的项目中，绩效改进项目组针对绩效差距的三项原因进行了多次策略研讨，对策略也进行了相应的推演和成果预估，并选择生产基地对策略进行试点应用。经过近半年的摸索与不断尝试，最终项目组确定要引入精益生产的理念、工具和管理系统，在生产基地开展全面的生产管理标准化工作，并且成立工艺、技术、操作方法、成本管控等专项改进项目小组，用行动学习的方式推进各项工作的开展。

改进措施是指解决绩效差距所采取的应对措施。改进措施可以根据预测的成本、效用、管理的偏好等来进行综合考虑和选择。造成绩效差距的原因有很多种，相对应的改进措施也各不相同。不过，目前仍缺少帮助我们选择哪一种改进措施来解决某一具体根本原因的对应指引。

常用的与培训对应的改进措施有教育培训、学习系统管理、知识管理、自主学习、组织性学习、在岗培训、行动学习、混合式学习、辅导与教练等。培训类改进措施可以解决因个体知识和技能产生的问题。

培训以外的改进措施包括组织调整、运营流程调整、制度规范调整、考核激励调整、工作方法调整、管理方式调整等。具体采取哪种措施需要根据原因分析的结论，并结合组织管理现状和环境偏好进行选择。

四、实施改进措施

在 Daniel 的项目中，绩效改进实施过程根据措施分为两大部分。

（1）精益生产系统的导入。精益生产系统的导入过程相对比较顺利，主要通过理念、工具、方法的培训及考核认证。方法培训几乎覆盖了所有生产基地的所有员工，同时在每个基地挑选了几位精益生产推广大使，将他们培养认证为精益生产导师，后续由他们在基地推广和辅导精益生产的落地。

（2）专项项目的推动落地。专项项目采取了行动学习的模式，针对项目成立相应的小组，小组成员由集团质量部门成员、不同生产基地的技术专家组成，通过 6~12 个月的项目周期，小组成员共同寻找专项工作的落地方法，并在试点基地进行落地。

实施改进措施的关键是用项目管理的方式管理整个绩效改进过程，要准确地描述项目问题、解决方案、行动步骤、责任人和时间计划表等内容。项目管理对绩效改进项目尤其重要，是绩效改进项目能否取得成功的关键。在项目管理过程中尤其要注意当出现制约项目行动计划实施的情况时，让信息第一时间得到反馈，并进行相应的改进和修正。

绩效改进项目如果需要解决组织存在的绩效问题，通常要与组织变革和组织发展紧密相连，实施项目时要综合考虑组织的各个方面，预判绩效改进措施对组织其他层面的影响。

绩效改进项目如果需要解决岗位或团队存在的绩效问题，绩效改进措施实施时要重点保持与团队管理一把手的持续沟通，随时获取一把手的评价和反馈，同时要善于借用整个组织的资源和力量来解决所改进岗位或团队的绩效问题。

五、评估财务和非财务结果

在 Daniel 的项目中，项目结果是比较丰富的，既包括了生产效率、成本节约等财务结果，又产生了人才培养、技能认证、项目经验包等非财务结果。

绩效改进项目的评估与衡量手段设计不是在项目结束时，而是在项目开始时，要确定评估和衡量的指标有哪些。确定是财务结果还是非财务结果，是与时间、成本、质量等相关的硬性指标还是与工作习惯、员工士气、满意度、员工发展、建议谏言或创新等相关的软性指标。绩效改进项目负责人要在项目中协同项目实施主体收集与此相关的数据，向绩效改进项目的关键决策者证明绩效改进项目所取得的成果。

六、打造一个高绩效的工作场所

绩效改进既是一种方法论，又是一种组织的工作理念与习惯。培训工作者在推进绩效改进项目的同时，更应该做的是在组织内打造一个高绩效的工作场所，让员工习惯于用绩效改进的理念和思维看待日常工作，使组织面对外部环境变化时可以运行有效的组织架构、机制、流程并营造充满积极活力的组织文化，允许和鼓励员工在组织的平台上不断发展，达到更高、更好的绩效标准。

第七章　新员工项目案例与操作要点

本章要回答的问题

- ◎ 新员工项目需求分析的具体要求有哪些？
- ◎ 如何设定校招新员工项目的目标？
- ◎ 如何描述和界定新员工项目成果？
- ◎ 社招新员工项目与校招新员工项目有哪些异同？
- ◎ 如何让新员工导师制项目运营良好且落地？
- ◎ 新员工导师制项目的实施流程有哪几个阶段？
- ◎ 如何评价新员工导师制项目？

第一节　校招新员工项目

案例

"我是传奇"新员工项目

"告别了大学校园，你们开始步入社会，来到公司。等待你们的会是一场华丽的蜕变，还是原地踏步？这取决于你们自己，以及陪伴你们成长的工作伙伴，他们或许是你的领导、职场导师，或许是你的同事，或许是你的客户。"这是新员工项目的一名班主任在第一届"我是传奇"校招新员工项目上的开场白。

这家公司是央企控股公司旗下的独立上市子公司，主要向政府、企业等客户提供整合营销服务，其营业额和规模是所在行业里的第一名。公司每年有近百名来自海内外高校应届毕业生的加入，分布在北、上、广等一线城市和有潜力的二线城市。传奇班经过五年发展已成为公司培训的品牌项目。"十年，我们塑造了一个行业的传奇；十年，你们将塑造一段人生的传奇"，传奇班的口号伴随了一代又一代校招新员工。

这份培训体验是与众不同、绝无仅有的，它的成效是其他培训项目、培训班无法代替和复制的。你可以从本章中一窥它的全貌、获取它的精华。或许你也可以结合公司自身情况，设计并造就超越"传奇班"的新传奇。首先，在进行项目内容的设计时，培训经理首先对 HR 负责人就培训项目的需求进行了调研和访谈，了解其对培训项目的期望和希望培训后的新员工在工作中有怎样的行为表现，以此匹配项目的核心价值主张及设计新员工需要具备的能力画像。其次，在项目设计和交付过程中，充分调动公司内、外部的资源，在项目预算范围内，进行培训资源的整合，最大限度地满足项目发起人及利益干系人的需求，同时培训经理也很重视项目中的其他主要关系，包括新员工、新员工部门负责人、内部讲师及其部门负责人、外部培训供应商和外部食宿交通供应商。这些主要关系都同培训成果和培训价值输出具有密不可分的联系，并对其产生了重要影响。

考虑到培训项目的交付不止于培训结束，项目交付的价值应持续到项目目标设定的标准得以达成和实现时。完整的校招新员工培训项目在经历集中脱产培训、在岗培训、转正考核及岗位定级后，才能真正达到把新员工"招进来，扶上马，送一程"的目的。

项目评估与推广是建立培训经理影响力及树立培训品牌形象的关键。本项目在发起时就开始宣传，起了一个有号召力的名称——"我是传奇"，策划了具有显著风格的主视觉，在向公司管理层汇报项目策划时这些隐性的推广工作就已经开始了。同时将培训过程中的动态进行实时分享，让部门负责人和老员工同步了解到新员工的学习成果和表现，为日后工作中的相处奠定了基础。

下面结合培训业务设计画布工具在"我是传奇"新员工项目的应用，来介绍社招新员工项目的具体操作方式，如表 7-1 所示。

表 7-1　培训业务设计画布——"我是传奇"新员工项目

主要关系	客户选择	产品与服务
• 新员工 • 新员工部门负责人 • 内部讲师及其部门负责人 • 外部培训供应商 • 外部食宿交通供应商	• 发起及决策部门：HR 部门 • 项目需求方：CEO 及高管	（1）项目需求分析 • 以核心客户的期望，结合业务需要及能力图谱确定 （2）项目设计 • 学习地图 • 商业模拟设计创新 （3）项目交付 • 班级自治、在岗培训与转正答辩 （4）项目评估与推广 • 培训前，主视觉及 logo 体现在所有与利益干系人的沟通中 • 培训中，培训每日播报、三合一毕业典礼 • 培训后，与人才盘点及 IDP 项目衔接
重要资源	价值主张	
• 内部讲师选拔 • 内部讲师激励 • 外部合作伙伴选择 • 在线学习平台	• 入行、入司、入岗 • 帮助实现组织业务增长	

一、新员工项目需求分析

"我是传奇"新员工项目是集团总部人力资源部牵头组织，面向所有分/子公司、平台条线和部门的横向联动项目。项目人员涉及范围广、数量多、定位高，影响深远。经过与新员工部门负责人及其上级的访谈，以及向公司 CEO 及高管的汇报确认，传奇班的培训目标最终确定如下。

为使新员工增强对行业的认同，快速融入公司，热爱本职岗位，并能尽快符合任职岗位的基本要求，按照务实有效、体现时代特色和符合"90 后"员工特点的原则组织实施。具体要求为以下三点。

（1）入行。让新员工了解公司所在行业的历史及现状，认知行业发展规律及趋势，形成行业大局观。同时，加深新员工对行业的认同感，建立"干一行爱一行"的心态。帮助新员工完成从校园人到职场人的转变。

（2）入司。让新员工了解公司历史及公司经营管理现状，学习公司核心业务模式及专业知识，学习并践行公司文化与核心价值观，将价值观落实到具体行动和行为准则上，快速融入公司。帮助新员工完成从职场人到公司人的转变。

（3）入岗。让新员工形成专业化职业素养，掌握岗位必备的知识和技能，快速适应工作岗位及业务环境，缩短胜任工作岗位的时间，能独当一面并在工作中产出价值。帮助新员工完成从公司人到岗位人的转变。

1. 项目目标

一般而言，新员工项目培训需求分析可以从公司层面的需求、工作层面的需求和员工层面的需求三个方面进行思考，其中重点是公司层面的需求和工作层面的需求。作为培训部门，在项目策划初期，需要与主要的发起人进行项目需求分析和访谈调研，以确保培训项目目标及设计具有准确性、针对性和系统性，符合公司和关键客户的期望。

培训项目的目标设定和成果界定，来源于培训项目主要利益干系人的期望。公司中培训项目利益干系人包括代表公司的 CEO、代表分摊培训费用的部门领导、参与到培训项目中并最终创造和产出价值的培训学员，以及为学员服务的讲师等。在培训项目目标设定时，培训工作者一方面要识别不同利益干系人对培训的期望是什么，另一方面也要在公司中找到相关证据验证培训目标设定的合理性。

各个利益干系人对培训的期望大体可以归纳为五个方面，分别是促进并实现公司业务增长和发展、解决业务及工作中的实际问题、改进及提升工作绩效、培养和保留核心人才、贯彻及落实公司文化。所以培训工作者在培训项目设计之初就应该以终为始，与项目利益干系人围绕上述五个方面的期望，进行项目目标设定和成果界定。

而新员工项目重点集中在最后两个方面的期望上，由于新员工项目是公司的常规项目，核心客户一般为培训部门的主管领导及核心业务部门的领导，诉求集中表现在员工能胜任工作岗位、融入公司、传承公司文化及养成职业化习惯、了解行业发展脉络及趋势等。因此，传奇班的项目目标就设定为"三入"——入行、入司、入岗，将知识技能提升与角色心态转变融合在一个项目中进行同步培养。传奇班还期望新员工在项目结束后，能够独当一面，胜任工作岗位，在工作中创造并产出价值。

2. 项目成果

很多培训工作者在被领导问到培训项目给公司带来了哪些收益和效果时，往往是心虚的。心虚一方面是因为培训收益和成果难以像业务收入和成果那样，容易量化和衡量；另一方面是培训工作者缺乏对项目成果的系统性思考。德鲁克在《卓有成效的管理者》一书中描述，企业的直接成果是销售额和利润额之类的经济成果。那么，培训项目的成果应该如何描述和界定呢？它又是如何与企业直接成果相关联的呢？

众所周知，培训是通过培训对象的行为改变而产生成果的。即在企业为客户创造价值的过程中，培训对象通过行为改变引发客户成果的改变，客户成果最终决定了企业的收益。所有培训工作者都应该深刻领会这个链条，如果培训项目能够沿着这个链条设计清楚，从培训到绩效到客户价值创造之间的链条就能清楚明确，则培训项目产出成果也就清楚明了了。

在"我是传奇"新员工项目中，结合"三入"的培训目标，项目选用了新柯氏四级培训评估的理念，来呈现培训价值与界定培训成果。

1）一级产出：新员工对训练营的参与度、满意度和口碑

培训工作者通常都会通过培训满意度调研问卷的方式，来判断培训的初步成效。很多实际应用中的培训满意度调研，评估的内容都是对培训讲师是否满意、培训课程是否生动、培训环境和组织方是否满意等方面，而忽略了学员的感受，真正应该评估的是学员在学习项目中的参与度如何、学到了哪些与岗位相关的知识和技能、他们是否愿意把学到的内容应用到工作中去等方面。培训工作者应该始终牢记，与促进企业业务增长相关的是学员是否有意愿学习，并具有将所学应用到工作中去的能力。

因此，我们更主张用出勤率、参与度、任务响应程度等来验证培训初步成果。

2）二级产出：新员工学习到的知识、技能和态度

培训成果的二级产出是指学员在知识、技能和态度方面的提升。传奇班采取了传统的培训考试，在早课及其他体验式任务中进行观察与行为评估，这些考试结果和评估结果是关于知识、技能和态度提升的成果。

新柯氏四级培训评估增加了学员信心和学员承诺部分的评估，是为了在二级产出与三级产出间建立进一步激发学员动机、解决实际难题的基础，为后面行为转化做铺垫。

结合新柯氏四级培训评估的理念，"我是传奇"新员工项目还通过优秀员工座谈会、领导寄语、新语心愿、职业生涯规划自主设计等方式来帮助学员直面实际工作中的挑战和实际工作中的疑虑，树立职业榜样和履行对自己职业发展规划的

承诺。而这些疑虑的答案、做出的承诺也会成为这个项目二级产出的一部分。

3）三级产出：新员工的行为改变

如果新员工不能把所学知识和技能应用到工作中，不能持续地展现出关键行为的改变，期望的业务结果将很难产生。要让学员的行为发生改变，培训工作者关键要在训练营中设计情景任务，或让培训课程内容本身以行为模拟训练为主，让学员将所学应用到相应的业务场景中。在传奇班的训练营中，以上两种方式都会涉及。

新柯氏四级培训评估增加了监督和调整环节来帮助实现行为的转化。这就意味着仅培训工作者做到培训是不够的，还需要后续的强化与监督等措施的综合使用，只有这样才能取得期望的组织业务结果。因此，传奇班的培训项目周期是新员工入职后到其转正前，都有持续的以行为改变为基础的内容设计和机制，而这些行为改变的记录和总结成为项目的三级产出。

4）四级产出：新员工的转正率、出苗率和工作绩效

转正率和出苗率是传奇班四级产出的最有效结果数据。传奇班的转正率一直以来基本是100%。新员工出苗率（在一定时间内，脱离导师辅导而独立完成岗位任务的人员占比）也呈现持续上升的态势。

工作绩效方面，培训工作者采用新柯氏四级培训评估定性和定量的方法来收集数据，根据这些数据建立起培训价值证据链，通过自我价值验证的方式显示培训带来的价值。

传奇班中具体采用了培训结果转化故事板和转正述职报告等工具。其中，结果转化故事板是让学员对以下问题进行回答和记录。

- 我在参加培训后，在实际工作中是否运用了培训中学到的知识和技能？
- 我做出了哪些行为？
- 培训给我的工作带来了什么样的业绩改变（定性和定量描述）？
- 客户对我的评价是什么？

在转正考核中，我们通常会要求学员做述职报告，里面要有这样的培训转化故事。这些构成了项目的四级产出。

二、新员工项目设计

1. 学习内容

结合培训需求和培训目标，传奇班的主要培训环节和内容如下。

- 入行：营销业务的前世今生、相约职场、从职场新人到职场精英读书会等。
- 入司：公司发展历程及战略、公司组织架构与新人成长、公司文化之道、MICE 核心业务介绍、公关及活动业务介绍、公司重要制度介绍、公司和我、高端对话等。
- 入岗：境内外大型项目操作、国内会议操作、ERP 项目操作、标准化服务、如何制作标书、智慧办公系列课程、敏捷行动力商业模拟、认识我了解你等。

除了以上培训环节的内容，项目还包括每日早课（与公司文化匹配的"八段锦"系列课程）、每日晚课（由各任务小组产出具体任务，完成班级运营任务）、毕业典礼及在岗培训启动仪式等。

2. 师资匹配

在新员工项目中，常遇到以下师资匹配问题。

1）哪些人应当成为新员工项目的讲师

如果公司培训经费充足，理想的情况是内部讲师与外部讲师共同完成培训项目。在内部讲师选择方面，公司高管、核心部门负责人及业务专家、往年新员工代表都可以作为内部讲师的人选；在外部讲师选择方面，人选应是相关领域的专业人员，可以增加内部讲师能力无法满足员工要求的部分内容，或增加学员参与度、信心等部分内容。

2）没有成熟的内部讲师怎么办

首先，培训工作者要一马当先，成为核心讲师；其次，要从公司核心或高潜管理者入手，邀请他们成为内部讲师，树立权威标杆，如公司历史及文化、公司组织架构及员工守则等部分内容都可以邀请公司一把手、HRVP 带头讲授。总之，好的内训师不是考核出来的，而是激发和表彰出来的，培训工作者要在日常工作中经常与各领域专家互动，为各部门搭台展现各部门的业务成果，宣传表彰各部门的培训成果。

3）如何持续激励并培养新员工项目的讲师

解决这个问题，需要做到物质激励与精神表彰双管齐下，即时兑现与长期激励互相促进。优秀的内部讲师是选拔和激励出来的，很多公司都有内部讲师的管理办法，并配有相应的内部讲师培训和内部讲师成长积分制度，但大多数情况都是名誉给得多，物质激励给得少，讲师在优先晋升、优先获取资源等方面更是没有提报权与话语权。要解决这个问题，需要从源头上对内部讲师重新定位，确定他们的独特价值，明确成为内部讲师后在晋升、加薪等方面的优先权。每一个培训工作者都应该竭尽所能为内部讲师在公司内部争取到他们需要的物质激励。

三、新员工项目交付

传奇班从第二年开始，每一年都要求对原有项目进行改进和升级，要有新的亮点和突破，要有新的培训成果和产出。下面从产品与服务两个方面介绍新员工项目的改进和亮点。

1. 从全程讲授到互动式教学

通常我们的内部课程以讲授为主，行为演练和模拟因培训时间的长短和内部讲师能力的高低而无法保证培训效果。因此，多数内部讲师在没有经过系统培训和没有开发高质量的品牌课程之前，都采取了保守的讲授方式。

传奇班从第三年开始，与外部供应商联合开发，增加了商业模拟课程。这门课程最大的特点是由以讲授为主的教学方式转变为以互动模拟为主的教学方式，目的是达到综合性学习结果输出及学员具体行为改变。

商业模拟课程的核心原理是模拟业务经营真实情况，由学员筹建项目公司，设置公司的名称、愿景及价值观，根据公司核心价值链划分部门职能，制定经营目标与管理决策流程。同时在公司经营中模拟与客户进行需求沟通、资源整合、签订合同及获得订单、实施交付、回款及维护业务关系等环节，各学员小组组成的项目由公司通过多轮实际业务操作的模拟，来角逐最终的经营优势及胜利。

2. 全程班级自治，学员服务学员

"班级自治"的概念是由知名教育家魏书生老师首次提出的，他将这个概念运用到了公立教学体系的教育教学实践中，并取得了很好的效果。传奇班每年人数

近 100 人，成立之初培训项目组的成员只有两人：一名培训经理与一名实习生。为了节约运营成本，同时保证有效产出，传奇班在第一年就引入了让学员自主管理、学员服务学员的班级自治机制，如图 7-1 所示。

图 7-1　班级自治分工

根据学习及训练营汇报任务，传奇班设置了班长、副班长与运营小组组长等角色，共分了 8 个任务小组，分别是学习组、企业文化组、微信运营组、视频制作组、宣传组、毕业典礼组、体育组、生活组，每年小组的设置和名称都会根据不同的学习任务而进行不同的调整。

在规划好了各组任务和职能后，传奇班会发动全体新员工进行志愿填报、组织班长和组长竞选、招募组员等工作。所有学员中有组织能力、号召力和影响力的新员工在这个环节会迅速脱颖而出。结果证明，担任班长、组长的新员工在工作中获得的信任和机会要远远大于一般员工，同时得到了更快的晋升。

3. 培训与绩效考核、员工转正一体化

为达成项目培训目标，我们还在后续的新员工考察期（180 天）内设计了结构化在岗培训项目，引入导师参与到新员工培训、辅导、考核和监督中来，直到所有新员工在岗培训答辩通过后，才发放毕业证书并予以转正。

在考察期内，所有新员工的培养工作仍在继续，包括各业务单元组织的集中培训，每周、每月、每季度、每半年提报的辅导计划与总结，因为有了严格的体系化设计，人力资源打通了培训与绩效考核的关联，在岗培训评价等同于新员工绩效考核评价，在岗培训答辩环节视同新员工转正环节。在这个过程中，我们也淘汰了不符合公司及岗位要求的新员工，使公司在对新员工的评价及去留方面有了更多主动权，并严把质量关。

四、新员工项目评估与推广

1. 每日抢鲜报、毕业典礼三合一

新员工项目的评估与推广工作，一直是培训运营的难点。很多培训班选择在培训结束后，进行一次性推广，但传奇班采取了不同的方式。

传奇班从项目启动阶段就已经开启推广工作。从班级通知的发送、领导寄语到邀请内部讲师授课进行培训前的准备工作，传奇班的主形象与口号就持续出现在所有邮件、沟通会和教材上。在训练营中，每日轮值的班长及小组负责人根据自己小组任务和班级任务的情况，安排与审核每日培训播报，并通过公司的邮箱和公众号进行推送。推广工作在毕业典礼阶段达到高潮，每一期传奇班的毕业典礼都是公司领导、各部门负责人、新员工及优秀老员工汇聚一堂、共庆及欢呼的时刻。传奇班毕业典礼之所以能吸引这么多人前来捧场，是因为除了新员工组织和呈现的节目非常"燃炸"，还离不开公司上年度评优表彰、公司十年服务期颁奖典礼合并进行这一设计亮点。这样做既让公司领导、优秀老员工看到了新鲜血液的创造与活力，又让新员工感受到了公司对优秀人才的肯定、对忠诚员工的尊重。

2. 三五年后，他们的职业生涯会发生什么变化

好的人才培养体系能不断为公司输送及培养人才，并持续打造人才蓄水池和供应链。传奇班的新员工在三年后会通过人才盘点与发展项目，进入不同的后备人才池，并匹配相应的个人发展计划和培训项目。他们当中优秀的代表，在五年后有的已经成为部门负责人，有的已经跨部门、跨职级调动至上级单位担任关键职务，有的已经成为大项目中不可或缺的中流砥柱。

入职培训不是目的，它是职场新人在职业成长与发展过程不可或缺的必要帮手，它是为公司供应人才的"永动机"！

第二节　校招新员工项目与社招新员工项目的异同

案例

"没有不可能"训练营

这是一家全球化的清洁能源公司，总部设在北京，在国内多个省份及海外几十个国家和地区设有分支机构。公司的业务模式涵盖技术研发、高端装备制造、组件生产和移动能源应用等产业。自2018年起集团公司开始加速产业布局，扩充产能，招募了大量产业内及社会优质人才的加入。企业大学承担了培养数千名社招新员工的责任。

集团董事长明确指示企业大学要承担起培养社招新员工尤其是中高层管理干部对公司使命、愿景、文化认同和践行的责任。如何在新员工入职培训中突出文化培训的特色和成效，让新员工在培训后换上集团专属的"文化芯"，是企业大学培训项目的重中之重。企业大学团队在综合了公司内外部优质资源及结合高层期望的基础上，设计了为期6天的"没有不可能"训练营，训练营采取了训战结合、高强度输入和输出的集训营方式，圆满完成了集团的培训任务。

我们用培训业务设计画布的方式，为大家复盘一下这个训练营的特色，具体内容如表7-2所示。

表 7-2　培训业务设计画布——"没有不可能"训练营

主要关系	客户选择	产品与服务
• 社招新员工 • 社招新员工中、高级管理干部 • 内部专家及其部门负责人 • 外部培训供应商 • 企业大学食宿基地供应商	• 发起及决策部门：企业大学 • 项目需求方：集团最高决策者及领导班子	（1）项目需求分析 • 最高决策者对新员工的期望 （2）项目设计 • 任务式学习，含培训、参访、爆款产品大赛、价值观演说 （3）项目交付 • 6 天脱产集训营 （4）项目评估与推广 • 一级满意度评估；二级培训考核评估；三级团队任务评估 • 结营感悟分享、公司内刊
重要资源	价值主张	
• 内部课程资源 • 企业大学讲师 • 内部技术路线专家	• 快速让社招新员工装上"文化芯"	

一、社招新员工项目需求分析

随着人才流动的加快，公司吸纳本领域优质人才甚至跨界吸引"千里马"的现象越来越频繁。然而许多公司对社招新员工入职培训的重视程度往往不够，培训的时间在半天到一天不等，内容方面只有新员工的入职指引内容（签署劳动协议、发放办公用品及签署员工手册等）。多数公司默认社会招聘员工已具备良好的职业背景和资历，拥有符合职业及公司要求的岗位能力和经验，是成熟的职业人士，入职培训的目的是快速让他们上手工作而无须更多内容的输入。

培训工作者需要认识到系统、完整的社招新员工入职培训是必需品。一方面，任何一个成熟的职场人士都会带有过往经验和秉承的习惯与价值观。有的个人理念与新公司理念一致，有的不一致甚至截然相反，并且一个人原有的成功经验并不能代表这个人在加入新公司后依然能够在新岗位上创造出同样的价值。所以，这些习惯、价值观、理念的引导和改变都是在社招新员工入职培训时应该完成的。另一方面，任何一个新员工在加入一家公司后，都会经历从陌生到熟悉的过程。集中的入职培训在帮助新员工了解公司情况、建立公司人脉关系等方面，发挥着不可替代的作用。

由于社招新员工项目与校招新员工项目在项目需求分析、项目设计、项目交付、项目评估与推广阶段有很大的相似性。同时，校招新员工项目的创新方法会远多于社招新员工项目；而社招新员工项目的管理难度要远大于校招新员工项目。所以，本节重点介绍两种项目的差异性。

二、社招新员工项目设计

校招新员工是高校的应届毕业生，他们的专业不同，职场的起点却是相同的，培训后都是从初级工作岗位做起。社招新员工是从同行业或者社会上其他公司招募来的，他们带有很强的专业属性、资源属性，具有不同的背景和资历，他们入职的起点是不同的。把不同背景、资历和不同职级的人纳入一个培训班中进行管理是比较复杂的。对培训工作者而言，尤其需要注意社招新员工中中高层管理者的感受与需求，这些中高层管理者对培训班的接受程度及评价，决定了他们日后对培训工作持支持态度还是反对态度。

怎样设计出能够让不同背景、资历的人都能接受的培训项目呢？在培训目标设定上要遵循重点、特色突出的原则；在培训内容上要遵循差异化、少而精的原则；在培训方式上要遵循学员互动大于讲师输入的原则。

三、社招新员工项目交付

校招新员工项目的目标遵循"三入"（入行、入司、入岗）的原则，培训期待结果多以人才培养和保留、胜任工作岗位为主；社招新员工项目的目标更多遵循了解公司、认同文化的原则，培训期待结果多以保留、激励员工融入公司为主。

四、社招新员工项目评估与推广

校招新员工项目培训内容多以行业、公司、岗位知识及技能培养为主；社招新员工项目培训内容多以公司管理、核心业务、文化及工作方式交流为主。在培训方式上，校招新员工项目关注员工对内容的吸收、理解与掌握等环节的设计，而社招新员工项目更注重员工学以致用及新员工间的学习与碰撞，因此在社招新员工项目培训过程中应穿插任务的模拟和价值输出的环节。"没有不可能"训练营设计的爆款产品设计大赛及公司价值观故事演讲环节就是在培训方式上的不同。

第三节 揭开新员工导师制项目的神秘面纱

案 例

越来越多的企业开始配备新员工导师

通过每年对职场新人所做的调查，我们发现职场新员工加入企业后，会经历四个时期，分别是兴奋期、震惊期、调整期和稳定期。

- 兴奋期新员工的心理状态：我要有个新的开始！
- 震惊期新员工的心理状态：这个企业怎么会有这么多的问题？
- 调整期新员工的心理状态：企业领导和部门同事还是关注并支持我的。
- 稳定期新员工一般已经适应了企业的环境和工作氛围，要做出是积极与企业共成长还是消极以应付差事的决定。

研究发现，新员工要完全发挥出自己的生产力所需要的平均时间：文员需要 8 周，专业人士需要 20 周，经理人员需要 26 周以上。而能够帮助新员工顺利度过以上四个时期、发挥出有效生产力的关键人，既不是他们的部门负责人又不是他们的直接上级，而是他们的在岗辅导导师。

听到"导师"这个词，相信大家并不陌生。有的企业称导师为 Mentor，有的企业称导师为 Coach，这两者之间因为定位和功能的不同（Mentor 的职责是帮助员工成长，以学习为导向，使用的方法以具体辅导为主；Coach 的职责是培养和保持绩效，使用的方法以启发被教练者为主），而使用在企业不同的发展阶段和人才发展项目中。现在越来越多的头部企业或者处于快速扩张期、转型期的企业都纷纷建立了新员工导师制，很多企业将新员工导师制项目与培训项目相结合，大大降低了新员工的流失率，缩短了新员工胜任工作岗位的时间。可以说，导师既是新员工成长的领路人又是企业不可或缺的重要角色。

在企业内启动新员工导师制项目的最佳时机是企业面临大规模的新员工

上岗或企业转型需要培养大量高潜质员工、新任经理等关键人才时。培训工作者可以抓住这个时机，通过新员工导师制项目，巩固、训练之前的培训项目成果，并指导员工在工作中持续运用所学进行辅导反馈。真正做到通过培训、辅导帮助员工行为改变，达成业务目标和工作绩效的结果。

下面让我们揭开新员工导师制项目的神秘面纱。运用培训业务设计画布，新员工导师制项目设计如表7-3所示。

表7-3　培训业务设计画布——新员工导师制项目

主要关系	客户选择	产品与服务
• 新员工与导师 • HR与导师、新员工 • 新员工导师与新员工上级	• 导师 • 员工本人	（1）项目需求分析：导师画像 • 学员眼中优秀的导师是什么样子 • 企业眼中优秀的导师是什么样子 （2）项目设计 • 导师制度与机制 • 导师辅导手册 （3）项目交付 • 导师培训 • 新员工在岗培训手册 • 员工转正考核 （4）项目评估与推广 • 导师评估：新员工的转正与留用 • 部门管理者、客户对新员工的评价 • 新员工导师项目传承与终身影响就是最好的口碑
重要资源	**价值主张**	
• 导师的提报与选拔：定标、选拔、培训、认证 • 制度与运营机制：新员工导师制项目制度及导师激励 • 三方会谈	• 导师是带领新员工融入企业和部门的纽带，是降低新员工流失率、缩短新员工胜任工作岗位时间的关键角色 • 导师是校招新员工和社招新员工受益终身的职场榜样与伙伴	

一、新员工导师制项目需求分析

项目目标与成果产出来源于需求调研，尤其是对各利益干系人的调研。新员工导师制项目主要由人力资源部发起，其他利益干系人包括企业高管、导师、新员工上级及新员工本人。他们的需求包括以下几方面。

（1）企业高管及新员工上级的主要需求。他们希望新员工导师制项目可以帮助新员工快速融入企业，了解并适应企业文化，缩短新员工胜任工作岗位的时间，留住优秀的有潜质的新员工。他们还希望通过导师选拔，甄别出有潜力的业务专家，发展其辅导和培养下属的能力，为企业储备管理人才。

（2）导师的主要需求。导师希望自己的能力能够在企业内得到认可和传播，为自己未来走上更高的岗位奠定基础。同时，导师经过系统化地梳理与沉淀自己的思想，并与他人进行碰撞和交流，从而实现相伴成长。

（3）新员工的主要需求。学习到与岗位相关的关键知识和技能，快速胜任工作岗位；融入企业和部门，扩展自己在企业内部的人际网络，有机会接触到高管；获得工作技能和个人职业规划方面的建议和指导。

作为培训工作者，除了要了解项目利益干系人对项目的需求，还要知道在企业和新员工眼中优秀的导师是什么样的，这样有助于我们精准地进行导师画像，选择匹配更合适的导师，以及设计更有针对性的导师任务。

1. 企业眼中优秀导师的特征

- 有辅导的意愿和能力。
- 认同企业的文化。
- 有相关的经历和经验。
- 与新员工保持良好的辅导关系。
- 知道辅导什么。
- 知道如何进行辅导。

2. 新员工眼中优秀导师的特征

- 有专业能力和人格魅力。
- 信任新员工。
- 进行有目的、系统化的辅导。
- 在辅导周期内，经常提问、鼓励并及时给新员工反馈。
- 在人际关系、工作技能和职业规划方面进行辅导。
- 能够与新员工同频。

以上这些主要需求和对导师的特征要求就是项目目标与成果的主要来源。具体目标要根据所掌握的资源情况，以及阶段性的企业需求重点来进行选择。

总之，在需求调研中，首先要满足的是核心客户的需求，即企业高管和新员工上级，这是项目成败的关键；其次在项目设计和实施过程中，要兼顾导师、新员工的诉求，这样可使项目推进更加顺畅。

二、新员工导师制项目设计

要使新员工导师制项目运营良好且落地，新员工导师制项目的制度保障和运营机制是关键。同时，为便于导师在项目中系统性地提供专业辅导和反馈，培训工作者还应该为导师制定新员工职业发展规划，提供导师培训和导师辅导手册等工具，这么做一方面可以体现出培训工作者的专业价值和企业在持续帮助导师成长方面所做出的努力，另一方面可以减轻导师辅导工作的工作量。

1. 新员工导师制项目制度与机制

新员工导师制项目制度一般包括目的、适用范围、导师职责、导师任职条件、导师辅导周期、新员工导师制项目实施流程、导师的激励措施等。

上述制度中，需要培训工作者重点关注的有以下三个方面。

1）导师职责

导师辅导的最终目的是帮助新员工学习和成长。针对新员工，导师的一般职责如下。

（1）向新员工介绍企业环境、部门架构与职能定位、部门同事及相关业务接口人、岗位相关的主要制度和标准、工作流程及其他注意事项等。

（2）根据新员工的岗位工作要求及新员工特性，制订辅导与学习计划，并跟进计划执行情况。

（3）为新员工提供与岗位相关的专业学习资源，对新员工进行态度、工作方法、知识与技能方面的指导，引导新员工遵守企业各项规章制度。

（4）定期、及时与新员工沟通，了解新员工的工作、学习情况，并针对新员工遇到的问题进行有针对性的指导，帮助新员工解决问题。

（5）了解新员工的思想动态、想法、意见，恰当地与新员工进行沟通交流并答疑解惑。

（6）对新员工辅导期的表现进行客观的评价。

综上所述，导师对新员工的辅导职责主要集中在心态、技能、关系三个方面。

2）新员工导师制项目的实施流程

新员工导师制项目的实施流程主要有四个阶段，如表7-4所示。

表7-4 新员工导师制项目的实施流程

序号	阶段	步骤	实施要点	时间	实施人
1	确定导师	安排导师	邮件通知用人部门负责人安排导师	入职前1周	培训主管
		确认导师	根据业务需要安排导师，向导师反馈新员工情况，并将邮件结果反馈给导师本人及培训主管	入职前4天	部门负责人
2	计划制订	制订辅导计划	导师与新员工根据新员工个人情况与部门业务需求，制订实习辅导计划并提交部门负责人签字确认	入职当天	导师、新员工
3	计划实施	实施辅导计划和总结	导师和新员工按照既定计划开展实习工作，新员工根据部门要求在每个工作日写实习日志，每周发送周报，每月上交实习总结	辅导期内	导师、新员工
4	评价	对辅导计划的执行情况做评价	导师对新员工每月的表现进行评价	辅导期内	导师
			新员工每月对导师进行评价		新员工
			人力资源部对整体辅导计划的执行情况进行评价		人力资源部负责人
			企业领导对整体辅导情况进行评价		企业领导

3）导师的激励措施

对导师的激励措施，要物质激励与精神激励相结合，具体包括辅导津贴、年度评优、评选最佳导师、对导师所在部门进行表彰等措施。

2．导师辅导工具表单

导师需要辅导的新员工确定后，培训工作者接下来要对辅导内容进行清晰的规划。培训工作者可以使用典型工作任务分析的方法，对辅导对象岗位所需要完成的岗位职责和工作任务、步骤进行分析，以此明确完成工作任务需要具备的知识、技能和素质，并将其制作为××岗位工作职责及核心任务分布表（见表7-5）；导师根据新员工需要具备的知识、技能和素质制订相应的导师辅导计划，并形成导师辅导计划表（见表7-6）；在对新员工需要具备的知识、技能和素质进行辅导反馈后，最终形成导师辅导报告（见表7-7）。

表7-5 ××岗位工作职责及核心任务分布表

工 作 职 责	关键工作任务	知 识	技 能	素 质

表7-6 导师辅导计划表

导师	导师辅导计划表							
导师	部门：	姓名：	新员工	部门：	姓名：	部门负责人	部门：	姓名：
导师目标								
时间	行动目标			行动计划			详细日期	
申请事项及其他事项								

表 7-7　导师辅导报告

第 1 次			导师辅导报告					
导师	部门：	姓名：	新员工	部门：	姓名：	部门负责人	部门：	姓名：
导师辅导目标			内容及处理结果			以后的推进计划		
与导师月末面谈前，由新员工根据月执行情况自行填写						与导师月末面谈时，由导师和新员工共同填写		
导师辅导结果及意见（导师填写）								
新员工评价导师的指导	非常优秀/优秀/一般/不满意/非常不满意			导师评价新员工的完成情况		非常优秀/优秀/一般/不满意/非常不满意		
新员工签字			年　月　日		导师签字		年　月　日	
部门负责人意见								
			签名：			时间：		
填写说明	《导师辅导报告书》建议每月填写 1 次，由新员工在月底结束 3 天前根据当月工作完成情况进行辅导目标、内容及处理结果的填写，与导师当面进行沟通共同填写以后的推进计划。最后由导师根据面谈情况填写结果及意见，并提交部门负责人填写意见。三方签名后打印纸质版本至人力资源部备案，电子版本同时留存							

三、新员工导师制项目交付

1. 通过仪式确立师徒关系

导师与新员工的第一次会面,要有一定的仪式感。培训工作者可以采取两种方式:一种是集体的见面会,通常适用于校招新员工集中入职培训的情况;另一种是新员工陆续入职,培训工作者通过与导师、新员工三方单独会谈来确立师徒正式关系。

2. 导师与新员工的赋能培训

在导师与新员工确立师徒关系的启动仪式后,培训工作者要做两件事情。

(1)开展新员工导师制项目系统实施说明会。新员工导师制项目系统实施说明会,要针对为什么做新员工导师制项目、什么是新员工导师制项目及如何进行导师辅导进行详细的说明与介绍。过程中可以加入新员工心声与优秀导师现身说法来做背书。

(2)开展导师与新员工赋能培训。在新员工导师制项目实践中,我们会遇到各种各样影响导师辅导效果的情况,有的是导师辅导方式和风格的问题,有的是新员工个性与理解能力的问题。例如,有的导师很强势,对新员工要求较为苛刻,让新员工产生了畏惧心理,影响师徒关系和最终工作产出;有的导师辅导内容随意且跨度大,新员工很难短时间内掌握;有的新员工理解能力差,需要导师有极强的耐心;有的新员工性子比较急,更关注问题解决,而不太关注成长变化等。要解决这些问题,在条件允许的情况下,培训工作者应做好导师与新员工的双向赋能培训。

导师赋能培训主要内容是对辅导的认知、学习及辅导风格、Grow 辅导规划法、六步辅导技术等。

新员工赋能培训主要内容是对辅导的认知、学习及行为风格、Grow 辅导规划法、提问与沟通技术等。

3. 闭环管理

新员工导师制项目一般在新员工试用期内进行,只有将导师辅导成果与绩效考核和新员工转正紧密结合起来,新员工导师制项目才能真正形成闭环。赋予导师对新员工转正的考核评价权,这既是对导师辅导成果的检验又是新员工导师制项目得以持续发展的重要制度保障。

四、新员工导师制项目评估与推广

新员工导师制项目评估可以从效果评价、流程评价、内容评价及组织评价四个方面展开,我们将这些评价的细项总结为评估问题清单,如表 7-8 所示。

表 7-8 新员工导师制项目评估问题清单

评 估 项	问 题	记 录
效果评价	1．新员工导师制项目是否实现了辅导目标	
	2．新员工导师制项目对部门的业绩有哪些影响	
流程评价	1．辅导周期多长	
	2．辅导地点是否符合要求	
	3．是否有辅导所需要的资源	
	4．导师是否做好了辅导的准备	
	5．导师是否按计划使用了辅导材料	
	6．导师是否按计划进行了辅导活动	
	7．导师是否按计划做了辅导记录	
	8．新员工是否提出过问题?具体包括哪些类型的问题	
	9．新员工的练习是否充分	
内容评价	辅导内容是否准确、全面和清晰	
组织评价	1．管理人员是否支持结构化在岗辅导项目	
	2．管理人员是否为辅导的开展提供了足够的资源	
	3．当辅导活动与生产、服务冲突时,是否仍然可以进行	
	4．是否有人际关系矛盾	
	5．导师人数是否充足	

新员工导师制项目是一套系统的、稳定的、可持续的培训项目,它通过选择具体岗位、分析工作任务、开发辅导内容、培养赋能导师、实施在岗训练、评估改善推广这六个完整的步骤,实现了组织隐性知识的显性化,形成了人才培养的标准化。使新员工能够在复杂多变的情景中得到有序的训练,能够缩短新员工胜任工作岗位的时间,培养合格的新员工。

第八章　领导力发展项目案例与操作要点

✏️ 本章要回答的问题

- ◎ 人才梯队建设的步骤是什么？
- ◎ 高潜人才盘点与任用有哪些内容？
- ◎ 高潜人才需要完成的发展任务是什么？
- ◎ 中层领导力发展项目目标有哪些？
- ◎ 中层领导力发展项目设计与交付阶段应考虑哪些关键事项？
- ◎ 如何对中层领导力发展项目进行评估？
- ◎ 高层领导力发展项目的关键环节有哪些？
- ◎ 高层领导力发展项目应注意的事项是什么？

彼得·德鲁克说过："人才决断的能力恐怕是最后剩余不多的可依赖的竞争资源之一，因为擅长此道的企业很少。"在人力市场上，人才争夺战正变得愈加白热化，其压力不仅来自外部市场对人才的争夺，还来自员工对职业发展的诉求不断提高。提前锁定核心人才，并对其采取保留措施成为目前企业人才管理工作的一大需求点。人才梯队建设可以很好地帮助企业应对和解决以上问题。

人才梯队建设在企业内部发挥的作用主要表现在以下三个方面。

（1）候补人才，防止岗位人才缺失。多发生在人力流动率较高、有较多核心岗位空缺时。

（2）建立战略型储备人才库。主要用于企业出现人才断层和面临战略转型需要大批量储备人才时。

（3）雇主品牌建设。吸引人才加盟，实现员工职业发展。

第八章　领导力发展项目案例与操作要点

建立人才梯队要从系统性人力资源规划开始，人力资源整体规划如图 8-1 所示。

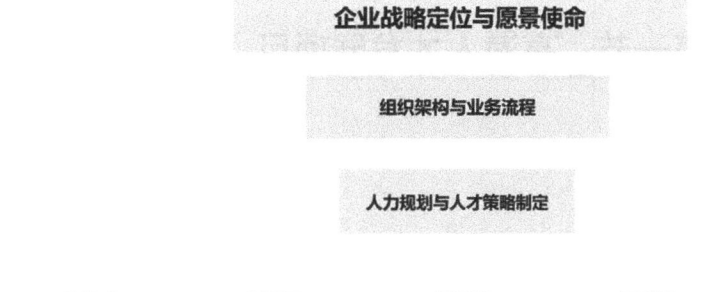

```
            企业战略定位与愿景使命
                    │
            组织架构与业务流程
                    │
            人力规划与人才策略制定
                    │
   ┌────────┬────────┬────────┬────────┬────────┐
招聘与配置  培训与发展  绩效管理  晋升任用  人才梯队
① 人力需求数量  ① 专业能力差距培养  ① 绩效差距  ① 岗位职级建设  ① 组织需求盘点
② 人力需求标准  ② 职业发展规划    ② 绩效辅导  ② 用人制度与文化  ② 人才盘点
③ 获取策略建议  ③ 企业文化轮训    ③ 优胜劣汰  ③ 晋升制度     ③ 人才梯队发展计划
```

图 8-1　人力资源整体规划

不同于传统的人力资源六模块职能，新的人才管理职能要求人力资源部门用发展的眼光来制定人才策略，人才梯队建设只有在人力资源规划体系中占有一席之地，才能够充分发挥出它的整合职能与价值。有的企业已将人才梯队建设职能划归为干部管理部门或组织发展部门。

人才梯队建设有五个步骤，分别是阐明梯队建设的角色、明确关键岗位和主要职位、建立人才标准、测评与人才盘点、制订人才行动计划。同时在实践中人才梯队建设需要有层次和区分度，涵盖高潜、中层、高层后备、高层等不同层级。人才梯队建设最重要的职责就是帮助企业识别和盘点出不同层级的人才现状，设计个性化人才发展手段，并配置相应的人才管理晋升和留用机制，来确保此项工作能够对企业产出充沛、高质量的人才，促进企业发展。

本章将重点介绍高潜人才发展项目、中层领导力发展项目、高层领导力发展项目三个不同层级的项目案例与操作要点。

第一节　高潜人才发展项目

■ 案 例

CEO 眼中 HR 部门最有价值的产出

这是一个非常关注人才发展的 CEO，他强调 HR 部门年度关键工作任务是，公司内能够有效实现组织转型目标的各级管理者数量有多少？质量如何？如何降低公司近年来居高不下的核心人才离职率？如何保留关键岗位核心人才？

2018 年年初，当这些事项全部出现在 HR 部门负责人 Wendy 的年度关键工作任务中时，她意识到组织转型过程中最棘手的问题已经显现，渐进式温和的变革策略已不能满足公司当前及未来发展的需要，HR 部门迫切需要采取组织诊断及系统性方法，配合强有力的变革措施来帮助公司完成转型。

在与集团 HR 分管领导、CEO 充分交流后，Wendy 带领部门成员结合公司转型需要，深度分析各分公司和事业部门近年经营计划与业务指标等各项数据，并在总部战略部门的支持与帮助下，分析支撑战略目标达成的关键任务，结合当前管理者最急缺的核心能力，整理出公司转型期领导能力素质模型，设计出一系列人力资源变革方案。

其中由培训部门牵头开启了核心人才梯队建设项目（KeyTalent 项目，简称 KT 项目），包括全集团人才盘点与高潜人才领导力开发两部分内容。这一项目史无前例地囊括了集团全体成员，并最终在全集团推出人才跨部门调动及任用机制，使核心人才的任用从各分公司、各事业部门统一至集团总部进行人才管理和调配，解决了优秀管理者、关键岗位核心人才因无法被准确识别、没有晋升空间造成的高离职率等问题。

KT 项目中，Wendy 通过人力资源数据分析发现：截至 2018 年 7 月，集团整体离职率达到 13.5%。而其中，骨干员工占了 35%。校招毕业生在 3~5

年处于离职高峰期，社招员工在入职半年内离职率严重。员工离职的主要原因是"职业发展"。

核心人才保留问题已经浮出水面，而分析背后的原因会发现，解决此问题不仅需要对核心人才进行激励与保留，还需要创造员工职业发展与公司内部人才晋升与发展的机会，不断提升管理者的团队领导能力，并建设人才梯队。随后，根据整体项目目标和结合组织未来发展的需要，Wendy 在集团内部开展了分层级的人才标准建立和人才盘点工作。包括面向全员的潜力测评与盘点，面向中基层管理者的领导力建模、测评与盘点，以明确各层级的高潜人才在哪里、他们需要怎样的发展路径、公司又将如何帮助他们实现职业规划和发展等问题。

在实施此次 KT 项目后，该公司不但在人才准备度上取得了显著成效，而且各级管理者通过在人才盘点项目中的培训，提升了自身在工作中培养下属、建设人才梯队等方面的管理能力。KT 项目为 HR 部门赢得了口碑，成为 CEO 眼中 HR 部门当年最有价值的产出成果。

下面让我们用培训业务设计画布为大家拆解 KT 项目，看看培训部门做对了什么，以及如何将人才梯队建设与高潜人才发展项目相结合，进行一体化思考，如表 8-1 所示。

表 8-1 培训业务设计画布——KT 项目

主要关系	客户选择	产品与服务
• 集团全体员工 • 人才池内核心人才 • 核心人才上级及部门负责人 • 外部测评及培训供应商 • 年度会议及场地供应商	• 发起人：公司高层决策者及 HR 部门管理者 • 项目核心参与方：各分公司、各事业部门负责人	（1）项目需求分析 项目诊断、人才能力盘点 （2）项目设计 领导力素质模型开发、高潜人才标准建立及人才盘点 （3）项目交付 集团战略解码研讨会、中层管理者人才管理培训、集团各公司及事业部门人才盘点会、人才库、高潜人才 IDP 计划 （4）项目评估与推广 • 一级满意度评估；二级培训考核评估；三级行为及应用评估；四级组织影响评估
重要资源	**价值主张**	
• 项目预算 • 人才测评系统资源 • 集团各级管理者	• 一把手工程，年度 HR 关键任务 • 盘点各级管理者领导能力及潜力	

续表

	• 保留与发展公司内关键岗位核心人才	• 公司全体员工通过参与项目而实时关注项目进展，启动会、盘点会、培训会，凡是培训或会议必有相应宣传和结果公示 • 项目结项汇报与年度专刊推广

KT 项目是一个综合性的人才发展培养项目，周期需要根据人员准备的时间长短来定，通常为 18~24 个月。过程中可能会出现人员异动及不适岗的情况，建议对人才库进行有进有出的动态调整；也可能会出现人员准备就位而没有晋升空间的情况，建议培训工作者初期对发展项目的目的进行澄清并降低期望值。KT 项目不能简单定义为培训，其发展手段具有多样性，因为周期长，需要分步骤地进行阶段性设计和回顾，需要用人部门和 HR 部门协同进行整体设计以符合项目发展需要。

KT 项目应确定好相关各方的权责，主要利益干系人是用人部门负责人及高潜人才。为保证 KT 项目的有效性，培训工作者需要从组织视角和高潜人才视角来进行项目设计。KT 项目管理分为五个方面，前四个方面是组织视角要完成的发展工作，第五个方面是高潜人才视角要完成的发展工作。

一、确定需求与建立高潜人才标准

1. 确定目标岗位和角色

首先，应结合组织近期、中期、远期的业务发展需求，考虑未来的市场环境变化和组织转型需要，明确组织未来所需的关键人才和岗位；其次，要分析组织人才现状，找出主要的人才空缺岗位和能力短板，从而明确项目培训的目标岗位，以及目标岗位未来所需要承担的角色。

KT 项目的目标岗位包括了总监后备和团队负责人后备两个群体。

2. 确定每个角色的目的、需求及挑战

对于目标岗位的目的和需求分析一般从三个方面的问题进行：填补这些岗位需要什么样的领导者？他们会面临何种挑战？为应对这些挑战，他们需要做出哪

些行为？培训工作者通过回答这三个方面的问题，来明确目标岗位的主要行为特征、主要挑战和具体需求，为梳理能力标准和客户画像做好准备。

3. 建立目标岗位的领导力标准

建立领导力标准一般需要考虑三个方面：第一是领导力素质模型参考词典，领导力模型的通用性和外部最佳实践可借鉴性一般较强；第二是树立内部优秀标杆，找到内部优秀管理者的素质特征；第三是面向未来，分析企业未来的发展方向和特征，对未来的管理者有哪些需求。通过分析这三个方面，综合形成高潜人才素质模型。

具体来讲，培训工作者要根据企业的情况，在建模中需要有不同的侧重点。根据战略发展目标、业务访谈及岗位资料，梳理目标岗位层级领导者的角色定位，确定完成该角色的典型工作任务，并进行相关行为描述，从中提炼出领导力标准。

KT 项目中，Wendy 购买成熟咨询公司的领导力素质模型参考词典，并结合角色建模，与相关层级的管理者研究组织未来发展需要和当前普遍欠缺的领导能力项，共同梳理出高潜领导力模型。该模型包含四项核心素质、十二项典型行为项，并配有相关行为指南及发展建议。

二、高潜人才盘点与任用

1. 高潜人才盘点

高潜人才盘点维度分为能力、潜力、绩效和准备度。

- 能力。关于能力的定义千差万别，有人认为能力是由知识、技能与态度组成的，也有人认为能力包括知识、技能、态度与其他能够为生产力带来成果的要素。在人才管理中使用的能力定义倾向于后者。
- 潜力。潜力是指一个人在组织内能够显著发展到更高级别的可能性。一般而言，高潜力的人能够胜任比自己所在岗位高 2 级以上的岗位。
- 绩效。绩效是指个体在当前或者过去成功达成目标的水平，由一系列行为和结果构成。
- 准备度。准备度是指发展对象的能力、知识、经验与目标岗位匹配的程度。总监储备人才，在总监的下一层级中产生，主要评估其担任总监职位的领导能力差距、潜力及准备度；团队负责人储备人才，在骨干员工中产生，主要评估其领导潜力及准备度。

领导能力差距可以与领导力模型进行对标，根据行为标准采用 360° 评估的方式进行测评。

潜力通常使用综合潜力测评工具，如动机测试、认知测试、学习敏锐度、领导特征等。

准备度是描述被评估者距上一个岗位职级的关键经验还需要多长时间才能达到，一般用时间长短来代表评估结果。

结构化人才盘点，目前以召开人才盘点会议为主要方式。盘点结果一般以四宫格或九宫格的形式呈现，但无论是四宫格还是九宫格，在高潜力人才盘点中使用的相交维度一般选择绩效维度和潜力维度。横轴是绩效维度，纵轴是潜力维度，构建出九宫格，其中 7、8、9 号位置的人才一般被组织认定为高潜人才，如表 8-2 所示。

表 8-2 高潜人才盘点九宫格

潜力				
	高潜	4. 在当前岗位上还没有表现出应有的绩效水平，但是具有较高潜力	7. 将来有能力晋升，但首先应该在岗位上做得更加出色	9. 当前具备晋升能力，可以做出更大贡献
	中潜	2. 有些方面有专长，有些方面表现不佳，需要努力提升当前绩效水平	5. 有可能在目前的层级承担更多的责任，但当前应该努力达到优秀绩效	8. 有能力在目前的岗位上承担更多责任，做出更大贡献
	低潜	1. 在自愿、稳妥、有能力的基础上必须帮助其提高绩效达标，否则需要安排一个新工作岗位或者寻找其他工作	3. 需要往更优秀的绩效方向努力	6. 有能力在同一岗位上高效工作
		有所贡献	合格	优秀
		绩效		

2. 任用

人才盘点的结果一般作为培养发展和人才管理的依据。培养发展部分由培训部门据此设计培养项目并实施，人才管理部分由 HR 部门或干部管理部门进行继任与晋升等配套管理工作。处于高绩效、高潜力位置 9 号位的人才应尽快予以晋升和合理任用，处于 7 和 8 号位的人才也属于高潜人才，应在目前岗位上承担更大职责，在做出更大贡献后予以晋升，处于 2 号、4 号、5 号位的人才通常要识别制约他们绩效发挥的因素，给予相应的调整或者培训。

三、加速高潜人才领导力发展

在盘点结束后，我们应结合不同梯队搭建阶段和目标，采取相应的接替计划或相应的高潜人才池发展计划。高潜人才池的发展方式一般包括以下几类。

1. 高潜人才个人发展计划

个人发展计划（IDP）是基于个人盘点结果，聚焦成长方向和目标岗位，帮助个体个性化成长与发展的一种计划。它能够有效帮助个人聚焦目标、明确路径、管理过程，帮助个人设计更加有针对性的学习、成长和行动计划，并辅以导师或教练，过程中给予纠偏、反馈与支持，最后实现职业发展目标。其中的具体内容包括近期和远期发展目标、精心定制的短期与长期发展规划、监控并提供定期的进度反馈、回顾并更新发展规划等内容。

高潜人才 IDP 模板如表 8-3 所示。

表 8-3　高潜人才 IDP 模板

一、本《个人发展计划表》是帮助您规划未来两年职业生涯发展，设定职业发展手段和能力提升的工具。							
二、请您参考自己的 360°反馈、潜力测评结果、盘点会议反馈等关键信息，梳理自己发展的方向，并依此设定职业发展的综合手段，完成自己的计划草案，然后主动和上级面谈，并形成计划终稿。							
三、本《个人发展计划表》制定之后需要进行周期性的设定，进行频率：每季度由上级和员工本人回顾并更新一次。							
个人基本信息							
姓名		部门		学历		性别	
直线上级		入职时间		现任职位		该职位任职时间	

续表

职业发展方向			
未来1~2年的发展方向			
是否愿意调任异地（请点击选择）		首选地区	如选择愿意调任异地方填写
^		不考虑地区	如选择愿意调任异地方填写
优势项概览			
待发展项概览			
列出您要着重发展并与您的职业发展直接相关的三项待发展项，包括知识、技能、能力、经验等。可参考领导力模型进行选择			
三项待发展项			
人才培养，向员工传授有效经验：有意识地组织内部进行经验分享。当员工接到难以胜任的工作时，亲自或指派有经验的员工给予详细指导，使员工掌握完成某项任务的具体方法			
支持他人：了解相关团队的工作职责、流程和目标，并提供力所能及的支持			
双方沟通确认的发展计划（示例）			
待发展项	人才培养，向员工传授有效经验：有意识地组织内部进行经验分享。当员工在接到难以胜任的工作时，亲自或指派有经验的人员给予详细指导，使员工掌握完成某项任务的具体方法	计划期限	3个月
任务	行动计划（请按SMART原则描述）	发展方式	起止时间	所需支持
提升团队成员专业能力	提升小X的XX专业能力的人员，制订对其专业提升的计划并进行指导，当辅导周期完成后，通过XX方式校验小X该专业技能提升的情况	在岗实践	2018/7—2018/10	无
提升团队成员专业能力	每月组织团队进行专题研讨和分享，每月由团队成员轮流担任主讲人，分享和研讨的主题由团队成员跟进目前业务需求，集体决议	在岗实践	2018/6—2018/10	无

续表

待发展项	大局观，支持他人：了解相关团队的工作职责、流程和目标，并提供力所能及的支持	计划期限	3个月	
任务	行动计划（请按SMART原则描述）	发展方式	起止时间	所需支持
参加相关项目	参加XX跨部门项目，主动分享对其他团队有利的信息，主动解决上下游流程过程中出现的问题。并撰写回顾，回顾在500字左右即可	项目历练	不确定，跟进实际情况	上级提供机会
参加相关项目	参加完XX项目后，作为该项目成员为团队分享收获和经验	项目历练		
说明	1.本《个人发展计划》主要目的是有针对性地给予员工支持，以帮助提升员工能力和员工的综合素质 2．员工个人的职业发展将取决于，本人是否愿意长期在公司工作、在发展过程中的实际能力提升情况、发展期间的实际工作业绩，以及未来岗位的空缺情况等			
直接上级签字确认		日期	员工签字确认	日期
虚线上级签字确认		日期	对应人力资源负责人签字确认	日期

2．系统性学习发展项目及任务

系统性学习发展项目及任务，主要包括在岗学习、集中学习、工作任务、专项任务、辅导反馈计划、轮岗及关键体验等。系统性学习发展项目及任务示例，如表8-4所示。

表 8-4 系统性学习发展项目及任务示例

发展方式	0~6 个月	6~12 个月	12~18 个月	项目评估和验收
在岗学习与实践（70%）	在岗位中担任新员工的指导人		在工作坊中担任同伴教练	评估本次高潜人才发展计划的目的是否达到（如高潜人才准备度；高潜人才晋升率；高潜人才保留率） 纵向发展手段主要用于提升高潜人才的行动逻辑（心智模式），可以通过问卷调研的方式得以评估 横向发展手段主要用于提升高潜人才的知识和技能水平，可以通过课堂考核、在岗观察、360°测评等方式评估
	给予轮岗机会，完成有挑战性的工作任务，勇于积极进取（增加项目历练；担任自身不熟悉事务的推动者；担任一个跨部门项目的领导者）			
	中欧新任管理者课程		销售课程	
在岗辅导和反馈（20%）	IDP 发展计划			
	局级管理者在岗辅导	群体教练/行动学习： 团队管理 Workshop 业务发展 Workshop	高绩效团队教练	
课堂学习（10%）	管理:MTP 基础课程（完成角色转换，了解管理方式和运用管理手段）	管理：团队管理（情境领导力、绩效辅导反馈、如何管理销售团队）	管理：打造高绩效团队（团队有效性测评、4D 卓越团队）	
	业务：项目管理基础课程（从岗位能手到管理项目）	业务：服务与营销客户（客户关系开发、B to B 销售）	业务：精通项目管理、为客户创造高价值的项目策划（复杂项目操作及为客户创造高价值回报）	

3. 持续建立学习环境及学习文化

在组织中，高潜人才应成为组织内其他员工比学赶超的对象，组织不仅要为高潜人才创造条件和机会，还要为所有员工的学习和发展提供相应的条件和资源。高潜人才的成功不仅需要组织的认可、奖励和培养，还需要组织在赋予他们更大的职责和挑战性任务时，给予他们成长的时间，要有足够的耐心，组织也要能接受风险和失败。

高潜人才是大家学习的目标，同时浓厚的学习氛围又会反过来促进高潜人才的成长和发展，会让他们更有意识地跑在前面，收获更加出色的学习成果与实践结果。在构建学习文化上，通常包括更多的表彰和成长成果展现；为高潜人才提供分享与展示的平台，有意识地让他们做经验萃取与传播工作；让他们参与更多的挑战性任务，积累经验的同时增加其面对难题的信心；设计导师制度，让高潜人才能够与比自己高2~3级的管理者有对话和学习交流的机会；等等。

总之，组织不仅需要为高潜人才提供平台，还需要营造浓厚的学习氛围，让高潜人才的学习、实践、行动与实际工作结合起来，得到实战的成果与反馈，从而真正让高潜人才在培养结束后，能够胜任目标管理岗位。

四、支持高潜人才的角色转变

为了帮助高潜人才在发展过程中循序渐进地完成角色转换，还需要组织持续性、分阶段地对他们进行评估与反馈，帮助他们自然地完成转变与蜕变。具体包括以下几方面。

- 阶段性评估相关角色的准备度与适合度。将个人发展计划回顾与季度、半年、年度绩效考核相结合。
- 如有合适岗位空缺，要确保组织与招聘主管了解可用人选，确保高潜人才了解空缺岗位。
- 支持转变并动态调整人才标准，以适应组织最新的需求状态。当组织需求发生变更时，高潜人才标准和高潜人才池应保持动态的调整。

五、高潜人才的自我认知提升

当我们从组织视角分析完高潜人才发展项目的主要工作后，还需要转换视角，从高潜人才视角出发，对他们身上重要的职责与任务进行规划和设计。高潜人才需要完成的发展任务主要包括以下四个方面。

1. 规划和评估高潜人才职业发展

1）认清目标、价值观及方向

- 对高潜人才而言，工作中最重要、最有意义的是什么？

- 高潜人才有哪些短期与长期职业目标？
- 日常生活中高潜人才看重什么？这些对高潜人才的职业生涯有何影响？

2）评估能力与发展需求
- 高潜人才有何优势，如何充分利用优势？
- 高潜人才有何劣势，如何减小劣势的影响？

3）评估职业机会与选择
- 高潜人才可于何处发现或创造机会实现自身目标？
- 要在组织中获得成功，高潜人才需要有何行动？

以上问题是高潜人才在进入发展项目时，需要回答的问题，也是自我发展的思考框架。这些问题的答案，是高潜人才开展其他活动的基础，是完成高潜人才发展项目的重要环节。

2. 激发高潜人才的动力

很多组织在进行人才盘点后，对高潜人才的期望和安排会采取告知与不告知两种不同的处理方式。对高潜人才发展项目而言，告知组织对高潜人才的期望和安排利大于弊。这可以使高潜人才在了解组织对其期望和安排的同时，评估自身会得到的有利条件及为进入高潜人才发展项目中所要付出的时间与精力。

所以，我们建议提前告知高潜人才人才盘点的结果，以激发高潜人才的动力，让他们为参与高潜人才发展项目做好充分的心理、身体、时间等准备。

3. 保持敏而好学的状态

高潜人才进入项目后，要保持好奇心，并放下自我防卫与自大的心理。尤其对领导力发展项目而言，领导力的培养和发展会出现初期的不适应、原有的技能和绩效可能存在下滑的情况，这时用更加开放和坚定的眼光来看待自身，保持学习和克服自身存在的障碍非常重要。

除此之外，还要设定自己的规划策略，自主发展学习策略与技能，积极参与每一次的培训，并在挑战性任务中积极投入，才能为未来担任更高领导者角色做好准备。

4. 适应新角色

高潜人才经过系统的培养后,组织内任职的机会通常会随之出现,这时高潜人才需要评估任职建议并决定是否接受该职位。可以参考的评估内容有三个方面。
- 认清该角色的期望、职责范围与目标。
- 清楚该职位应有什么样的绩效成果与贡献。
- 清楚自身与职位的匹配度如何,是否还存在差距。

在接受新的职位后,高潜人才还将面临新职位的适应期,也将面临来自业务、领导力、组织关系及个人方面的新挑战。优秀的企业会在这一阶段为高潜人才的新角色指定一名高级别管理者做导师,以帮助高潜人才顺利过渡,适应新角色,发挥更大价值,巩固高潜人才发展项目的成果。

总之,在高潜人才的发展过程中,自我清晰的认知和心态非常重要,作为项目推动者或者导师,要从以上四个方面对高潜人才进行提醒和辅导,帮助他们顺利完成从高潜人才发展到胜任新岗位的过程。

第二节 中层领导力发展项目

案例

昨日"常青藤",今日巨无霸

这是一家平台型的创业公司(简称 TM 公司),在成立的第二年,创始人将培训放入了公司前十个必打之战役中。这一年外部市场正在进行千团大战,而这家公司却反其道而行之,默默地修炼"内功"。创始人带领创始团队成员及下一层级的管理者,开启了中层管理者"常青藤"中层领导力发展项目。

"常青藤"中层领导力发展项目起源于创始人对自己前两次创业失败归因的深刻认知,起源于他对公司高速发展下管理现状的不满,起源于他对公司重要"腰部"力量的期望和托付。"一个公司不管发展多快，管理都没有捷径，所以我们要有持之以恒的精神来做这件事。"参加"常青藤"中层领导力发展项目的管理者每期有 30 人，在为期 6 个月的培训项目执行中，要经历培训报名筛选、管理能力测评、培训调研、课前作业、课程实施、课后作业及管理实践应用、回炉交流、综合评价等完整的培训环节。

"常青藤"中层领导力发展项目以极高标准来设定培训目标并严格执行。培训项目期间，每次课程的出勤纪律、课后作业及管理实践应用等环节均进行追踪并实时通报，未完成者将主动贡献班级经费；为帮助参训管理者更好地内化培训成果为己用，每次培训结束后，公司要求每个管理者就自己所学内容进行团队内部分享，成效显著的主讲人可以在公司平台上向其他部门分享；每次培训结束后的回炉交流环节，创始人及高管团队成员会现身聆听学员收获，点评实操案例，进行管理辅导；在年度的管理能力评价中，培训结果不理想的管理者或缺课学员还可以继续选择参加下一期"常青藤"中层领导力发展项目。

如今已经发展成为业界巨无霸的 TM 公司，迎来了第一个十年司庆。在互联网+大学的管理学院课程体系中，面向中层管理者的"常青藤"中层领导力发展项目已按照领导梯队的理念进化为新树中层领导力发展项目、成荫中层领导力发展项目、繁盛中层领导力发展项目等。

为公司的当前及未来培养合格的领导者，对任何公司而言都是最有价值和必需的投资。作为培训工作者，领导力发展项目（Leadership Development Program, LDP）是培训体系规划和日常运营中必不可少的培训项目。如何构建一套适合自己公司的 LDP 或更新完善组织已有的 LDP，需要我们掌握完整的流程、工具和方法。

让我们用培训业务设计画布为大家介绍一下"常青藤"中层领导力发展项目，如表 8-5 所示。

表 8-5　培训业务设计画布——"常青藤"中层领导力发展项目

主要关系	客户选择	产品与服务
• 中层管理者自己、上级、下级 • 外部培训供应商 • 培训场地提供方	• 发起人：公司创始人、高管 • 项目核心参与方：创始团队成员及全体部门负责人	（1）项目需求分析 初筛参训管理者、入围学员管理能力测评 （2）项目设计 根据测评及访谈结果设计课程内容、项目组搭建及运营要求 （3）项目交付
重要资源	价值主张	三阶段十模块课程培训、三次管理回炉交流、一次以上培训赋能他人 （4）项目评估与推广
• 外部课程、讲师资源 • HR 培训组	• 培养和保留优秀管理者 • 学习管理基本功，日日精进，不断实践，持之以恒	• 一级反应评估；二级学习评估；三级行为及应用评估；四级业务影响评估；五级 ROI 投入产出评估 • 项目全程通过公司内刊同步信息、优秀学习心得发表、多次培训赋能他人

领导力发展项目要成功实施，需要有合适的土壤和公司文化做保障，需要回答好三个问题：培养领导者对公司而言意味着什么？培养领导者是谁的责任？公司文化是如何支持并培养领导者的？在与项目发起者的互动中，以上三个问题是培训工作者先要梳理好和提前确定的。

一般而言，公司最高决策者对优秀领导者的渴求是有增无减的，对目前正在担任管理岗位的领导者的领导能力与实际需求之间的差距往往有清晰的认知。他们深知培养领导者不仅是一个培训项目，还是一个驱动业务战略达成的重要因素，如果领导者的能力不足或不能满足公司未来发展的需要，公司实现战略目标将面临巨大阻碍。

他们也知道公司未来的优秀领导者从外部招募不是最好的选择，而失去一个优秀领导者对公司而言付出的代价是巨大的，根据美国人力资源管理协会研究，高管及部门负责人离职成本是一年工资的 400%。优秀的 CEO 会把培养未来领导者看作自己最重要的职责，这项工作是别人取代不了的。同时高管也肩负培养未来领导者的重要职责，他们应成为 LDP 项目的发起人、赞助人。

对公司而言，培养领导人不是一蹴而就的，需要耐心、细心和长期坚持。要做好领导力发展项目，高管要在以下几个方面达成共识。

- 高管要以身作则，具有培养人、发展人的心态，充分鼓励他人发挥能力和全部潜力；
- 具有全方位的学习发展视角，认识到领导力的发展不仅包括学习，还包括在工作中的辅导、反思及历练等发展手段；
- 领导力可以被培养和发展，要遵循系统性、长期性及一致性原则。

通过培养领导人，建立适应公司发展需要的领导力标准和价值观，并将它应用到后续领导人的招募、录用、绩效管理和继任计划中，这些管理手段的实施与组织管理理念及组织文化密不可分，是领导力发展项目得以成功的重要保障。

下面就通过"常青藤"中层领导力发展项目介绍一下领导力发展项目设计的关键点。

一、中层领导力发展项目需求分析

"常青藤"中层领导人发展项目是从0开始搭建的TM公司领导力培训体系。在设立之初，它以培养和保留优秀管理者为主要目的，以学习相应管理及领导技能并在工作中加以运用为基本目标，通过管理技能测评确定管理者的能力差距，并以此设计培训内容和相应的领导力发展任务。

清晰且可衡量的项目目标会让培训评估和价值产出变得更加容易。但在现实中，作为项目发起人的高管往往未必能够准确地表达目标，这时培训工作者可以使用结构化的思路和目标清单，与高管澄清项目期望与目标。中层领导力发展项目目标一般可以分为两类。

（1）过程性目标。主要指项目操作过程中的一些关键事项目标或过程性指标，有定性，也有定量，包括选拔标准及数量、课程方向及维度、项目宣传成效衡量、个人发展计划实施程度等。

（2）结果性目标。主要指项目结束后的结果和产出性指标，通常是可量化的。例如，项目任务进度90%在项目周期内完成，培训内容考核100%达标，领导力个人发展计划中90%应用培训技能达成实际管理任务并取得成效，领导能力前后评估达到30%以上变化和提升，公司内部可提拔领导人才储备率达到80%等。

中层领导力发展项目价值评估与项目目标设定直接相关。如果项目目标最初设定为培养和保留优秀领导人才，那么评估标准之一就是看有多少优秀领导人才被培养和保留，在公司内部领导岗位晋升中占了多少比例。在项目目标设定的初期就设定项目评估标准和价值产出，并以此为基准进行项目筹备是领导力发展项目取得成功的关键。

进行领导力发展项目价值评估标准设计时，要考虑以下问题：谁会使用这些评估信息？使用目的是什么？谁将收到这些评估信息，以什么方式，多长时间一次？这些评估信息能够强化哪些行为或产生哪些结果？这些评估信息如何支持领导力发展项目未来的发展？这些评估信息与公司内其他人力资源流程如何进行关联和应用？

具体到实践应用中，培训工作者可以建立一个五级评估信息收集计划表，如表 8-6 所示。

表 8-6　五级评估信息收集计划表

层级	项目目标	测评标准	数据来源	数据收集时间	责任人
一级 反应评估	对领导力发展项目整体、内容、组织管理的满意度；学员的出勤率、课堂参与度、任务完成度	8.5 分以上（10 分制）	满意度调研签到表、讲师结项反馈	课程结束 项目结束	培训经理
二级 学习评估	课程学习内容的掌握程度；课堂领导技能演练效果 培训后学习心得完成情况	8 分以上（10 分制）	课程考试 问卷调研	课程结束 项目结束	培训经理
三级 行为及应用评估	在工作中应用领导技能，如做绩效面谈 在个人领导力发展计划中设计应用场景及项目	绩效辅导反馈 8 分以上（10 分制） 领导力发展计划完成情况及绩效结果	绩效面谈 下属反馈 上级对领导力发展任务评价	半年跟进期	培训经理

续表

层级	项目目标	测评标准	数据来源	数据收集时间	责任人
四级 业务影响评估	参与项目优秀管理者保留率 可晋升管理者支持战略达成 吸引优秀管理者加入	保留百分比	HR	半年内	HR、培训经理
		晋升准备度	HR	半年内	
		培养预期人数管理者	高管	每年	
		合格的候选人	HR	每月	
五级 ROI 投入产出评估	20%投资回报率	(货币收益-项目总成本)/项目总成本	多种	每年	培训经理

二、中层领导力发展项目设计与交付

"常青藤"中层领导力发展项目在项目设计和项目交付方面，有三个主要的特色与亮点：一是项目内容设计与领导能力差距密切相关，并加大了领导能力弱项的培训比重；二是将领导能力培养与发展在项目中做了有效的整合与统一；三是高管既是项目发起人，又是项目赞助人，保证了项目运营在高强度、高密度的发展模式下有序组织，最终实现高质量产出。

项目设计时，公司并没有成熟的领导力素材模型参考词典，所以项目组在与高管进行需求沟通和访谈后，结合成熟的领导力素质模型参考词典，设计了十项管理能力测评问卷，包括目标管理、任务分配、沟通技巧、信息发布、员工关系、员工激励、员工辅导、任务跟进与监督、推动部门发展、跨部门沟通。通过参训者自己及下属在十个维度、六十六个管理行为上的打分，确定个人领导能力雷达图及整体领导能力雷达图。在与部分参训学员的上级及参训学员进行面谈沟通后，确定了十个培训模块的内容设计，分为管理基础、管理流程、打造高绩效团队三大主题。

"常青藤"中层领导力发展项目全流程包括全模块管理能力培训、领导力个人发展计划、工作中实践应用、高管参与回炉交流、管理者赋能培训等混合式学习发展的手段和方式。通过科学合理的培训内容设计，运用多种手段有效保证学员从知识、技能学习到在实际工作中应用管理技能，实现管理行为的改变。

最后，高管亲自参与项目的学习、领导力个人发展计划及回炉交流中，也保证了项目的高优先级及参训学员的重视度与参与度。这使公司在连续的培养周期内形成了浓烈的学习与交流氛围，后续的管理者赋能培训更是让参加培训的各部门成员看到了自己领导力的积极改变。

从"常青藤"中层领导力发展项目中，我们可以看到优秀的中层领导力发展项目设计与项目交付阶段应考虑以下几个关键事项。

1. 领导者胜任能力模型

胜任能力是按照工作绩效标准完成工作职责所必需的一系列工作技能、社会技能和分析技能的组合。领导者胜任能力在不同的公司及公司发展的不同阶段有所不同，项目设计时需要关注哪些胜任能力对公司的现在和未来而言是最重要的，最迫切需要提升的。如果公司经费充足，有开放的公司文化并得到高管的全力支持，培训工作者可以邀请咨询公司帮助建立；如果公司经费有限，公司环境不足以支持引入咨询公司，培训工作者可以参考知名公司的领导力素质模型参考词典，结合公司实际情况选出公司最需要和最缺失的能力素质项，进行快速建模。

2. 培训与发展密不可分

领导力是受先天性格因素和成长环境的影响，同时可以通过后天持续有效培养并形成的能力，它不是靠单一的参加完培训就能获得的。领导力不只是了解和知道相应的领导者特质和领导者行为，更重要的是要将它们扎根工作及管理实践，并不断进行强化与操练，达到行为固化、迁移到多种场景、灵活调用的状态。

这就要求领导力发展项目设计者在项目设计时采用有助于该领导能力发展的多种方式和手段。这些方式和手段包括领导能力测评、360°反馈、内外部课程学习、领导力评鉴与发展中心、挑战性工作任务、高管的参与与辅导、内外部教练、外部发展机会、个人领导力发展计划等。通常可以将其总结为领导力发展的三条线，如图8-2所示。

战略视角的培训管理全景图

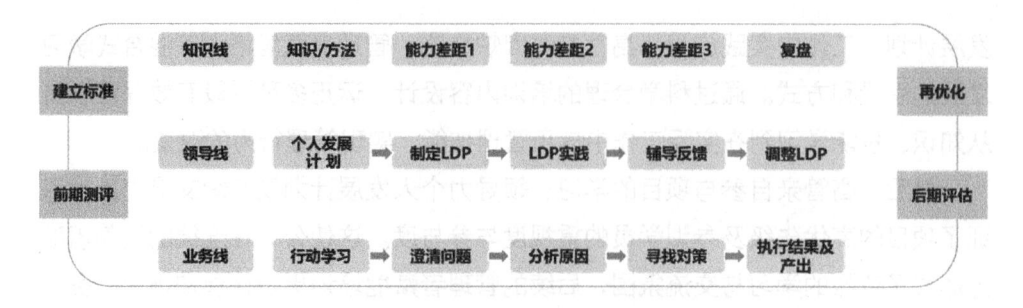

图 8-2　领导力发展的三条线

3. 高管参与必不可少

中层领导力发展项目一般到了项目交付阶段会邀请高管参与，常规做法是在项目开始时请高管做一个动员讲话，在结束后听取汇报，其实一个优秀的领导力发展项目不止于此。保持与高管的互动和沟通，培训工作者除了按照项目进度进行正式的沟通与汇报，如果能够提供更多让高管参与项目的机会，或提供其他非正式的沟通机会，对项目而言也是益处多多。

这些机会包括邀请高管旁听他们感兴趣的主题课程、参与领导力实操场景的培训体验、参与问答与辅导环节、参与学员与高管专门的回炉汇报专题会、参与项目成果检验及庆祝毕业时刻等。这些正式与非正式的沟通，都在向参训学员和公司中的员工传递一种积极信号：公司对发现和培养优秀领导者非常重视，对员工的学习成长非常重视。皮格马利翁效应告诉我们，领导越关注什么，这项工作就越会取得良好成果，越能满足公司期望。

三、中层领导力发展项目评估与推广

中层领导力发展项目的评估可按照表 8-6 开展，具体采用一个或几个级别需要根据项目的具体形式和高管要求来确定。一般来讲，开展一级至三级的评估是最基本的，也是所有项目都可以做到的。

中层领导力发展项目的推广方式与其他项目类似，注意横向和纵向两个维度的推广即可。横向是指推广的覆盖面和受众面的问题，要考虑如何触达公司高层、学员上级、学员等推广对象；纵向是指推广的延续性与推广深度的问题，要从项目预热、项目启动、项目实施过程、项目阶段性成果、项目收尾、项目经验复制等环节进行持续、有节奏地推广和宣传。

第三节　高层领导力发展项目

在传统大型企业中，高管一般已具备扎实的管理基本功，多数人具备 MBA 或 EMBA 教育背景，有过诸多挑战性工作的历练，如管理收并购企业、管理跨职能事业部、操盘公司重大变革项目等。他们参加过的管理与领导力类培训已不在少数，如何使高层领导力发展项目更上一层楼，需要有系统性的视角和动态的发展观。下面来看一个案例。

这是一家正面临组织转型与变革的行业龙头公司，过往优秀的业绩和优质的资源背景，使他们从所在行业中脱颖而出。然而外界经济环境、资本市场和信息技术的瞬息万变，给公司经营管理带来持续的挑战。公司领导班子号召高管常怀危机意识，不断加强各方面的学习，拓宽个人眼界和格局，提高对内外部环境和市场机遇理解、把控和驾驭的能力，以个人的主动提升带动公司的发展。公司要求高管系统性、持续性地学习，深入钻研，力争成为各自工作领域的专家，去引领公司的改变和创新。

根据公司的上述要求，培训总监 Sandy 整合了业界在高层领导力发展方面的诸多经验，策划并设计出高层领导力发展项目。

高层领导力发展项目的基本逻辑与中层领导力发展项目并无太大差异，主要的差异在发展重点、发展方式、发展具体操作策略方面。下面结合 Sandy 项目中的操作经验，就高层领导力发展项目的特色之处进行介绍。

一、项目基调

Sandy 在项目发起之初，很强调项目基调和仪式，用这种基调和仪式来调动高管的主动参与。具体做法是请项目发起人和最高决策者就项目开发背景和蓝图进行回答，并签署纲领性文件，作为项目遵照实施的总领文件，一般可以写入文件中的问题列表如下。

- 作为高级管理团队成员，我们的责任和使命是什么？

- 描述促使我们发展领导力的因素是什么？
- 描绘领导力提升后能够给公司带来什么？
- 公司提供何种条件支持和环境保证以加速领导力发展？

最后，请最高管理者在文件上签字后，再请所有参训学员在项目启动仪式上做出郑重承诺，承诺遵照总领文件的要求。

二、高层领导力发展项目的关键环节

1. 确定人员范围及高层领导力发展项目的学习起点

一般而言，高层领导力发展项目参加的人数不宜过多，20人以内为宜，参加人员以最高管理者及其汇报对象组成的高管团队成员为主。如果人数超过20人，可以考虑划分几个平行的发展群体。

学习起点及等级设计，要综合考虑项目发展目标及当前学员能力情况，设计出符合项目需要的能力发展起点和要达到的程度。若是高管团队成员第一次参加的项目，建议统一拉平至一个入门水平为宜。在上述Sandy的项目中，由于参加的管理者众多，人员除了集团高管团队成员，还包括分/子公司及事业部一把手。因此，确定了两个发展群体，并确定了两个不同的学习发展等级。

2. 建立高层领导力素质模型

任何领导力发展项目，都离不开能力建模。培训工作者可以选择两种建立高层领导力素质模型的方法。

（1）采用传统的领导力建模方法。围绕着公司未来经营战略及业务模式，找到驱动业务发展的关键因素和达成战略的关键举措，通过结构化行为事件访谈法对高管应该具备哪些关键能力，能够达成战略及引领公司发展进行行动解码，分析具体的行为素质及行为描述，最后通过能力测评及360°反馈确定哪些能力是高管当前急需发展的。

（2）从通用高层核心任职资格结合关键任务提炼需要发展的关键能力。根据高层任职资格结合高层领导力素质模型参考词典中胜任力的描述，培训工作者可以请高管根据关键任务和情况选出自己的优势项和希望达成的任务，并请其上级对能力发展目标和任务予以确认。高层领导力素质模型参考词典如表8-7所示。

表 8-7　高层领导力素质模型参考词典

高层核心任职资格	资 格 释 义	胜任力描述
领导他人	领导他人实现组织愿景、使命和目标的能力。要能够提供包容性的工作环境，促使他人发展，促进协调和团队合作，支持对冲突的建设性解决方案	团队建设
		人才管理
		发展他人
		平衡多样性
领导变革	在组织内外创造战略变革，实现组织目标的能力。要能够创建组织愿景并在不断变化的环境中实施这一愿景	创造/创新
		共创愿景
		变革管理
		企业家精神
		外部察觉
		战略思维
建立联盟	与组织内部和外部的个人和组织或国际组织建立联盟，实现共同目标的能力	合作
		政治智慧
		影响力和谈判力
商业智慧	战略性地管理生意、人力、财务和信息资源的能力	生意管理
		人力资本管理
		财务管理
		科技管理
结果导向	实现组织目标和客户期望的能力。要能够制定决策，通过应用专业知识、问题分析与审慎的冒险来创造高质量的结果	责任感
		客户服务
		问题解决
		专业可靠性
		完成使命
自我觉察和提升	认识和了解自己的优势和待发展项。在工作中有的放矢	了解自我
		发展自我

3. 开发高层领导力发展加速器

高层领导力发展项目分为知识线、能力线及任务线。其中，知识线及任务线的发展方式设计，如表 8-8 所示。

表 8-8　高层领导力知识线及任务线的发展方式设计

高层核心任职资格	资格释义	胜任力描述	培训内容（学什么）	发展方式（在工作中转化）	自学书单
领导他人	领导他人实现组织愿景、使命和目标的能力。要能够提供包容性的工作环境，促使他人发展，促进协调和团队合作，支持对冲突的建设性解决方案	团队建设	情境领导力	共享组织愿景并激励团队	《领导梯队》《领导力引擎》《领导力密码》《领导力》《团队协作的五项障碍》
		人才管理	基于战略的人才策略制定	阅读人才管理与发展书籍	《重新定义人才》《人才管理圣经》《可持续领导力》《优势》
		发展他人	情商	指导高潜人才担任导师	《情境领导者》《蜜蜂与蟑螂》《卓越领导者》《卓有成效的管理者》《导师型经理人》《绩效教练》
		平衡多样性	冲突管理	担任授课讲师	《沟通的艺术》《关键对话》《重新定义管理》《重新定义团队》
				E-LN 学习	《谈判力》《管理工作的本质》
领导变革	在组织内外创造战略变革，实现组织目标的能力。要能够创建组织愿景并在不断变化的环境中实施这一愿景	创造/创新	创新和批判性思维	进行组织机构调整和业务模式创新	《米哈尔科商业创意全攻略》《创新者的窘境》《破坏式创新》
		共创愿景	目标设定/愿景/价值观	服务于战略规划项目	《第五项修炼》《选择卓越》《基业长青》
		变革管理	企业文化和变革管理	担任一个跨部门/变革项目的推动者	《冰山在融化》《变革加速器》《变革之心》
		企业家精神	决策制定	标杆分析和实地考察	《赢》《赢的答案》
		外部察觉	系统思考	参加大学 EDP 课程	《整合思维》《周边视野：探测引发公司成败的弱信号》《系统思考》
		战略思维	危机与风险管理	创建企业资本投资的案例	《好战略，坏战略》《战略型领导力：战略思考、战略行动与战略影响》

第八章　领导力发展项目案例与操作要点

续表

高层核心任职资格	资格释义	胜任力描述	培训内容（学什么）	发展方式（在工作中转化）	自学书单
建立联盟	与组织内部和外部的个人和组织或国际组织建立联盟，实现共同目标的能力	合作	投融资及并购管理	制订投融资及并购计划并实施	《硅谷合伙人》《合作的进化》
		政治智慧		阅读历史或伟人传记	《联盟》《火线领导》《君王论》
		影响力和谈判力	商业谈判	担任采购谈判课程讲师	《影响力》《最受欢迎的谈判课》《社会心理学》
商业智慧	战略性地管理生意、人力、财务和信息资源的能力	生意管理	商业模式设计	制订商业计划书	《商业的本质》《终极竞争：占领赢得未来的制高点》《商业模式新生代》
		人力资本管理	绩效管理；继任管理与规划	跨职能工作	《关键绩效指标》《高绩效的HR》《高效继任规划：如何建设卓越人才梯队》《事业合伙人》
		财务管理	预算与内控体系	建立年度预算	《CEO说》《从0到1》
		科技管理	敏捷思维	就所管辖主题进行跨界参访	《敏捷性思维》《无边界组织》《管理3.0》《高管继任：伟大的公司如何搞砸或迈向卓越》
结果导向	实现组织目标和客户期望的能力。要能够制定决策，通过应用专业知识、问题分析与审慎的冒险来创造高质量的结果	责任感			《思考，快与慢》《决断力》
		客户服务	流程管理与再造	撰写一个组织政策（如销售体系搭建）	《客户想让你知道的事》《流程圣经》《战略中心型组织》《员工记分卡》
		问题解决	问题分析与解决	组建专业行动学习小组	《创造性问题求解的策略》《执行》《高效能人士的执行4原则》《搞定I：无压工作的艺术》
		专业可靠性	项目管理课程	担任行业论坛分享嘉宾	《业绩梯队》《员工绩效改进》《求胜于未知》《绩效改进：消除组织间的空白地带》
		完成使命	战略制定与执行研讨会	制定并监督执行战略	《利润模式》《战略地图》

续表

高层核心任职资格	资格释义	胜任力描述	培训内容（学什么）	发展方式（在工作中转化）	自学书单
自我觉察和提升	认识和了解自己的优势和待发展项。在工作中有的放矢	了解自我	霍根商业推理测试	盘点人才	《人才盘点》《真北》《真诚领导力》
		发展自我	能力评价中心（JS）	个人LDP计划制订与定期讨论	《五大品质》《我们都是自己的陌生人》
			360°反馈	坚持撰写领导者日志	《发现你的管理风格》《我的情绪为何总被他人左右》
			WBI工作行为测评	创办一个领导者读书俱乐部	《领导的奥秘》《性格与领导力的反思》
			领导风格	保持与专家/教练交流	

能力线一般采用高层领导力发展计划（简称LDP）来进行能力发展项计划评估，如表8-9所示。

表8-9 高层领导力发展计划

为明确LDP发展目标、方式及进行阶段性评估，制定本表单。本表单每6个月制定一次，由管理者及其上级共同制定			
姓名		职务		管辖职责	
在公司工作时间		本次计划开始日期	
在当前岗位工作时间		本次计划结束日期	
承诺：选择您想做出的承诺			
自我发展：贡献一部分自己的时间和资源，进行学习和个人提升			
增加工作量：在自己的本职工作之外，接受公司安排的其他任务或活动			
附加任务：愿意接受工作区域以外的任务安排			
没有晋升保证：在没有任何奖励或晋升的承诺下承担所有发展活动			
重新分配：愿意接受公司的重新安排			

续表

您当前希望解决的两项工作难题	
领导能力自我评估	
您的领导力优势	
您需要发展的领域	
您期望通过LDP达成的目标	
短期	
长期	
您的上级希望您达成的目标	
短期	
长期	

请在以下领导能力提升领域选择2项您希望在半年内提升的领域及选择相应的发展方式

提升领域	具体目标	必读书籍	选读书籍	工作任务实践
领导他人				
领导变革				
建立联盟				
商业智慧				
结果导向				

是否申请外派进修	
学校及专业	
时间及费用	
期望参加培训的课程	
其他您希望的发展方式	

结项评估（制订LDP半年后）	
自我评估及下一步计划	具体描述您所选择的发展任务完成情况及取得的成果；对自己发展情况的评价和下一步计划
上级评估及下一步建议	上级对其发展项提升情况的反馈和评估 对其下一步发展情况的建议

本人签字		上级审核签字		日期	

4. 在实践中发展

高层领导力的发展离不开"行动学习",应用较为成功的是 GE 克劳顿管理学院,它采用群策群力的方式,不但为自己也为业界培养了数百位 CEO。无论是叫群策群力还是叫行动学习,其实背后的根本理念都是一致的,即做中学。

从"学以致用"的传统理念到转化为"用以致学"的发展哲学,将高层放入一个真实的、实战的业务场景中,这个业务场景可以是新的、孵化的,也可以是原有业务的突破和改变,让高管在这个业务场景中,通过学习发展的手段,补充新的知识、新的工具、新的心智模式,解决真实的业务问题,最终通过业务实战问题的解决来验证其思维和决策能力,从而促进其能力的发展和领导力的提升。

所以,行动学习的方式已经成为领导力发展的标配,在高层领导力的发展中,更是如此。培训工作者要在日常工作管理中,深入学习行动学习的理念和方法,让行动学习成为培训工作的基本模式,让行动学习的理念成为培训的哲学基础。

三、高层领导力发展项目应注意的事项

1. 学员职责及组织环境要求

高层领导力发展项目需要构建本人对自身能力发展负责、上级领导对下属能力发展承担辅导和评估职责的组织氛围,组织氛围包括以下几个方面。

- 组织营造安全的氛围,让员工敢于冒险,以新的与众不同的方式行动。
- 本人必须意识到发展需要的能力,如果不具备那些能力,会对业务和个人产生什么影响。
- 本人的上级和同级鼓励其学习和运用新的能力,并在这些能力上做出表率。
- 组织系统如绩效考核、年度计划、述职与发展目标保持一致。
- 为员工提供信息、机会、支持和时间,让他们充分发挥新的能力。

2. 发展团队领导力

当 2020 年新冠肺炎疫情来临时,整个社会的医疗卫生系统、公共防护系统、各级政府及单位的组织能力系统都面临着巨大的考验,此时除了发挥高管的领导力,采取正确的管理行动和决策,还要依靠整个团队领导力的发挥及相互配合,团队领导力从来没有像今天这般重要。同样,企业战胜挑战的关键也不是某个个

体的领导力,而是高层的团队领导力。

团队领导力是指团队在面对挑战时可以满足团队需求的集体能力。高层团队领导力的发展需求,来源于高层团队背景、组织内外部环境的挑战。这些挑战包括工作设计、高层团队成员构成、团队激励、组织氛围、企业战略达成等,产生的团队需求主要集中在团队目标产出和界定、团队行为标准、团队任务执行策略、监控团队成果和满足团队人际关系等方面。

发展高层团队领导力相对有效的方法有团队培训、团队引导和团队教练等。团队引导和团队教练在教练内容和所使用手段上也有许多不同,团队领导力是一个过程。因此,在设计高层领导力发展项目时培训工作者应注意区分是基于高管个体的领导力发展项目设计,还是基于高管团队的领导力发展项目设计。原则上两者应该兼而有之,但主要侧重高管团队的领导力发展项目设计。

3. 个性化发展

高层领导力发展项目通常面对的是很有独特性和个性的一群人,很难用相同的标准去衡量和判断他们,要改变他们也异常困难。同时从企业管理上来看,很难说某种特征或风格的高层领导力是最优和最完美的,只有最适合而已。任何一种风格的高层领导力,只要持续修炼并发挥到极致,就可以发展成为卓越状态。

所以,高层领导力发展项目核心首先要找到个性化发展方案,根据每个个体的特征和个性,找到最佳的发展方式和路径,辅以定制化的学习策略,并提供相应的教练与反馈机制,帮助高管从优秀到卓越。

其次,高层领导力的本质不在于学,而在于做。高管是否能够带领企业获得成功,其本质不在于对他们能力的判断,而在于他们能否在实战中带领团队获得成功。所以在高层领导力发展项目中,最佳的方式是将高管放入一个真实的、挑战的、新的实战工作场景或孵化项目中,看他们是否具备带领一个新的业务项目从0到1、从设想到真正实现的能力。

第九章　专业人才发展项目案例与操作要点

✎ 本章要回答的问题

- ◎ 专业人才发展项目的成果产出是哪些？
- ◎ 专业人才发展项目一般包括哪些子项目？
- ◎ 专业人才项目系列子项目具体有哪些内容？
- ◎ 专业人才发展项目一般包括哪几个部分？
- ◎ 如何判断哪个条线需要开展专业人才发展项目？
- ◎ 开展专业人才发展项目有哪些情况需要注意？

案例

某银行客户经理的转型

这是一家大型商业银行（以下简称 S 银行），网点遍布全国。由于其组织机构庞大、人员众多、历史悠久，在面对环境和市场变化时，银行的转型也显得尤为困难。Bob 是这家银行总行培训与人才发展处的处长，负责总行级的培训管理，包括总行级员工的培训、总行牵头的全行级大型项目、各分行的培训统筹管理。

由于银行间竞争日益激烈，尤其随着民营银行和地方性银行管理更加灵活，销售团队战斗力也变得更强。S 银行总行对个人贷款的业务感到了巨大的压力，急需在个人贷款销售条线上进行改革，改善全行的销售现状，提升销售业绩。

个人贷款部总经理找到 Bob，希望他和他的团队能够帮助全行个人贷款客户经理（以下简称个贷客户经理）转型，重新梳理关键能力要求，并据此对全行个贷客户经理进行培养和认证，改变和提升全行个贷客户经理的能力水平，促进个人贷款业务的持续发展。

面对全国万人规模的个贷客户经理团队，Bob 深知这项工作的难度和挑战，他组织了多次项目研讨，并与多家咨询机构进行了接洽，最后用培训业务设计画布进行了呈现，如表9-1所示。

表9-1 培训业务设计画布——个贷客户经理任职资格与培养发展项目

主要关系	客户选择	产品与服务
• 人力资源部 • 个贷管理部 • 分行个贷管理部 • 分行培训发展部	（1）核心客户 • 总行个贷总经理 • 各分行个贷主管领导 （2）学员 • 个贷客户经理，约1万人	（1）项目需求分析 • 总行转型要求 • 分行情况及需求 （2）项目设计 • 任职资格建设 • 学习地图建设 • 关键课程开发与讲师培养 • 系列培养项目实施 （3）项目交付 • 总行牵头任职资格与学习地图 • 全行参与课程开发 • 各分行落实培养项目 （4）项目评估与推广 • 客户经理转型基调建立 • 培养成功以认证作为标准 • 任职层级与岗位层级挂钩
重要资源	价值主张	
• 外部培训公司 • 资深个贷客户经理 • 兼职讲师 • 培训课程	• 重新定位客户经理关键能力 • 全行级的客户经理转型培养与认证	

以下将结合 Bob 这个项目，来介绍专业人才发展项目操作的要点。

第一节　完整的专业人才发展项目

一、专业人才发展项目需求分析

在接到这个需求以后，为了界定这个项目是一个培训项目，还是更大范畴的专业人才发展项目，Bob 与总行个贷总经理进行了多次沟通，同时也挑选了几个典型的分行来沟通现状及遇到的挑战。最后发现总行的期望方向和分行的需求基本一致，总行期望通过本项目真正推进个贷客户经理的转型成长；各分行也承受着巨大的销售压力，希望通过团队转型，改变现状，并且期待总行能有统一的动作和指令。汇总分析完这些信息后，Bob 认为这个项目不是一个简单的培训项目，而是系统的专业人才发展项目。Bob 最后将专业人才发展项目需求总结为三个方面。

- 专业人才发展项目不只是人才发展，更希望通过人才资格评定、激励措施等系列制度，促进个贷客户经理团队的真正改变和提升。
- 对个贷客户经理团队的能力和要求重新进行梳理，形成新的个贷客户经理能力标准。
- 开展全行范围内的大规模培养与认证，真正帮助个贷客户经理成长。

在此基础上，Bob 结合专业人才发展项目经验，进一步将项目需求梳理为具体的项目目标，并最终与项目发起人达成一致，形成了五大项目目标。

- 任职资格建设目标：建立个人贷款客户经理专业序列的任职资格。
- 课程体系建设目标：建立个人贷款客户经理专业序列的课程体系。
- 课程开发目标：挑选课程体系中的 5~8 门关键课程进行开发。
- 内训师培养目标：培养内部 100 名左右的内训师。
- 个贷客户经理培养认证目标：两年内举办线上线下培养班，覆盖约 1 万名个贷客户经理，完成所有个贷客户经理的任职资格认证。

1. 客户选择

在 Bob 的项目中，目标客户比较明确，核心客户是总行个贷总经理和各分行个贷主管领导，个贷客户经理是学员。

对于客户需要注意的是，除了最高负责人，在最高负责人之下的分管、直属管理层也非常重要。例如，在 Bob 的项目中，虽然项目发起人是总行个贷总经理，但实际团队管理却在各分行。所以项目既要满足项目发起人的需求，又要考虑直属管理层的实际情况和诉求。如果他们的想法不一致，必须在项目前期形成一致意见，否则项目实施有可能遇到阻力。

2. 主要关系

在 Bob 的项目中，有两个主要关系对项目起着决定性的影响作用。

一个是人力资源部。项目需要将任职资格评定与原有岗位层级进行连接，让任职资格的认证成为岗位晋级的必要条件，所以前期需要了解个贷客户经理岗位的层级划分现状与规则，以及通过这个项目可以进行的调整和变化的空间。在"某银行客户经理的转型"这个案例中，个贷客户经理的岗位薪级分为六级，基本没有更改的可能性，根据这个前置条件，最后的任职资格体系设计了三个层级，每个层级对应两个岗位薪级，任职资格作为岗级和薪级晋升的必要条件。

另一个是分行培训发展部。前期的任职资格、课程体系建立等工作可以由总行牵头主导实施，但后期的课程开发、培训实施、人员认证等必须由各分行培训发展部具体执行。所以，如何调动他们的积极性、如何保证他们对项目的正确理解、如何保障后期人才培养的有效性等都是项目开始阶段就需要考虑的问题。

在本案例中，Bob 从项目启动开始，就邀请各分行的培训发展团队负责人加入项目组。项目实施过程中也选择主要地区分行作为具体执行地，项目的专家和兼职讲师也由各分行培训发展部组织评选，同时制定了各分行的比赛和竞争机制，一系列的管理动作和机制，保障了这些部门可以充分参与项目。

3. 目标与成果产出

专业人才发展项目在确定目标与成果产出前，需要先明确项目目的，即项目发起人为什么要做这个项目，他的初衷是什么。例如，在 Bob 的项目中，如果不了解项目发起人的出发点，只是将其作为一个培训项目来操作，最后一定会张冠李戴。因为项目发起人的根本目的是想通过培养认证，促进整个个贷客户经理队伍转型，所以项目的最根本目的是任职资格标准的重新界定，能力的重新评价认定，明确个贷客户经理的发展方向和晋升要求，促使个贷客户经理发自内心深处做出改变。

专业人才发展项目的目标是目的达成后的定性描述，是目的的具象化呈现，一般需要符合 SMART 原则。专业人才发展项目的成果产出一般可分为三类：第一类是人才标准相关成果产出，通常为任职资格、素质模型、能力标准、关键任务、行动标准等；第二类是人才培养相关成果产出，通常为学习地图、课程体系、课程开发、讲师培养、培训项目等；第三类是人才管理相关成果产出，通常为晋升管理、认证评估、职业通道管理、任职资格评定等。

在以上案例中，Bob 所面对的项目目标与成果产出比较全面，涵盖了上述三类。在实际工作中，专业人才发展项目并非都需要达成如此多的目标与成果产出，而是要根据项目发起人的核心需求进行选择，有的项目发起人只关注学习地图，有的项目发起人只关注课程开发，有的项目发起人只关注讲师培养，有的项目发起人甚至只关注培训项目的实施。总之，专业人才发展项目的目标与成果产出非常多，要根据实际情况进行选择，聚焦最重要的目标与成果产出。

二、专业人才发展项目设计

围绕项目目的和核心项目目标，根据工作流程与工作方式的不同，Bob 将专业人才发展项目分解为四个子项目。

- 子项目一：任职资格。
- 子项目二：课程体系建设。
- 子项目三：关键课程开发与内训师培养。
- 子项目四：个贷客户经理培养与认证。

整个项目在全行持续两年时间，前三个子项目在半年内完成，之后一年半内完成全行现有个贷客户经理的培养与认证覆盖，后续根据人员迭代情况进行持续培养与认证。

1. 项目准备

对于"某银行客户经理的转型"案例中这样复杂的人才发展项目，要想顺利推进，需要综合调动各种资源。前期的准备工作变得尤为重要，主要包括以下几个重点。

1）管理层资源争取

本项目涉及的部门和人员众多，要使项目顺利，必须保证关键人物的时间投入。通过多次沟通，Bob 争取到总行个贷总经理和主要分行个贷主管领导全程参与项目启动与每次汇报过程；项目启动会邀请总行个贷总经理、总行人力总经理、分行主管副行长参加动员会，并提出相应要求；任职资格部分，人力总经理作为评委参加，人力由一名副总作为项目成员参加项目。在获取管理层支持时，不能只是获取他们口头的支持，一定要明确这些管理层参与的时间、角色、场景，确保关键场合有他们的参与。

2）多方会议共识

对于本项目，虽然 Bob 与项目发起人经过多次沟通，非常清楚其中的逻辑和重点，但因为此项目复杂度较高，需要项目组成员对项目的初衷和目标完全理解，并达成一致。所以在项目启动前，Bob 组织了多次内部研讨会、供应商方案解读会等会议，让相关人员从一开始就参与项目策划，既保证了大家对项目理解的一致性，又让大家有了很强的参与感。这样使项目成员在实施项目时不是被动的，而是有了更多的主动性。这对项目起到了很好的推进作用。

3）组建项目执行团队

要使项目成功，除了关注项目发起人、利益相关人，还需要准备好应对项目过程的各种难题，要系统关注项目过程中的行政准备、团队状态、课堂学习、训后作业、成果汇报、小组 PK 等一系列问题。项目执行团队就包括了管理团队、评审团队、执行负责团队、氛围保障团队、学习保障团队等。这些团队都由总行与各分行培训发展部联合组成，从一开始就建立了事事有着落、人人有责任的项目执行团队。

2. 子项目一：任职资格

子项目一为任职资格，它包括四个步骤：项目计划和启动、调研与分析、素质模型设计和任职资格设计，如图 9-1 所示。

项目计划和启动阶段，既是子项目一（任职资格）的启动，又是整个大项目的启动。在这个阶段应主要注意以下事项。

战略视角的培训管理全景图

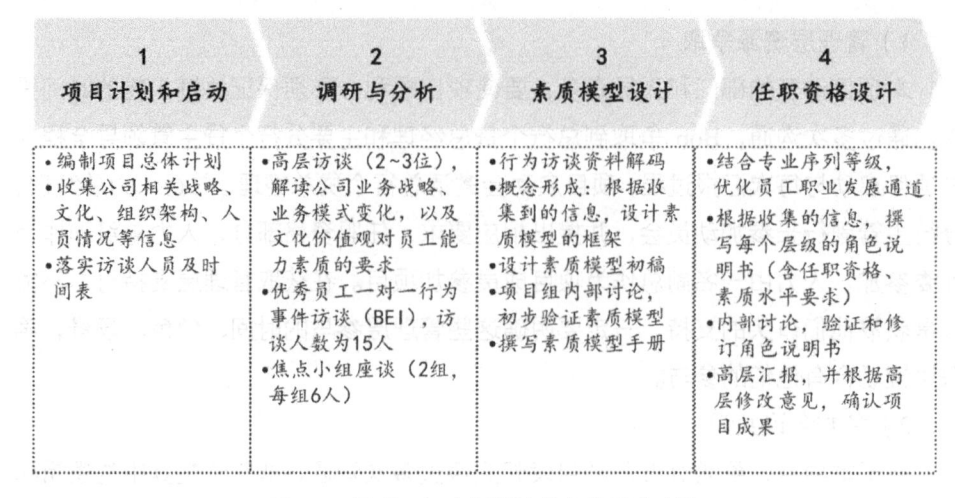

1 项目计划和启动	2 调研与分析	3 素质模型设计	4 任职资格设计
• 编制项目总体计划 • 收集公司相关战略、文化、组织架构、人员情况等信息 • 落实访谈人员及时间表	• 高层访谈（2~3位），解读公司业务战略、业务模式变化，以及文化价值观对员工能力素质的要求 • 优秀员工一对一行为事件访谈（BEI），访谈人数为15人 • 焦点小组座谈（2组，每组6人）	• 行为访谈资料解码 • 概念形成：根据收集到的信息，设计素质模型的框架 • 设计素质模型初稿 • 项目组内部讨论，初步验证素质模型 • 撰写素质模型手册	• 结合专业序列等级，优化员工职业发展通道 • 根据收集的信息，撰写每个层级的角色说明书（含任职资格、素质水平要求） • 内部讨论，验证和修订角色说明书 • 高层汇报，并根据高层修改意见，确认项目成果

图 9-1　子项目一（任职资格）的四个步骤

1）供应商选择

供应商选择通常是随着内部访谈、调研、设计过程一起完成的。首先，要让供应商参与前期的项目分析阶段，可以更好地让供应商了解项目需求和背景信息，同时也能通过在一起工作的过程，评估和判断供应商是否能够胜任项目，达成项目目标；其次，要提前与供应商确认产出成果示例与标准，这样能够免去后期大量沟通成本；最后，供应商确认下来后，项目实施计划越详细越好，让双方都对资源和时间投入有较为准确和详细的预期。

2）资料收集

子项目一（任职资格）的资料大致可分为两类：一类是内部现状类，包括当前的组织架构、职责、能力标准、岗位职级、岗位说明书、KPI 或 OKR 指标、实际能力情况、能力短板、销售业务中的挑战等内容；另一类是关于未来需求和外部情况的，包括个人贷款部未来发展的战略、经营重点、组织需要、外部标杆参考等。

3）项目启动

仪式感对培训项目的顺利推进非常重要，对这种大型项目的推进作用尤为突出。本项目召开了非常正式和大规模的全行范围的启动仪式，邀请到总行的分管副行长作为最高领导参会并提出指示，总行个贷总经理、总行人力总经理、培训部员工、分行主管副行长、分行个贷客户经理、分行人力经理、分行培训发展部员工全部参与启动会。在启动会上对项目背景、目的、目标、要求进行了详细的阐述，签订了责任状，进行了细致的分工和部署，也对项目中可能会遇到的风险和问题进行了讨论，并制定了相应的激励和考核措施，明确了各分行之间的比、学、赶、超机制。总之，通过高规格、大范围的启动会，项目发起人和利益相关人都了解了项目的目标及总行的重视度，明确了后续的任务和审核要求，确保了培训项目的顺利实施。

整体来看，项目计划和启动的本质除了统一认识、明确目标，最重要的还是要调动项目发起人和利益相关人的参与度和重视度，为项目的实施做好铺垫。

4）人员选择

调研与分析阶段选取什么样的人参与 BEI（Behavioral Event Interview，行为事件访谈法）和焦点小组讨论，对项目成果尤为关键。一般要选取绩优、善表达、亲和力强、逻辑性强的对象，这样能够让调研工作事半功倍，切记不能只听业务部的推荐，要由人力部与业务部共同确认。

5）成果评审

成果评审也是项目的重要工作之一，不能等到成果全部完成后再做评审，在项目过程中要随时确认、随时调整、随时优化。另外，过程性成果评估不能关门自评，而要与业务部进行验证确认，这样才能够保证最终成果的有效性和实用性。

子项目一（任职资格）的前两步主要为后两步服务。在调研与分析阶段主要采用了高管访谈、BEI 和焦点小组三种形式，目的在于从实际业务场景中提取绩优个体的素质特征，抓取关键工作任务，为后续的素质模型设计和任职资格设计提供信息。具体的操作流程和步骤将在第十章详细介绍。

3. 子项目二：课程体系建设

课程体系建设子项目分为四个步骤：实践专家研讨会、工作任务定义、学习方案开发和课程体系形成，如图 9-2 所示。

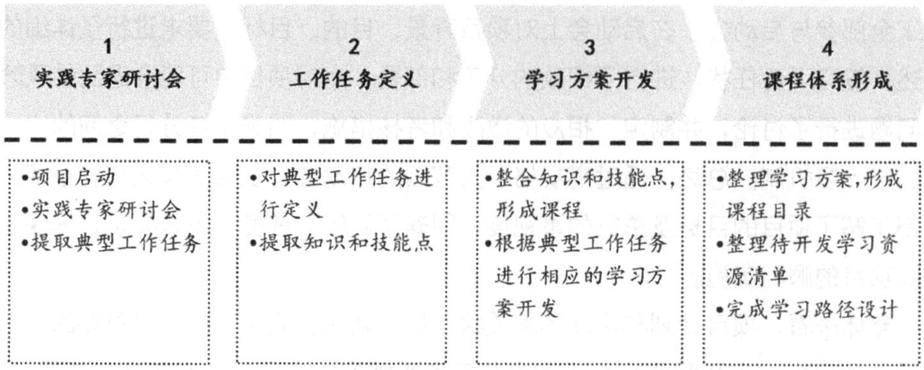

战略视角的培训管理全景图

```
     1                  2                  3                  4
实践专家研讨会      工作任务定义        学习方案开发        课程体系形成
```

• 项目启动 • 实践专家研讨会 • 提取典型工作任务	• 对典型工作任务进行定义 • 提取知识和技能点	• 整合知识和技能点，形成课程 • 根据典型工作任务进行相应的学习方案开发	• 整理学习方案，形成课程目录 • 整理待开发学习资源清单 • 完成学习路径设计

图 9-2　子项目二（课程体系建设）的四个步骤

子项目二（课程体系建设）选择了典型工作任务法与素质模型相融合的方式，根据素质模型输出通用性的知识和技能点，通过典型工作任务梳理，输出基于工作任务场景的知识和技能点。项目具体操作流程和方法在第十章会详细介绍，这里主要说明项目操作的注意事项。

1）实践专家研讨会样本覆盖应全面

Bob 一共举办了四场实践专家研讨会，为了样本覆盖的全面性，分别选取了北京、成都、深圳、江苏四个城市进行，每一场研讨会由所在城市周边区域的部分优秀和部分普通个贷客户经理代表组成。

2）通过关键任务形成课程

知识和技能本身存在准确度的问题，同时学习的最终目的还需要回到任务场景，完成关键任务。所以，要通过关键任务推导课程。

3）课程以学习模块的形式呈现

通过关键任务首先导出学习模块，其次形成课程。学习模块是相对比较独立和具体的知识和技能模块组合，未来形成课程清单时便于调整和组合。

4）学习模块要清楚定义

要区分每个学习模块的基本学习方式与策略。一般分为自学、课堂学习、在线学习、辅导反馈、任务训练五类，定义清楚每个学习模块的方式类别，可以为后边的课程体系建设减轻难度。

5）完整的课程体系结构

完整的课程体系结构一般包括成长阶梯、关键任务、学习课程、关键学习模块、学习目标、主要学习内容、学习方式、考核方式等。从课程性质上来看，又可将课程分为全员通用课程、专业通用课程和专业专项课程三个层次。

课程体系结构的完成为后续工作提供了清晰的指引：一方面是为未来的资源开发、培养项目设计提供了备选课程清单，是后续工作开展的基础架构；另一方面明确了个贷客户经理的成长路径和具体要求，为他们指明了工作方向。

4. 子项目三：关键课程开发与内训师培养

子项目三（关键课程开发与内训师培养）分为四个步骤：项目启动、课程开发技巧培训、课程开发辅导（共2次）、课程审核与种子讲师认证，如图9-3所示。

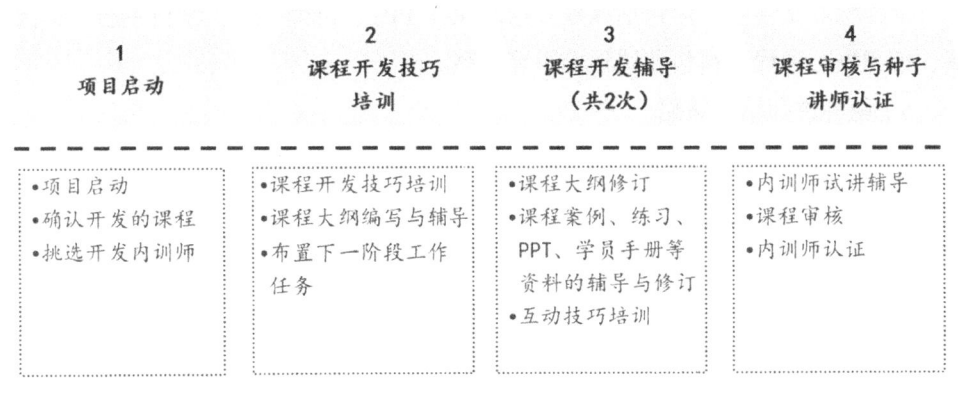

1 项目启动	2 课程开发技巧培训	3 课程开发辅导（共2次）	4 课程审核与种子讲师认证
·项目启动 ·确认开发的课程 ·挑选开发内训师	·课程开发技巧培训 ·课程大纲编写与辅导 ·布置下一阶段工作任务	·课程大纲修订 ·课程案例、练习、PPT、学员手册等资料的辅导与修订 ·互动技巧培训	·内训师试讲辅导 ·课程审核 ·内训师认证

图9-3 子项目三（关键课程开发与内训师培养）的四个步骤

开始前，项目组先对项目阶段性成果进行了汇报与审核。他们在课程体系中挑选了五门较难的专项课程进行开发，课程开发选择了引导式课程开发的形式，即由外部课程开发顾问带领内部业务专家联合进行课程开发。在这个阶段，培训工作者要重点关注以下几个要点。

1）中期复盘与激励兑现

在项目继续往下推动之前，要对前两个阶段的项目成果进行汇报，并请评委给出清晰的评价和反馈，客观评价优点与不足。同时要对项目前期制定的激励制度，在汇报会上进行公示和兑现。这样不但是对前期参与项目的人员的一种表彰和承诺兑现，还会对后期参与项目的人员起到很大的激励作用。

2）明确任务

引导式课程开发的形式，要求内部业务专家必须以主导者的心态参与项目，外部课程开发顾问只是辅助与支持，所以子项目启动会上要明确内部业务专家的任务与职责，避免项目过程中出现推诿情况。

3）合适的外部课程开发顾问

课程开发技巧比较简单，主要是输入课程开发技巧、方法、流程、模板和工具。课程开发辅导比较难，好的课程开发顾问不仅要会讲课程，开发课程，还必须具有丰富的课程开发辅导经验和反馈辅导的能力。

4）课程标准文件包

课程标准文件包一般包括课程介绍、课程PPT、讲师手册、学员手册、案例集、练习集、课程资料包和课程指引等内容。

5）两种讲师培养策略

讲师培养策略分为两种：第一种是种子讲师培养，对参与课程开发的内部业务专家进行授课技巧培训，并进行授课技巧认证评审，其中评审优秀者作为种子讲师；第二种是对种子讲师再开展讲师复制，培养各分行的其他讲师。

通过子项目三，项目已经具有了课程标准文件包，培养了一批讲师，具备了开展培训项目实施的条件。

5. 子项目四：个贷客户经理培养与认证

子项目四（个贷客户经理培养与认证）分为四个步骤：学习项目设计、学习项目交付、资格认证和项目评估，如图9-4所示。

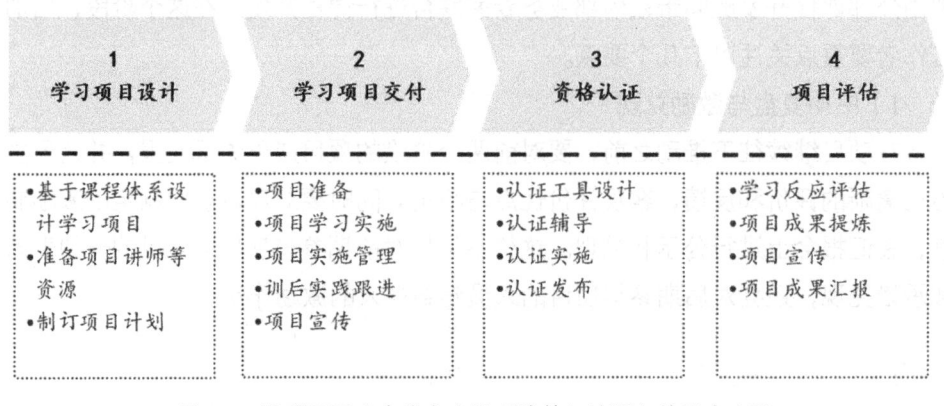

1 学习项目设计	2 学习项目交付	3 资格认证	4 项目评估
•基于课程体系设计学习项目 •准备项目讲师等资源 •制订项目计划	•项目准备 •项目学习实施 •项目实施管理 •训后实践跟进 •项目宣传	•认证工具设计 •认证辅导 •认证实施 •认证发布	•学习反应评估 •项目成果提炼 •项目宣传 •项目成果汇报

图9-4 子项目四（个贷客户经理培养与认证）的四个步骤

具体操作时需要注意以下两点。

1）定制化项目设计

课程体系是个贷客户经理培养与认证的架构图和基础，学习项目设计要在此基础上，结合当前的业务重点和团队状况，挑选其中的部分课程，形成分阶段、分层次、分重点的培训项目。例如，在以上案例中，Bob面对的个贷客户经理群体水平参差不齐，无须所有人都从初阶学起，所以项目设计了三个环节：第一个环节，所有个贷客户经理进行基础知识的自学与在线资料的学习，然后进行全员大考试，考试通过的进入第二个环节；第二个环节采取线上、线下相结合的方式，线下挑选了初中阶最核心的五门专业技巧课程，进行面授学习与场景练习，线上选择三门业务知识和操作技能课程，进行线上学习与测试；第三个环节是组织个贷客户经理答辩认证，认证通过就颁发任职资格证书。总之，专业人才发展项目设计并不复杂，核心是学习内容与形式要尽可能贴近个贷客户经理实际的工作场景，学习过程要尽可能实战化。

2）培养与认证相结合

这个子项目的特殊之处在于培养与认证的结合，培训完成并不代表项目结束，认证不通过者需回炉重新学习和认证，直至通过初阶认证。岗级已经处于中高阶的个贷客户经理，必须完成中高阶认证，否则将会退回初阶；岗级处于初阶的个贷客户经理也可以通过自己的努力，提前加速完成中高阶认证，从而缩短自己达到中高阶岗级的时间。认证的过程采取了多样性的考核形式，具体包括考试、案例证明材料、情景模拟、学习记录等，这些考核形式很好地将学习过程与考核进行了结合。总之，多样性的考核形式，既提高了个贷客户经理们学习的积极性和指向性，又保证了他们的学习效果和产出，不但能够快速识别和发现优秀的个贷客户经理，而且对其他个贷客户经理也是一种鞭策。

三、专业人才发展项目交付难点与解决策略

专业人才发展项目难点之一是项目发起人和利益相关人的期望值管理。例如，我们经常遇到的项目发起人的需求是，销售业绩不佳，期望通过培养销售人员提升销售业绩；财务效率低下，期望通过培养财务人员提升账务效率；各个项目都出现质量通病，期望通过培训解决质量问题等。这是我们经常面对的，也是很多

培训工作者认为自己应该做的,那么这些到底是不是合理的期望值?我们是否应该接受这样的需求?

答案是否定的。培训工作者不应该直接接受这样的需求,因为这些需求不是单独靠培训就能够解决的,而是管理、运营、团队和人才综合作用的结果。那么,遇到这样的需求我们应该怎么办呢?

首先,这些需求都是项目发起人的真实需求,我们一般不要直接否定和拒绝,而要把这些需求当成项目发起人的初衷和目的。其次,我们和项目发起人讨论培训项目目的是什么,具体的目标是什么,具体的产出是什么。跟项目发起人区分清楚目的与目标、目的与产出、目的与项目结果衡量标准之间的关系和差异,从目的聚焦到具体产出上,让项目发起人的需求回到合理的范围上来。

当然,我们在实际开展项目的时候,内心应该以目的作为出发点和真正的目标,朝着这个出发点努力,如果在项目目标之外能够多做出一些成果,就是我们项目出彩的地方。

最后我们要明白一个道理:超出价值=实际值-期望值,要让超出价值更多,一方面要多创造实际值,另一方面也要降低期望值。

四、专业人才发展项目评估与推广

专业人才发展项目在评估方面,相比领导力、通用力更加清晰和简单。专业技能的评估通常采取达标测试,即只需判断及格还是不及格,会还是不会,无须区分80分还是90分。专业技能通常可以分为操作技能、分析技能和人际技能,三种技能在评估上,除了常规的知识考试,还可以采取不同的评估方法。

1. 操作技能

操作技能指动作技能,主要通过身体动作或使用工具完成任务,能力提升主要靠操作熟练和经验积累。一般直接采用实操检验即可,如点钞、写字、操控机器等。

2. 分析技能

分析技能指需要通过思考、分析、推理、判断等大脑分析过程才能完成工作内容的技能。一般可以采取实际案例分析的方式进行检验,如财务分析、风险评估、方案策划等。

3. 人际技能

人际技能指需要通过人与人、人与团队之间互动和交流才能达成结果的技能。这种技能一般采取情景模拟、角色扮演的方式进行评估，如谈判技巧、销售产品推介等。

在实际工作过程中，绝大部分实际任务都会涉及多种专业技能，评估时需要设计综合性的评估方法，以准确评估各项技能的掌握水平。

专业人才发展项目在推广方面与其他项目没有太大差别，注意前期造势、过程宣传、成果包装等环节即可。

第二节 专业人才发展项目系统逻辑

一、专业人才发展项目六大部分

在"某银行客户经理的转型"的案例中，专业人才发展项目属于涉及面很广的大型项目。我们实际工作中并非所有项目都需要如此多的要素和环节，有可能只是某个问题的解决、某个课程的开发、某些课程的组织或某些方面经验的萃取。而要让这些看似碎片化的内容发挥更大的价值，甚至引导项目发起人改变不全面和带有偏差的认知，培训工作者应该掌握完整的专业人才发展项目系统逻辑。

专业人才发展项目一般分为六个部分。

- 定标准：确定人才标准、任务标准、行动标准和能力标准。
- 搭体系：根据标准搭建相应的学习路径、课程体系、学习资源库。
- 开课程：将体系中的学习模块，开发为课程、案例、问答和操作手册等学习资源。
- 培讲师：匹配相应的外部讲师，或选拔培养内部讲师。
- 做实施：组织完成人才培养的交付实施。
- 做认证：对培养效果进行考核、评估和认证。

一个专业人才发展项目可能包括六个部分，也可能只包括其中一个或几个部分。对一个项目要从系统、完整的逻辑角度出发，分析项目发起人提出的解决思路和策略，确定是否主要是培训的问题，判断培训是否能够达成项目发起人的目标。每个部分在开展时，或多或少也会与其他几个部分发生关系和连接，只有具备系统、完整的逻辑，才能保障最后的项目成效，才能创造更大的项目价值。

专业人才发展项目中搭体系、开课程、培讲师等部分的详细操作方法和流程将在第十章进行详细介绍。专业人才发展项目的交付实施比领导力发展项目更加简单，具体操作方式可以参考第八章的内容。

二、常见的专业人才发展项目

企业的人才结构通常是横向和纵向交织的形态。从纵向来看，一般包括普通员工、基层管理者、团队管理者、部门管理者、事业部管理者、多业务管理者、公司管理者等层级。根据企业规模大小和业务形态的不同，可能有其中的几个或全部管理层级。纵向管理层级的培养在第八章已经进行了详细介绍。

从横向不同工作职责来看，人才一般包括销售条线、运营条线、生产条线、技术条线、职能条线等。这些都是专业人才发展项目所应该覆盖的条线，但并非所有条线的人员都需要开展专业人才发展项目，我们在判断哪个条线需要开展专业人才发展项目时，一般要遵循以下两个标准。

1. 重要度高

如果这个条线的人才队伍对企业的价值创造和业务增长非常关键、非常重要，是企业业务价值链中的最核心环节，那么这个条线的人才队伍就是我们开展专业人才发展项目的重点条线，如销售条线、运营条线等。

2. 人数众多

如果某个条线的员工数量在企业内部总人数中占比很高，那这个条线就是我们开展专业人才发展项目的重点条线。因为，他们能力的提升、工作效率的提升将会对企业发展产生杠杆的作用，如快递团队、制造工人等。

我们需要从企业众多人才条线中，找到重点条线，并重点投入资源。

在本章开篇的案例中就是关于销售条线人才队伍的专业人才发展项目，销售条线人才队伍比较典型，也是几乎所有企业的关键人才队伍。在实际工作中，我们还将遇到产品经理、项目管理、服务管理、质量管理、生产管理、研发管理等不同类型的专业人才队伍。它们虽然内容不同、能力要求不同、考核要点不同，但是发展逻辑、项目管理逻辑相同，只要掌握系统的人才发展逻辑，深入学习和了解专业特征，进行针对性的规划和细节设计，我们就可以完成高质量的专业人才发展项目。

总之，专业人才发展项目属于培训工作者的基本功，也是所有培训团队需要完成的"家常菜"项目，在整体的培训管理体系中属于基础项。我们只要按照系统的逻辑进行操作，把握住项目发起人的真实需求，管理好项目发起人与利益相关人的期望值，通常就不易出错。

但有两种情况需要注意：首先，如果专业人才队伍是公司的核心队伍，不但人数占比高，而且影响公司战略目标的达成，因此项目有时需要转化为战略项目来操作；其次，如果发现项目发起人的需求背后有绩效问题和业务痛点，不是专业人才发展项目能够解决的，就需要快速转变为绩效改进的思路来开展专业人才发展项目。

第十章　资源开发项目案例与操作要点

本章要回答的问题

- 如何从战略能力到学习地图？
- 学习地图有哪几类？
- 专业类学习地图的操作步骤和注意事项是什么？
- 管理类学习地图的操作步骤和注意事项是什么？
- 内部课程开发成功的关键是什么？
- 如何开展企业内训师的培养？
- 组织经验萃取的本质是什么？
- 组织经验萃取流程及方法是什么？

第一节　学习地图开发

案例

从战略能力到学习地图

XH 集团成立于 2005 年，是一家专注于企业及产业互联网的综合服务提供商。XH 集团通过提供开放、共享、智能的产业互联网基础设施，为企业赋能，运用"大数据、创业、金融"三轮驱动，促进产业升级，提高产业效率。XH 集团拥有两家 A 股上市公司和 200 多家互联网成员企业，内设四大业务集群：云计算/大数据/人工智能事业部、金融科技事业部、全球创业投资及服务事业部、产业互联网+事业部。四大业务集群具有良好的网络协同效应，并且对外开放共享，构建了一个完整的企业/产业互联网综合服务生态链，旗下企业总市值超过 1000 亿元。

2017 年，集团经外部市场投资效率分析，以及内部组织资源审视，结合集团长期发展规划，提出了三年战略目标：建设智能产业互联网平台，赋能传统产业的智能平台，帮助传统产业实现互联网化、智能化。具体战略指标：通过投资约 100 家企业，获得不低于 10 亿元的净利润。

XH 集团逐步提炼出实现集团战略目标所需要的战略能力为准确率、生态力、资本力、覆盖率，并对每一项战略能力进行了定义与详细描述，同时制订了六项集团级的战略行动计划，分别是联合创业、闪投、水晶球 1.0、引擎级项目、春风运动和一站式创业服务平台。

XH 集团的培训经理 Sherry 需要思考：我们离目标战略能力还有哪些差距？需要什么样的路径和方式得以实现？组织内承担以上能力和职责的关键岗位是什么？他们的人员数量和能力是否足以支撑以上战略能力的实现？如果有差距，应该采取什么样的人才策略，是内部培养，还是外部招聘？

通过问卷调研和内部关键岗位分析，XH 集团达成以下共识：让六项集团级的战略行动落地，实现战略能力的关键岗位人才是事业部领军人才和投资队伍。XH 集团采取"两手抓"的人才策略：一方面从外部积极引入优质的事业部领军人才；另一方面在集团内部建立投资序列任职资格体系，进行岗位人才盘点，设计投资序列学习地图，培养及选拔人才。第二方面的工作正是 Sherry 的核心工作。

一、学习地图规划方法论

从战略能力到学习地图一般有三种思路：一是通过对企业战略的解读和理解，分析执行企业战略所需要的关键能力，进而开发关键岗位的学习地图；二是对关键能力进行识别，基于关键能力开发学习地图；三是基于组织绩效问题，找到对组织绩效产生巨大影响的关键问题和环节，进而开发学习地图。在实际操作过程中，这三种思路并不是孤立的，应该结合使用。

学习地图在开发的过程中，会根据面向人群和应用场景的不同，分为专业类学习地图、管理类学习地图和职业能力发展类学习地图。每一类学习地图都是员工在企业内学习及发展的内部指引与学习路径。

通常而言，专业类学习地图来源于胜任工作岗位所需要的知识、技能和素质，通过对胜任工作岗位任务的分析，根据颗粒度及任务场景的不同，有学习路径图、DACUM 等方法论；管理类学习地图，基于各级管理者的管理职责和所需要的管理能力，匹配相应的学习主题与发展方式，除了侧重学习职责所需要的管理知识和技能，更重要的是识别和发展管理者冰山以下的素质能力（包括管理者的特质、动机、价值观和潜质部分），通常采用素质建模方法论；职业能力发展类学习地图，一般适用于全员的通用能力发展路径，通常也采用素质建模方法论。

学习地图开发无论采取哪种方法论，其背后的基本逻辑其实是一致的，这里介绍学习地图开发最为常见的操作流程与逻辑。

- 目标职位族分析。确定学习地图面对和覆盖的岗位、人员。
- 任务通道分析。将目标职位族的人员进行能力与发展分级，并梳理他们在每个发展阶段应该完成的关键任务，同时进一步分析这些关键任务之间的关系与运行逻辑，最终形成学习地图目标职位族的任务通道图。
- 任务定义分析。在任务通道图的基础上，要对每一项关键任务进行描述和定义。描述关键任务的基本操作流程、所需要的工具方法、主要挑战和难点等内容。
- 知识技能分析。基于任务定义分析，提炼出完成这些任务所需要的知识、技能及素质要求，形成关键任务的能力要求。
- 学习路径分析。将知识、技能及素质要求进行整合和分类，形成学习发展的路径，以及学习发展路径中的学习模块和学习目标。
- 学习资源定义。将学习发展路径中的学习模块开发方式、培养方式、考核方式等内容进行定义。
- 学习项目设计。基于学习路径和学习资源，设计结合企业当下需求和学员能力现状的学习项目。

学习地图开发完成后，首先，向业务管理者指明下属的能力要求和成长路径，便于他们更好地指导和帮助下属提升能力；其次，向学员指明其成长路径和考核标准，便于他们理解职业发展路径和学习成长要点；最后，为培训工作者提供目标岗位人才培养的基本菜单和项目设计指引。学习地图已经成为系统化培养发展人才的必备工具。

接下来，我们将结合两个案例重点介绍专业类学习地图和管理类学习地图开发的操作步骤和注意事项。

二、专业类学习地图开发

在以上案例中，Sherry 根据集团战略能力和对关键岗位人才培养的要求，对事业部投资合伙人岗位序列人才的任职资格及胜任力进行了梳理，最终形成 XH 集团投资序列岗位的任职资格体系。该任职资格由基本任职条件（学历、工作年限、知识、有效经验）、岗位关键能力（深度分析能力、项目拓展能力、投资实务能力、管理协调能力、综合支持能力、业务创建能力）、职业素养（沟通协作能力、问题解决能力、文化价值观、工作态度、自身潜能）、绩效成果（调研过的项目数量、立项的项目数量、交割的项目数量、投后的项目运营质量、漏失的项目量）、学习研究成果（年度案例贡献数量、年度提供公关部门稿件数、每三个项目一份行业研究报告）五部分组成。

Sherry 拿到任职资格评定的结果，开始陷入沉思：到底应该如何开发投资序列岗位的专业类学习地图？手头的任职资格能够成为开发专业类学习地图的依据吗？

根据专业类学习地图开发的方法论要求，专业学习内容规划应该基于胜任工作岗位任务所需要的知识、技能和素质。如果完全按照任职资格里对投资岗位任职资格的表述，开发出来的课程多为散点类知识和技能课程，这些课程覆盖面广、数量多且课程通用性强，但课程针对性不足。完全按照其中的任职资格项投资分析能力去匹配的课程资源有四大学习科目，共 32 门课程，这些课程很难在企业内有效组织和学习。

那么，如何科学有效地进行专业类学习地图的开发呢？在外部顾问的指导和帮助下，Sherry 做了如下的设计和尝试，最终形成一套投资合伙人序列岗位的专业类学习地图开发方法。以下对它的操作步骤进行简要介绍。

1. 资料收集和访谈

（1）收集资料。资料包括但不限于：XH 集团业务发展战略、文化、价值观说明文件、XH 集团的组织架构图、投资合伙人的岗位说明书、投资合伙人的岗位绩效考核指标、各部门职责说明文件等。

（2）访谈事业部负责人。对 XH 集团投资事业部负责人进行访谈，重点了解该事业部的战略定位、投资合伙人的能力要求、人才的职业发展挑战，以及对本项目的期望、顾虑和担心等。

（3）分析确定关键岗位的角色。基于以上访谈与分析，项目组初步梳理和定义投资合伙人的角色为四个：投资规划者、客户经营者、项目管理者、资源协调者。

2. 召开专家研讨会

召开专家研讨会的主要目的是分析投资合伙人的典型工作任务、提取关键能力、确定关键经验要求等。经专家研讨，项目组最后确定投资合伙人的典型工作任务为项目研判与交易结构设计、项目沟通与谈判、投后风险管理预警和组织内部综合支撑与问题解决四项。

3. 提炼学习内容

通过进一步的组织内外部专家访谈，分析投资合伙人的四项典型工作任务，梳理核心工作流程，明确典型工作任务的挑战与难点，提炼难点后备的解决方法与策略，最终汇总出完成这些任务所需要的知识、技能与能力。

4. 确定培养策略

对学习内容进行确认后，接下来要确定培养策略。由于每个人的知识和技能背景不同，因此在进行培训策略规划时，要评估每个人的知识、技能与完整能力要求之间的差异，共性的差距集中统一培训，个性的部分制订相应的个人发展计划。

在步骤2、步骤3中提到的典型工作任务分析的方法包括的关键步骤如图10-1所示。

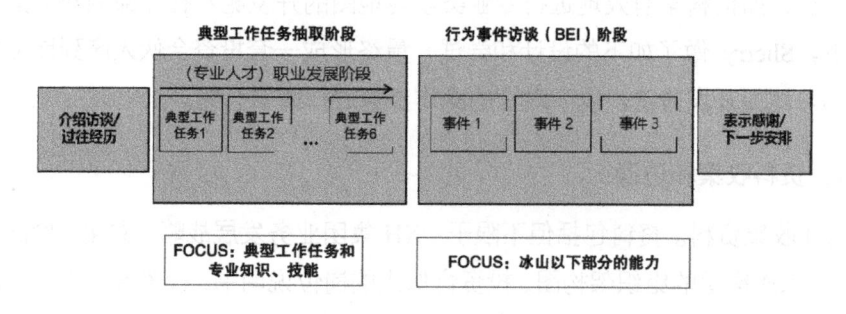

图 10-1　典型工作任务分析的方法包括的关键步骤

5. 学习地图规划

基于典型工作任务的学习地图规划的学习内容包括四类。其中，任务类学习内容是完成岗位所需要的典型工作任务场景类学习内容，每一项工作任务都可以转化成一个学习的主题，每个主题都包含多个业务技巧；通用类学习内容是支撑任务完成的通用性知识和技能，需要依据重要性和急缺性有步骤地开发，同时借助外部资源进行开发；洞察类学习内容可以单独作为开发主题，也可以和任务场景相结合，因为完成任务需要洞察的支持；知识类学习内容可以不用单独开发，形成知识自学库，但需要易于查询和自学理解。

表 10-1 的内容展示了基于典型工作任务的学习地图规划的学习内容，在每类核心主题下，还可以结合企业实际情况详细规划子主题课程。

表 10-1　基于典型工作任务的学习地图规划的学习内容

分类	核心主题	时长	学习方式	开发策略
任务类	如何高效进行项目资源拓展	6小时	面授课程	内部开发
	如何做出正确的投资分析与决策	14小时	面授课程、在线学习	专家、外部引入
	如何与创始团队进行投资谈判	7小时	面授课程、在线学习	外采内化
	投后管理关键点有哪些	4小时	面授课程	内部开发
通用类	企业战略与经营管理	60小时	专家分享	外部引入
洞察类	商业模式分析、业务价值链分析、行业研判	7小时	面授、网络微课	外采内化、读书
知识类	投资、财务、法务知识	36小时	微课、大咖分享	内部开发或外部引入

三、管理类学习地图开发

管理类学习地图由动态能力和静态能力两部分组成。

（1）动态能力主要来源于企业战略与业务关键举措所形成的对管理者管理能力和核心素质的要求，根据年度战略目标和策略的不同，每年会有新的变化。例如，Sherry 所在的 XH 集团战略能力从 2019 年的转型年调整为 2020 年的客户年和组织年，管理能力要求就需要以此为导向，进行相应的调整。

（2）静态能力主要来源于各管理层级对管理者职责与核心任务的要求，这些要求一般不会有显著变化，除非管理者职责发生了扩充或变更。一般企业的管理者由初级管理者、中级管理者和高级管理者组成。每个层级的管理者由于其管理职责和权限范围的不同，有不同的管理角色和任务。根据每个层级管理任务的不同，可以设定不同的管理类学习主题。

从动态能力和静态能力出发，最终形成管理类学习地图，其整体逻辑如图 10-2 所示。

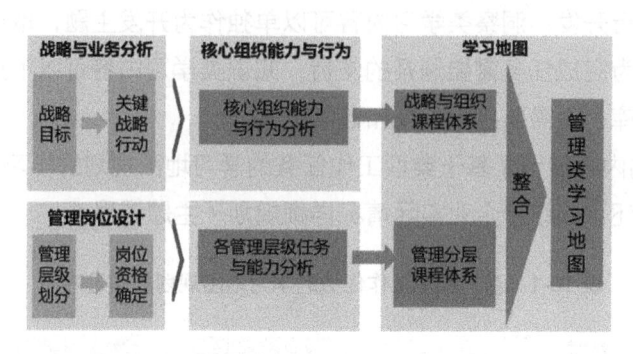

图 10-2　管理类学习地图

管理类学习地图开发还应从管理者能力发展阶段来考虑。管理者能力发展阶段分为准备期、适应期和成熟期。不同发展阶段学习内容重点与发展手段也有所不同，层级越低，对冰山以上管理知识和技能的学习要求就越高，使用的发展手段多为课堂面授、案例教学和情景模拟等；层级越高，对冰山以下管理者人格特质与动机、价值观、元认知要求也越高，使用的发展手段多为测评与反馈、挑战性任务、在岗实践、教练与跨界学习和行动学习等。

管理者能力发展阶段的分析，在学习地图中的展现形式往往是具体的学习项目设计，包括各阶段的培养目标与策略，具体示例如图 10-3 所示。

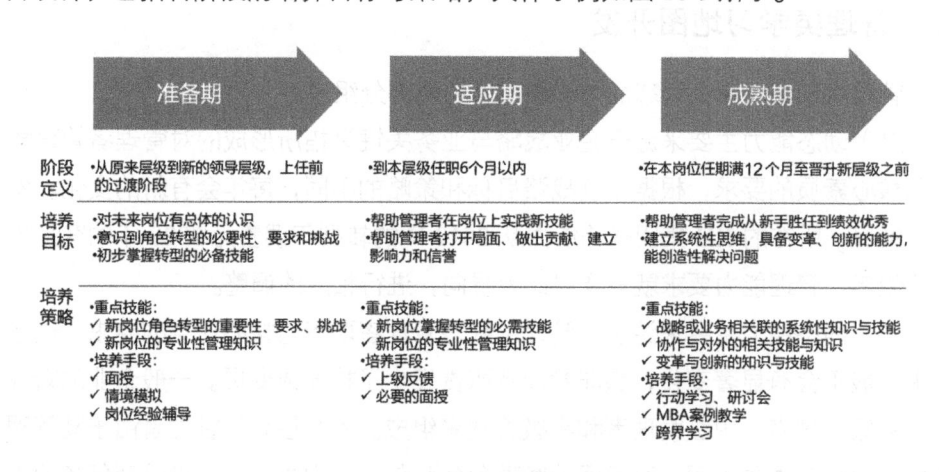

图 10-3　管理者能力发展阶段的分析

第二节 内部课程开发和内训师培养

案例

开启智慧，灿若繁星

内部课程开发能够带给企业的绝不仅仅是最后输出的课件和内训，它能带给企业的益处可以从三个方面进行衡量。

（1）企业层面：传承企业核心竞争力，快速复制合格及优秀的人才，打造持续的人才供应链。

（2）部门层面：以能力提升为导向，培养部门内优质员工，形成部门学习地图，提升部门绩效。

（3）个人层面：全面梳理个人经验与知识技能成果，扩大个人优秀经验在企业内部的影响力；开发和培养内训师的综合能力，如分析与解决业务问题的能力、逻辑架构与思维能力、总结概括和提炼的能力；拓展业务外的管理经验及知识，为个人职业发展打开更宽广的职业路径；享受企业提供的课程开发和讲课津贴及相应荣誉。

即使有这么多益处，如果遇到企业业务部门不支持，培训工作者也是巧妇难为无米之炊。BL企业管理层自2014年起就希望在企业内部进行新一轮的内部课程开发和内训师培养，培训经理Alec和人力资源总监几度与业务部门负责人、资深岗位专家进行沟通和动员，他们的支持度与响应度始终不高，导致项目一拖再拖。2016年在企业董事长的亲自督办下，内部课程开发和内训师培养终于得以顺利开展。

"开启智慧，灿若繁星"是项目的口号，一把钥匙形状的内训师徽章开启了内部课程开发和内训师培养。Alec设计了完整的运营机制和制度，不但从外部邀请了专业的供应商为内部课程开发赋能，而且邀请了相应主题课程领域的行业专家一同参与到各主题课程开发的过程中。经过4个月的赋能、打磨、课程验收和内训师认证，第一期 8 门"决胜终端服务"课程顺利产出，16 名内训师在随后的半年内进行了 20 场的内部讲授，得到了企业领导和员工的一致好评。在 Alec 离开 BL 企业后，依然有分公司邀请 Alec 授课。

一、内部课程开发总流程

当企业发展到稳定阶段，具备成熟的业务模式并沉淀了大量的业务相关操作流程和经验时，就是进行内部课程开发的好时机。开发哪些类型的内部课程？由谁来开发和讲授？如何保证课程开发的持续有效运营和产出效果？需要培训工作者进行完整的内部课程开发运营机制和制度设计。关键步骤包括以下五个方面。

1. 确定主题与澄清目标

首先，进行企业核心业务价值链分析，梳理与业务价值链相关的主要价值创造环节及相应职责部门，初步确定课题范围及人员范围。

其次，与企业关键决策人、相关部门负责人、内部岗位专家进行沟通，规划企业课程开发主题，明确各课题期望值，确定各课题课程开发目标，识别围绕课题的主要场景及内容范围。

这个阶段一般的产出包括课程主题清单、课程目标、课程受众、课程时长、课程适用场景、课程内容范围等。

2. 制定内部课程开发及内训师运营机制

首先，制定内部课程开发及内训师运营机制，为课程开发及后续讲授提供制度保障。

其次，选拔各课题开发人员，成立各课题的课程开发小组。小组成员包括各业务价值链高层管理者和中层管理者、岗位业务专家、年轻骨干员工。

这个阶段一般的产出包括内部课程开发及内训师运营机制、课程开发及主讲人名单、各课题开发小组等。

3. 课程开发实施

本书上篇中介绍过，企业内部进行课程开发一般有三种形式：自主开发、外包开发、内外联合式开发，此处再简单介绍一下。

- 自主开发。一般聘请专业机构进行课程开发赋能培训，内部专家接受训练，并进行自主课程开发。
- 外包开发。由外部顾问团队开展调研、设计、开发、编写等课程开发全流程，内部业务专家进行课程评审与验收。
- 内外联合式开发。由外部顾问辅导和内部业务专家一起进行课程开发。

无论采取哪种形式，课程开发的管理逻辑都是一样的，课程开发基本包括以下四个环节。

（1）定课题。定课题就是前面提到的确定主题与澄清目标，这一部分核心是要澄清课程开发后对哪些部门、哪些人，产生什么价值，这些人学习后有哪些改变。

（2）组团队。根据课题方向和价值目标，组建相应的课程开发并与业务专家组成开发团队。

（3）课程设计及评审。由课程开发团队针对确定的课题，开展调研、分析、研讨等研发环节，完成课程设计，包括课程目标、课程内容、课程方法、考核方法等，产出形式一般为课程大纲。同时，邀请课程主题的发起人和相关领导、专家进行课程评审，保证课程目标、大纲逻辑符合定课题时的需求。

（4）课程开发。课程设计完成评审后，将由开发团队据此进行课程的具体开发，包括内训师PPT、案例集、练习集、学员手册、工具包等。

进行课程开发都要经历以上四个环节，只是环节的组织方式有所不同。

4. 课程评审与内训师认证

（1）成立课程开发委员会。由各课题相关最高级别的管理者牵头组织课程认证，确保课题组成员、课程开发专家、培训部门成员如期参加课程评审。

（2）实施内部课程验收。由课程开发小组代表进行课程成果汇报，课程开发委员会进行课程评审与反馈。评审通过的课程将进入企业正式课程库，并对开发小组进行相应的激励和表彰。

（3）内训师认证。邀请内部课题专家进行课程试讲，接受课程开发委员会老师的评估与反馈，根据评估结果获得内训师认证。

这个环节一般的产出包括课程验收标准、内训师通关评价表、验收合格课程包、认证合格内训师等。

5. 课程推广与内训师评优

（1）制订内部课程推广计划，组织相关受众参加培训，收集培训实施效果的评价，与内训师进行交流与改进。

（2）定期进行优秀内训师表彰与培训津贴发放，给予内训师优先的外出培训机会和其他激励，持续对内训师赋能。

（3）在年度培训规划中加入内部课程安排，在讲授课程的同时，完成课程的更新迭代。

二、内部课程开发成功的关键

要开发出好课程，首先要定义什么是好课程，好课程的标准是什么。在多次的实际调研中，学员的反馈如下。

- 有针对性，能解决学员的自我提升需求。
- 内容重点突出，思路清晰，表达准确。
- 与解决工作问题有直接关联的课程。
- 课程设计新颖、有吸引力。
- 能够改善学员行为，提升学员绩效。
- 能够使学员受到鼓励、认可和尊重。

以上反馈有的是以课程开发要素及过程为导向的，有的是聚焦于学员行为和改善工作绩效结果的。总之，好课程能够帮助学员提升能力，好课程能够帮助学员解决问题，好课程能够为学员带来积极的感受和体验，好课程最终会通过学员行为的改变而提高组织绩效。

内训师要想开发出高质量、高水准的好课程，要使课程真正可以提高组织绩效，他们在开发课程的过程中，应遵循以下四个原则。

1. 以终为始，课程目标设定以业务结果为导向

在教学设计的研究领域，对于如何设定课程目标，经历了三个阶段：第一阶段是以传统认知为导向的方法，将课程目标定义为学习某些知识，熟练运用某项技能；第二阶段是以行为转化为导向的方法，定义为行为主体在什么条件下展现出什么行为，以及做到何种程度；第三阶段是以业务结果为导向的方法，课程目

标的衡量指标变为关键任务的完成，即实现目标的路径、方式和如何应对可能遇到的障碍、挑战，以及最终实现预期结果。从企业培训而言，第三阶段的课程目标设定方法更符合企业内部课程开发的真实场景，并能够对课程进行有效的衡量和评估。

在以上案例中，Alec 在进行"决胜终端服务"课程开题时，就在课程目标界定上下了很大的功夫。他通过访谈了解到，大部分学员按照标准化工作流程手册的要求实施了服务，却仍有 32% 的学员收到客户的投诉。为改进服务质量、提升客户满意度，企业计划将原标准化工作流程手册升级为新的课程，并界定了新课程需要达成的业务结果是客户满意。

通过分析绩效优与绩效差的团队在不同的客户服务情景下所使用的工作流程、工作方法及任务挑战，发现绩效优的团队在实施服务过程中不但执行了标准化工作流程，而且在不同情境下均能用耐心、细心、爱心等软性服务行为积极为客户解决问题，而绩效差的团队则完全公事公办。

根据以上分析，"决胜终端服务"课程的总目标最终描述为，在不同的服务情景下，团队按标准执行工作流程的基础上，重点改善八大软性服务行为，提升客户满意度和服务体验。

2. 以关键性绩效指标达成为导向设计内容

传统的课程内容设计一般基于目标工作任务，分解工作流程和步骤，确定学习要点与难点。而以业务结果为导向的课程内容设计，在构建内容时需要区分关键性绩效指标与一般性绩效指标，并由此确定对业务结果影响较大的关键行为，再以这些关键行为作为课程内容设计重点。

3. 以行为转化为导向的学习策略和方法设计

学员的行为改变如果在课堂中不能展现和发生，一般很难靠日后的追踪与跟进再去弥补，因此教学策略和教学设计要以提高学员行为转化率为目标。教学设计的专家们提出了诸多教学策略，而基于学员行为改变和业绩提升的有效策略是聚焦情景化的体验式教学。

例如，在"决胜终端服务"课程中使用的开场活动问题：什么动力让你想做团队？你最想带客户去的地方是哪里？为什么？你做团队的过程中有哪些行为被客户称赞过？通过三人小组进行以上问题的交流，学员能够展示自己的期待，并在与他人交换期待的过程中增加对工作的认可。这种教学设计就是很好的体验式教学。

4．以业务结果为导向的辅导与追踪

学员最终创造业绩的场合是要回到工作中，而将课程中习得的行为固化，需要持续的绩效支持、辅导和追踪。很多优秀的培训课程，最终成果转化率不高，是因为学员在回到工作岗位后，没有可以持续落地的环境，而在有引导和帮助的环境下，学员巩固行为变化的完成率可以得到大大的提升。

三、内训师的选、用、育、留

以下将以 Alec 所在企业的内训师管理体系为例进行相应的内训师管理体系介绍。主要包括内训师选拔、内训师培养、内训师工作要求、内训师晋升制度、内训师考核制度。

1．内训师选拔

1）范围

企业管理者、相关主题业务专家。

2）方式

加入方式包括管理者指定、部门负责人推荐、符合条件人员自荐三种。

3）基本要求

- 加入企业 1 年以上（特殊专业课题可放宽要求），本科以上学历。
- 在申请进行的开发课题方面具备丰富的实战经验和影响力。
- 有较强的语言表达能力和感染力，模仿能力强。
- 有意愿和精力投入课程开发（讲授）工作。
- 愿意分享新知识、新技能，传授自己的工作心得和经验。
- 条件优秀者可酌情放宽要求。
- 以个人主观意愿为先，有讲授经验者优先。

4）选拔流程

（1）将符合要求的内训师名单交至培训部门。

（2）经过学习发展委员会审批，培训部门对通过的内训师候选人进行系统培养，以提升其整体培训技能。

（3）对于认证合格的内训师，企业会颁发聘书和内训师奖章（行政职级仍隶属原部门），纳入企业整体培训体系并进行授课安排。

2. 内训师培养

培训部门为内训师提供专业训练课程，系统地从课程开发与制作、课程讲授技巧、培训方式分析、培训结果评估等方面进行。内训师参加完整的专业训练课程，进行课件考核和课程讲授，符合企业要求者，予以认证，纳入内训师培养体系。同时，企业成立内训师俱乐部，进行体系化的持续培养和辅导。

3. 内训师工作要求

- 企业内训师除完成本职工作之外，还需支持部门及企业整体培训的实施工作，包括课件开发及课程讲授。
- 内训师实行晋升制度，总共分为五个星级及金牌内训师级别：一、二星为初级；三、四星为中级；五星为高级；金牌内训师为专家级别。内训师级别按照课程通关和课程实施过程进行评定，初次定级满一年后，可通过挑战赛的方式晋升。
- 内训师保级制度：内训师每年授课不得少于3次，授课次数完成后方可继续保持内训师级别，否则自动退出或降级。
- 内训师成长档案：内训师每次授课的课时及评价，由相关负责人签名，交由培训部门备案。成长档案将作为内训师晋级、激励和评优的依据。

4. 内训师晋升制度

1）初/中级内训师

- 管理者指定、部门负责人推荐（自荐），通过内训师认证通关，被企业聘任者即企业内训师。第一年所有入选内训师都按照初级内训师来进行培养和评定。
- 初级内训师满一年后，可以申请晋级，由企业统一组织选拔，进行中级内训师、高级内训师的评定和聘任。企业各部门负责人有责任成为高级内训师。

2）钻石级特邀内训师
- 聘请企业高管担任。
- 承担企业战略、经营理念、企业文化等重要课程的讲授。

5. 内训师考核制度

1）奖励
- 每年评选出优秀内训师，在企业范围内进行表彰。
- 可优先参加企业高层特邀内训师的培训和外部培训。
- 享受课程开发津贴 3000 元/门。
- 品牌课程开发津贴 5000 元/门。
- 初级内训师授课津贴 200 元/课时。
- 中级内训师授课津贴 300 元/课时。
- 高级内训师授课津贴 400 元/课时。
- 金牌内训师授课津贴 500 元/课时。
- 对于表现优异的内训师，企业在个人绩效考核、薪酬评定、内部晋升时予以优先考虑。

2）惩罚
- 内训师必须按课程推进要求授课，若有特殊情况又不向人力资源部及相关部门提出申请的，按旷课处理，旷课累计 2 次者，则解除聘任。
- 内训师在 1 年内累计授课若有 2 次满意度低于 3 分，级别降低一级。若是初级内训师级别，则解除聘任。
- 若有内训师在培训中泄露企业机密的，经查证属实，解除其内训师资格。并按情节轻重，交由相关部门进行处理。

以上是 Alec 所在企业的内训师管理体系，涵盖了选、用、育、留 4 个环节。培训工作者应该根据所在企业的文化特征和管理特点，制定自己的内训师管理体系。内训师管理体系旨在搭建内部分享平台机制，发现优秀内训师，激发内训师做出贡献，沉淀传播组织智慧，最终通过内训师助力企业持续发展。

四、内部课程开发和内训师培养难点

内部课程开发和内训师培养在企业内部开始推动时往往有新鲜感，也容易推动下去。真正难的是如何持续产生高质量的课程,如何持续培养高水准的内训师,如何持续获得业务部门的好评。更难的是如何激发业务管理者主动参与其中,让内部课程开发和内训师培养成为业务管理者推动业务发展的主要工具之一,让业务部门主动要求培训部门帮助他们推动业务发展。要达到这样的状态,培训工作者需要注意以下几点。

- 将课程运营和使用的权力授予所在业务线。
- 要结合业务发展与环境变化进行课程迭代更新,内核方法论不一定需要很大调整,但应用场景和挑战处理要与时俱进,可以让课程一直保持新鲜和旺盛的生命力。
- 根据业务发展和企业实际带领优秀的内训师与主题专家进行新课题的开发
- 将内部课程开发慢慢变成企业内所有导师和管理者的一项基本职责,并与组织绩效挂钩,同时进行价值激励以形成闭环。

第三节 组织经验萃取

案例

企业隐形的财富

赵明从BJ企业医药事业部转到金融保险事业部担任总经理刚满3个月。在与各部门负责人梳理了年度经营计划、重点工作任务、组织架构和团队成员分工后,赵明发现这个事业部的业务工作流程、工作习惯方法与医药事业部相比,有很大差异,且事业部内部相似业务操作流程也因为客户类型和项目类型的不同而使用不同的流程和表单。这种以项目为单位、各部门各自为政的工作流程与方法一直在各部门内实施和沿用,较为混乱。

此外,赵明在参与客户项目体验的过程中,发现银行、保险、证券客户虽然项目需求各异,执行的项目解决方案不同,但执行中遇到的问题多数都是同质化的,各部门解决问题的效率、方式和决策机制也各不相同,形成了鲜明的结果差异。企业发布的业务操作流程和工作手册,早已实施多年,在各部门出现了多个具体执行的版本。

针对以上发现,赵明认为当前的工作重点是,如何在业务流程层面和执行层面互相借鉴优秀部门的做法,提高业务操作的效率,如何提高服务客户过程中的问题处理效率并达成客户满意。赵明找来培训经理 Cody 一起商讨解决方案。

Cody 很快梳理出两条解决以上问题的路径:一条是明线,在企业业务操作流程和工作手册的基础上,基于业务流程和项目类型,整合各部门的操作流程、工作手册,在各部门达成共识的情况下,统一执行;另一条是暗线,客户的不同及项目需求的差异性使各部门沉淀了大量隐性的经验和教训,这些都在各项目团队的操作档案和各项目经理的脑海中,一直没有被有效挖掘和利用。Cody 建议通过典型项目经验交流研讨会的方式,组织各部门进行业务流程梳理和项目经验共享,并以此为基础,发布事业部整体的业务操作流程和工作手册,同时形成组织最佳实践经验案例库。

赵明很快利用事业部年度规划会议的契机启动了该项目,并带领事业部全体同事在一个月的时间内完成了业务流程工作手册及表单的整合,同时在部门内经过最佳实践经验交流会分享及共创出 50 个有代表性的优秀案例。Cody 在组织研讨会期间,邀请企业各前端部门业务代表、各职能部门专家及企业高管出席了会议,在听取交流会的经验成果汇报后,各业务代表及专家、企业高管对每个案例分别进行了精彩的点评和富有启发性的反馈,碰撞出更多智慧的火花,同时这些蕴含金融保险事业部智慧的最佳实践经验在企业内部得以传播和交流,引发了其他事业部的学习和借鉴。

组织经验萃取本质上是将组织内存在于各领域专家和各部门内的优质经验通过特定的工具和方法萃取出来,形成可以被复制的知识形态,如课程、工具、流程、案例、模型和方法论等。这些被萃取出来的内容,能够被他人所使用和习得,能够帮助使用者提高工作效率,解决工作问题,提升个人绩效和组织绩效表现。

组织经验萃取与我们前面提到的内部课程开发都是培训工作者常用的工具和方法。那么,它们之间有什么关联和不同呢?组织经验萃取是内部课程开发的前序工作。内部课程开发对特定情景下知识、技能、态度的梳理过程本质上就是组织最佳经验萃取。它们不同的地方在于，组织经验萃取的产出成果样式众多，一部分内容可以开发为课程，用于培训赋能，其他内容可以输出为组织流程、制度、案例库及知识库等。另外，组织经验萃取不光包括最佳经验，还包括失败教训及反思的总结。

一、组织经验萃取适用的情景

组织经验萃取是指将散落在专家、绩效优异者脑海中未被提炼的隐性知识或技能显性化的过程。那么，哪些组织经验需要萃取？哪些组织经验值得萃取呢？这需要我们根据适用的情景进行分析，对不同类型的组织经验采取不同的策略。

组织经验可以根据不同的维度进行分类，按照知识类型维度可以分为知识型经验、操作技能型经验、人际关系型经验和思维决策型经验等；按照岗位维度可以分为生产岗位经验、销售岗位经验、市场岗位经验、采购岗位经验和财务岗位经验等。因此，组织经验的范围可以很大，也可以很小，大到企业管理制度、流程和方法论的提炼和萃取，小到所在行业术语的总结和梳理。

组织经验萃取适用的常见情景如下。

1. 存在绩效差距

由于员工的知识和技能不足，企业存在业务成果和绩效方面的差距。找到企业内绩效优异与绩效一般或绩效较差的员工，对他们进行岗位任务和操作知识、技能等方面的经验萃取与差距对比，从而形成绩效优异员工的经验总结。例如，在采购经理与供应商沟通的过程中，绩效优异的采购经理拿到的价格比绩效一般的采购经理整体低 5%。经过差异对比发现，绩效优异的采购经理比绩效一般的采购经理使用了更多的价格谈判策略，且能够组合运用多种策略达成谈判和交易。此时，萃取绩效优异的采购经理的谈判策略就可以帮助其他采购经理降低采购成本、节约费用。

2. 关键岗位人才选拔

在关键岗位人才选拔时，为提高对候选人能力识别的精准度，需要从关键岗位所需要具备的能力、潜力、有效经验等方面对岗位标准和人才画像工作进行组织经验萃取。

3. 建立岗位任职资格体系

建立岗位任职资格体系，也需要进行相应的岗位经验萃取。基于岗位的经验萃取在任职资格体系中，通常需要分析岗位不同层级的经验特征。但在关键岗位人才选拔时，岗位经验设定的基准是核心。

4. 重要战略需要

涉及企业级重要战略需要、组织文化、管理制度等方面的工作，当需要提炼复用共性的流程、制度和行为规范时，也会用到组织经验萃取。例如，在构建文化核心价值观的过程中，基于对企业过往成功经验的访谈与梳理，提炼出相应的行为能力和驱动因素指标，也可以用组织经验萃取的方式。

二、组织经验萃取的流程及方法

1. 设定目标

以上我们已经介绍了组织经验萃取适用的情景，当发起人提出与四种情景相关的需求时，培训工作者可以判断是否采取组织经验萃取的方式。需要注意的是，组织经验萃取的目的是帮助发起人解决其需求，而不是为了萃取而萃取。

培训工作者也可以根据情况主动识别和开展组织经验萃取，并找到相关部门和管理者提出建议。在提出建议时，培训工作者最好拿出相关资料和分析数据的支撑，如绩效表现差异的情况分析与结论，实施组织经验萃取能够给工作或业务带来的益处，其他企业的实践案例与效果，以及策划一个小型的胜利实验等。一旦相关部门和管理者愿意采取行动，就可以进行下一步了。

2. 情景还原

根据萃取的目标，确定萃取主题，还原主题情景。情景还原一般有两种方法：一种是个体访谈，找到相关任务场景及完成主题任务绩效优异的个人进行访谈；另一种是焦点小组，组织 8~12 个绩效优异的专家一起召开焦点小组座谈会。根据萃取主题的不同类型，培训工作者可以选择不同的方法。

如果所萃取主题的情景有较为清晰的流程，可根据任务主题进行任务描述，包括任务说明、工作流程和步骤、工作成果输出、使用的工具和方法等。同时要对流程中的难点、挑战点及应对方法进行场景举例与详细说明。

如果没有清晰的流程，则可根据情景事件的背景，回顾事件的过程，运用讲故事的方式，尽可能地将整个事件描述完整，包括事件发生的背景信息、涉及的利益相关人、要达成的目标或任务，以及事件过程中专家和团队做了什么、取得了怎样的结果等。尤其要注意其中关于具体问题或冲突场景的描述，这些地方代表着专家的隐性经验，需要我们通过提问进一步萃取和挖掘才能显现出来。

挖掘专家的隐性经验时，我们可通过以下问题进行萃取。

- 如果再让您回头重新思考这个事件，您还会继续原来的方法和措施吗？为什么？
- 您描述的整体情景中，您认为最不可或缺的环节是什么？为什么？
- 当您执行这类任务时，您思考的维度都有哪些方面？是如何想到的？
- 您认为上述情景中最成功的做法是什么？还有没有改进的空间？最失败的做法是什么？您是如何发现并解决的？
- 您在上述经历中是否发现了以前从来没有注意到的情况？让您感到惊讶，但其他人可能没有发现的是什么？

3. 经验建模

经验建模是指将经验模式化、结构化、可视化，这样有助于我们进行经验传递，便于他人学习和理解。

下面以项目管理课程中的关键行动为例，展示经验建模的过程和产出。项目管理的关键行动任务，可以按照不同维度进行经验建模。有按照时间顺序构建的模型，如项目前期、项目中期、项目后期等；有按照项目管理要素构建的模型，如项目范围、项目质量、项目时间等；有结合时间顺序和关键要素构建的模型，如图10-4所示。

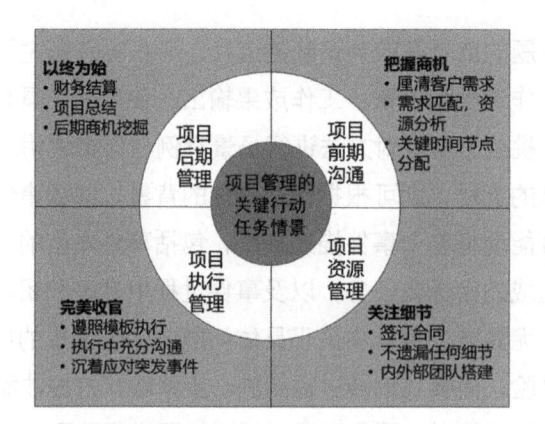

图 10-4　结合时间顺序和关键要素构建的模型

经验建模可以有不同的深度，深度逐渐加深分别为原则、工具、流程方法、思维模式、理论哲学等。根据场景和任务的不同，建模的难易程度不一，可构建的深度也不同。原则上是先要有模型，然后模型构建越深入，经验模型效果就越好。

经验建模的完成代表着萃取过程的基本结束，接下来要考虑的是萃取的经验以什么形式呈现，以及如何将萃取的经验进行推广和应用。

4. 经验产出

萃取完成后，可以结合经验产出的类型和所在组织的实际情况，选择合适的手段和方式进行组织经验的赋能、传承和使用。萃取产出与使用的具体形式可分为以下三种。

（1）课程类资料管理与赋能讲授。可以将组织经验产出为课程的形式，如面授课、微课、案例课、训练课等。然后培养内训师，由内训师进行内部的讲授、传播与训练。

（2）知识管理类资料管理与使用。可以将组织经验产出为视频资料、案例资料、知识点资料和问答资料等。然后使用知识管理平台或在线学习平台进行此类资料的管理与日常维护，方便员工随时查阅和使用。在资料的分类上要符合实际情景分类，便于在线阅读和快速精准查阅，不建议将其直接放置在如 OA 系统、内部共享盘中。

（3）绩效支持类资料管理与使用。可以将组织经验产出为操作类手册、工作手册、制度等资料。此类资料在通过相关部门评审和确认后，可以直接作为企业制度发布，全员执行，但需要辅以前置培训和考核，保证全员的正确理解，同时对关键内容进行可视化整理。

如果企业内有相应知识管理平台或在线学习平台，还可以将此类资料按照场景进行归类和定时定人推送。例如，新员工入职指引、采购谈判18条、项目管理四步法等，以提高此类资料的曝光度和使用效率，真正帮助员工快速上手，有效习得相关经验。

后记　培训工作者的蜕变与成长

一、培训工作者需要掌握的5项能力

职场中每一个岗位作用的本质都是帮企业解决问题，通过解决问题为企业创造价值。而职场人的价值水平和所获得的报酬水平，取决于其所能够解决的问题类别和问题的复杂程度。问题越复杂，越难以解决，问题解决能力的可替代程度越低，就代表此类问题能够为企业带来的收益和价值越高，从而使解决这些问题的岗位人员得到更高的回报。

培训工作者解决的是培训相关问题。我们想要获得更大的价值认同，就需要提高我们解决问题的能力，扩展培训能解决问题的范畴，提高培训所解决问题与业务之间的贴合度。那么，如何提升培训工作者解决问题的能力呢？

笔者认为解决问题的能力分为两个层面。

第一个层面是解决问题的方法和工具。例如，我们在做需求调研时，需求分析步骤、调研问卷设计、需求访谈技巧，这些都属于需求分析的方法和工具。方法层面相对容易学习和掌握，只要用足够的时间，积累足够的实践经验，学习好的工具和方法，培训工作者就能够达到够用的水平。

而真正拉开培训工作者之间差距的是我们解决问题的底层逻辑、思维模式、心智模式和能量水平，这些是解决问题的能力的第二个层面。

这个层面是指我们在进行问题分析和制定解决方案时，基于什么样的思维逻辑、基于什么样的思考方式、基于什么样的假设来进行。这个层面能力比工具和方法作用更大，对我们行为和结果的影响更加深远。例如，我们在访谈时如果只是学习了访谈问题清单，而没有建立相应的访谈思维逻辑，当被访谈者没有按照访谈问题清单回答时，恐怕我们就不知道该如何往下进行了。但如果我们知道访谈的思维逻辑是什么，知道业务管理的基本结构，知道业务问题与培训方案之间的连接方式，那么无论对方提到什么内容，只要他提到的内容在我们的思维框架里边，我们就可以随时调整访谈的主题和流程，随时检视是否达到了沟通的目的。

美国人才发展协会将培训工作者的能力定义为6项基础能力和10项专业能力，这16项能力是每一个培训工作者学习和成长的目标。但全部掌握这16项能力并不容易，培训工作者要根据自己的兴趣和特长，进行不同侧重点的学习，设计不同的发展路径和阶梯，聚焦才能真正形成"比较优势"。笔者基于对众多培训工作者成长历程的访谈分析，最后提炼出培训工作者需要掌握的5项能力。以下不仅介绍了这5项能力的特征，还尝试剖析这5项能力背后所需要的思维模式。

1. 战略理解能力

战略理解能力对任何岗位来讲都是一项高阶能力，也是普通培训工作者跨越到高级培训管理者时需要掌握的最重要的能力。

从业务价值链来看，一般培训职能都不在核心业务流程中。这就使培训职能有可能处于"可有可无"的境地，企业认可的时候，培训可以帮助到业务的各个环节，企业不认可的时候，培训似乎对任何环节都产生不了多大影响，没有也无所谓。在这种情况下，培训工作者很难像其他业务链条中的模块那样，做好自己的部分，让企业运转通畅，发挥好"螺栓"的作用，即有效的价值创造。而我们必须努力理解企业战略和业务模式，努力让自己的工作嵌入业务链条中，努力让业务部门觉得我们是他们的一部分或有力的帮手，我们才有立足之地。而所有这些的基础，就是我们的战略理解能力。

战略理解能力可以从狭义和广义两个维度来看。狭义的战略理解能力就是对企业战略和业务模式的理解，包括客户理解、商业模式理解、业务与产品理解、战略地图理解、运营流程理解等。狭义的战略理解能力聚焦在企业经营管理层面，其核心是业务价值链理解。广义的战略理解能力是一种战略思维模式，是指一个企业在进行战略管理时的思考逻辑和管理流程。这种思维模式不但可用于对企业战略的理解，而且可用于将培训职能作为一个独立单元进行商业化思考，当然最重要的是还可以用于对自我成长与发展的系统思考。

战略理解能力一般包括5个步骤，如图11-1所示。

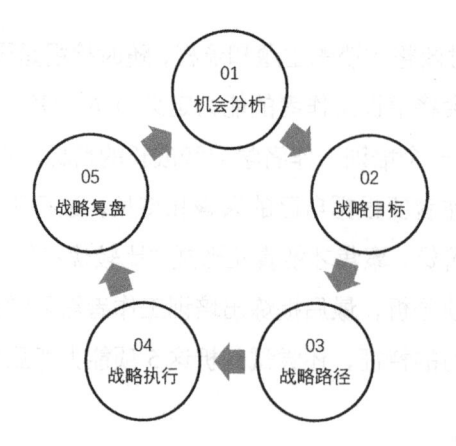

图 11-1 战略理解能力的 5 个步骤

（1）机会分析。首先，要根据经济、社会、环境、行业、技术等外部环境，找到可能的机会范围。其次，要分析自己的内部能力、所掌握的资源、所具有的条件、可能获取的条件，确定企业所要获取和捕捉的一个或多个机会点。

（2）战略目标。在机会点中聚焦核心客户群，明确目标客户，同时清楚要解决的客户问题、需求与痛点，设计并构建差异化价值主张，在此基础上，形成企业的使命、愿景、长中短期目标。

（3）战略路径。构建战略目标的实现路径重点有两个方面：一方面是将价值主张转化为可实现的业务，并进行相应的业务设计，如客户群分类、产品与服务、客户触达渠道、资源建设、供应链管理等；另一方面是构建匹配的组织能力，包括组织、制度、氛围、人才等。

（4）战略执行。战略执行阶段的重点是要找到战略目标背后的驱动指标。驱动指标是可观察、可管理、可影响的。驱动指标的完成保证了结果指标的达成。

（5）战略复盘。我们当前所处的环境呈现出急剧变化的特征，处于不可预测、不可控制、复杂多变的状态。任何战略在这种环境中都不可能一成不变，需要持续复盘、反思、迭代和更新，让战略管理从"重、长、慢"变为"轻、短、快"，用市场检验战略，用迭代应对变化，用调试代替正确。最终实现战略的动态管理和迭代升级。

最后，关于培训工作者应该如何在日常工作中构建和训练自己的战略思维，笔者有三点建议。

（1）先框架再工具。说到战略，估计大部分职场人都能够列出一大堆与战略相关的工具，如麦肯锡 7S、GE 矩阵、SWOT 等。笔者并不建议大家专注于学习这些具体工具，一方面是因为很多工具产生的历史背景、社会情况已经发生了巨大变化，它们并不能很好地单独解决现在的问题。另一方面是因为单一的工具并不能帮你提升战略理解能力。你应该先学习战略管理的大框架、大流程、大体系，然后将这些具体工具在你的战略思维体系中融会贯通。

（2）刻意练习。有了框架基础后，无论你是否掌握了战略分析的全部信息和资源，你都要对战略分析进行刻意练习。按照本书第二章介绍的方法和工具对你所在的企业或者曾经历过的企业进行战略分析，完成战略理解到培训规划的过程，尽可能涵盖不同行业、不同模式、不同规模的企业，慢慢在脑海中形成战略思考的习惯。

（3）与业务高管交流。抓住一切机会与业务高管交流。通过提问的方式去捕捉和洞察他们的思考模式，留意他们思考的原因，留意他们在理解业务时的逻辑和视角。慢慢你会发现，你可以很轻松地跟他们交流业务问题，甚至战略问题、企业发展问题、企业管理问题。如果达到这样的状态，恭喜你，你离高阶培训工作者不远了。

总之，笔者认为从一个普通培训工作者到成为真正的培训部门或企业大学一把手，最为明显的分界线就是是否具有战略思维和战略理解能力。具有战略思维的培训工作者可以敏锐地发现机会并形成培训价值势能，没有战略思维的培训工作者只能做专业的工作和任务，无法让自己真正成为企业核心价值圈的一员。

战略理解能力是培训工作者需要掌握的能力中最重要的能力。它并非一蹴而就，而是需要长时间的积累与刻意练习。在职业生涯中，培训工作者越早开始涉猎和练习战略思维，就能越快成长为高阶培训工作者。

2. 规划设计能力

规划设计能力是培训工作者能否成为一个好的培训工作者的衡量标准之一。很多培训工作者都遇到过这样的痛苦，想要努力工作发挥价值，却发现领导不给力。领导在面对培训方案时，往往只能在颜色、标点符号等无关痛痒的方面给予反馈，对于培训部门该干什么和该怎么做却说不清楚。培训工作者空有一腔热血，却无处施展。最后的结果是，工作没价值，自己没成长，前途更迷茫，这些情况的根源是因为培训工作者没有规划设计能力。

规划设计能力是指能够基于培训目标和方向以及领导要求，找到最佳的实现路径和方式，并能够将路径分解为阶段性的工作目标和计划。在计划执行时能够清楚区分重点与非重点、一般与关键。让自己和部门成员在工作过程中目标明确、条理清晰、重点突出，能够事半功倍地达到预期目标。

具体来看，规划设计能力包括以下 5 个部分。

第一部分是整体规划，包括对培训目标设定与分解、培训业务设计、培训资源开发等内容的系统思考，找到培训目标达成的关键。整体规划最终呈现形式一般为年度或半年度培训计划。

后四部分是在整体规划的基础上进行 4 个最重要模块的设计，即业务设计、组织建设设计、资源开发设计、项目运营设计。很多培训工作者容易犯的错误是做整体规划时直接进入项目运营层面。例如，某培训经理想到一个好点子或接到一个要求就立刻变成培训项目，投入很多资源后才发现这个项目好像价值不高，领导也不太关心，甚至忘了当初为什么要做这个项目。所以好的规划设计是在明确的价值主张和培训目标的指引下，设计形成相应的培训业务组合，从而明确哪些是重点项目，哪些是常规项目，然后匹配相应的组织架构、资源和能力建设。总之，好的规划设计就是让部门成员知道哪些该做，哪些可以不做，哪些是重点，哪些只需做到 60 分，让部门成员明白每一项工作的价值、意义和重要性。

培训工作者想在日常工作中提升规划设计能力要做到以下两点。

（1）避免懒惰。人们习惯用直觉进行快思考，而较少主动用结构化的慢思考，大脑是懒惰的，培训工作者也不例外。规划设计这件事大家也许都做了，但往往只是基于经验粗略地形成了一个培训计划，却很少有人认真花时间，用系统的逻辑进行规划推演，并形成结构化的规划呈现。这样的结果使规划设计能力提升很慢，一直在重复原有的认知与思维水平，并且极有可能重复的是不全面、不奏效、不科学的规划。所以，要避免懒惰，按照本书第四章介绍的系统和工具，每半年完成一次认真、全面、系统的培训规划设计。

（2）分阶规划。规划要分为不同层次进行。以培训部门为单位的规划为第一层次规划，通常每半年或每年开展一次；以某个业务板块或某一项价值主张为单位的规划为第二层次规划，通常每半年或每季度开展一次；以某个产品或项目为单位的规划为第三层次规划，通常根据需要随时开展。尤其是产品层面，要让自己和部门成员都养成用培训业务设计画布进行产品设计分析的习惯。

3. 沟通协调能力

沟通协调能力看似很普通，但真正能做好的人并不多。这并不是因为沟通协调有多难，而是因为很多时候我们并没有厘清沟通协调到底要做什么，要达到什么目的，应该在哪些地方发力。在培训工作中，沟通协调并不简单地等于人缘好、善社交和亲和力强。那么，培训沟通协调最重要的能力是什么呢？

笔者认为最重要的能力有两项：一是获取"抓手"；二是产品经理式项目沟通。

培训项目之所以不好管理，最重要的一个原因是没有"抓手"。即培训项目与学员之间没有建立起强连接，学员是否参与、参与多少、参与多深全凭兴趣，没有一个管理手段可以很好地"牵制"或"管理"学员。也许你会认为，有考试、作业、汇报等做法，但这些在培训工作者看来习以为常的做法，大多数时候取得的培训效果却没有那么好。

真正好的"抓手"有三类。

第一类"抓手"是激发学员内心的动力。例如，举办一个 Excel 查找函数培训，由于其主题是学员自身工作难题或自我成长的需求，学会了能让学员少加班、早下班，学员有学习的原动力，培训效果就不会差。所以，最好的"抓手"是学员内心的动力。反观我们的培训工作，需求一般来自企业，学员却是个体，需求来源与参与学员之间存在着偏差，动力并不明显。总之，好的培训工作一定要通过沟通，了解个体需求，将个体原动力与项目目的产生强连接，只有这样才能真正调动学员的主动性。

如果无法很好地找到第一类"抓手"，就要抓住发起人要求这个第二类"抓手"。发起人一般是学员的领导。对他们的要求和期待，学员往往也比较重视。通过沟通协调，激发发起人对项目的关注及对成果的期待，用他们的要求来促进项目中学员的积极性，往往也是比较可行的做法。所以，在项目开始阶段，培训工作者要争取到发起人的支持与关注，请发起人对学员提出明确要求，这也是有力的"抓手"之一。

第三类"抓手"来自人力和培训本身。例如，学习积分、KPI 考核、干部管理要求、学习评优等，这一类"抓手"力量相对最弱。培训工作者在进行项目设计和管理时，首先应该尽最大努力，通过沟通、协调和影响，获得第一类和第二类"抓手"。如果确实无法获得，再在第三类"抓手"上下功夫。但无论如何都要在脑海中时刻提醒自己，获取"抓手"是培训项目成功的关键因素。

培训沟通协调的第二项能力是产品经理式项目沟通。产品经理岗位早期起源于美国企业，后来逐渐受到中国企业的重视，现在已经成为热门岗位，甚至产品思维已经成为职场人必学的技能之一。产品经理很好地把研发人员、营销人员与客户连接了起来，以产品全生命周期管理为主要工作内容，包括了客户调研、产品研发、业务模式研究、商业模式研究、产品运营、产品营销等一系列内容。产品经理的最大挑战是将各个环节串联在一起，从全局的视角来看待每一部分的工作，并且在中间起到翻译、协调、整合、推动和管理的作用。产品经理对最终结果负责。

培训工作者要学会产品经理的思维模式和做事方法。面对每一个培训项目，我们不应只是将其当作一个培训任务，而应把它看作一个产品，把产品的起源、研发、完善、交付、宣传等各个环节串联在一起，对产品的最终结果负责。产品需求就是培训项目需求分析，产品研发就是培训项目设计，产品运营就是培训项目交付，产品营销就是培训项目评估与推广。

在培训项目管理方面，初级培训工作者完成任务，中级培训工作者完成项目管理，高级培训工作者完成产品管理。只有培训工作者具备了产品思维，才能够创造出更多的精品项目与产品，才能让培训的工作价值与影响力持续提升。

4. 培训专业能力

培训专业能力包括需求分析、项目管理、学习地图开发、课程开发、培训授课、学习技术等内容。学习技术又包括引导技术、行动学习、教练技术、绩效改进技术等内容。从内容聚焦方向上，培训专业能力又可分为领导力方向、通用能力方向、专业能力方向等，甚至更细分的沟通技巧、团队管理、能力测评等。

培训专业能力涵盖的内容非常广泛，要做到全部掌握几乎不可能，我们要求精求专，其中某一项或几项足以让我们研究一辈子。所以，在培训专业能力上，我们应该采取"广撒网，捞大鱼"的策略。培训工作者应该对培训专业能力的各方面都有了解，并清楚不同工具和方法的应用领域及特点，但并不需要每一种都会用，而要根据自身特点和兴趣，聚焦在1~2个领域，持续学习和成长，使自己变成大部分培训专业方法的"美食品鉴师"。

在培训的各项专业领域中做到尽可能没有遗漏，同时在专长领域中能够做到比大多数人强，这样更利于培训工作者的职业生涯发展。例如，有的培训工作者喜欢表达呈现，可以聚焦在发展自己的授课能力上；有的培训工作者经过 10 余年的积累，能够讲授高、中、基层管理者各类核心课程，这也会形成其独特的优势和价值；有的培训工作者热衷于教练技术，使自己成为专业的教练，既能在日常管理工作中采用教练式的管理方式，又能对他人提供教练辅导服务；有的培训工作者喜欢课程开发，深入研究组织经验萃取与课程开发技术，无论到哪个平台都会发挥很高的价值。

在专业能力构建上，培训工作者切勿贪多，一定要聚焦在一个方向上，深入学习，持续提升。从企业需求和实战效果来看，推荐以下几个比较有特点的培训专业能力发展方向，供大家参考选择。

第一，项目管理。项目管理、细节关注、项目风险应对等能力是很多大型培训团队所需要的重点能力之一。项目管理要求培训工作者具备高情商、高客户意识和高服务水准。项目管理能力高的培训工作者负责的项目，在其他条件不变的情况下，满意度会比其他人高。并且在项目实施过程中如果出现各种突发和意外情况，他们都能妥善处理。项目管理的一个分支——线上项目管理（社群管理），也是非常值得研究的方向。项目管理的高阶状态就是产品经理，所以专注于项目管理有利于培训工作者逐步朝着培训管理者发展。

第二，课程开发。具备课程开发能力的人，是绝大多数培训部门欢迎和需要的，他们到哪里都能够为部门带来开创性的资源产出。课程开发要求培训工作者具有较高的逻辑思维能力、PPT 撰写能力、需求洞察能力。持续在课程开发领域积累和成长，具备高质量培训内容产出的培训工作者，通常在培训部门中容易获得更高的职位和薪资水平。

第三，管理课程。对于工作年限稍长、已经处于管理岗位的培训工作者来讲，注重积累自己的管理课程能力，也是一个不错的选择。有自己拿手的培训管理课程，既是对培训管理工作很好的补充，又为自己预留了专家发展路线的可能性。

第四，行动学习。行动学习可以解决业务问题并发展人才。行动学习几乎已经成为中高层领导力发展的标配方式，积累更多的行动学习项目经验，能够让你的培训履历说服力大增。同时，行动学习也是跳出能力发展，真正从个人心智、团队心智的改变来推动业务和组织发展的一种学习技术和人才发展哲学，非常值得研究。

第五，引导技术。引导技术近 10 年在中国企业管理界快速发展，已经成为内部会议、工作坊、研讨会的必备技术。对想要发展为培训专家的人来说是一个很好的选择。引导技术不在于技术本身，而在于实践经验的积累，在于学会用引导技术解决不同业务场景问题。

第六，其他。绩效改进技术、教练技术、组织发展技术等，这些技术都有其独特性，且是目前学习发展领域的主流技术，可以根据自己的兴趣和能力特点进行选择。

总之，以上的培训专业能力发展方向中，每一项都值得我们用 5 年以上的时间去研究和学习。要想成为某个领域中的专家，我们恐怕需要更长的时间。10 年以前，市场上优秀的职业讲师的特点是可以讲很多领域的课程，而现在你或许再也不愿意请一个号称能讲十几门品牌课的讲师了。

5. 惠及他人情怀的能力

选择培训作为自己职业方向的培训工作者，很多都曾有过怀疑、担忧和困扰，甚至想过放弃和转型，怀疑自己选择了一条错误的道路。因为培训工作经历了太多的无奈、太多的不被理解、太多的不被重视、太多的不被相信和太多的煎熬。如果非要说培训工作者哪项能力最重要，笔者认为是惠及他人情怀的能力。

"四流讲师讲内容，三流讲师演自己，二流讲师搭台子，一流讲师渡他人。"这句话说的虽是讲师，体现的却是培训工作者的 4 种状态。四流状态的培训工作者只是在完成培训的职责与任务，只是完成一份工作，至于工作内容是什么并不重要；三流状态的培训工作者有很强的表现欲，成就感来自"鲜花和掌声"，喜欢用展示与表达来影响身边的人；二流状态的培训工作者懂得退居二线，把自己看作学习发展的推动者、促动者，而不是主导者，让他人在培训的台子上发光、发热，让他人得以加速成长；一流状态的工作者是大爱的状态，发自内心地希望他人更好，希望帮助他人，希望他人获得提升与发展，这是一种情怀。

没有情怀的培训工作者，如果只是将培训工作看作一份谋生的工作，我认为是很可怜的。作为谋生的工作，最重要的是绩效产出和成果，而培训工作是很难衡量绩效产出和成果的工作类型的，所以这样的培训工作者会非常痛苦，会长时间处于困扰中，因为培训成果很难衡量是不争的事实。

没有情怀的培训工作者，会没有温度。温度是一种能量的交互和传递。培训工作者需要有温度、有热情、有爱，这样才会成为有温度的聚光体，才会传递温度和爱。

　　没有情怀的培训工作者，会没有幸福感。价值实现是所有职场人的更高期待和需求，真正的职场幸福来自内心的富足。所以惠及他人情怀，会让培训工作者发自内心地体会到幸福。

　　惠及他人情怀是一种高级能量状态。人在世上需要学会处理几个关系，首先是自己与自己的关系，包括理解自己、理解情绪、控制情绪、找到成就感等；其次是自己与环境的关系，需要去理解自己与他人、自己与团队、自己与环境之间的互动与连接关系；最后是自己与世界的关系，追求的是人与世界的能量连接，顶级能量的人已经没有个体与世界的分别心，追求的是对世界的爱、对世界的奉献、自身在世界中的作用。培训工作者如果掌握了惠及他人情怀的能力，至少会突破内在需求的满足阶段，而关注于如何帮助他人，如何付出爱，如何传递能量。在这种状态下，他们较少受到无关的反馈、不理解的指责或表面成绩的影响和伤害，真正拥有一种发自内心的富足感和幸福感。

二、培训工作者成长的 3 个阶段

　　培训工作者需要掌握的 5 项能力是持续修炼的过程，那么这个过程是否有可循的阶段和路径呢？答案是肯定的。虽然每个人因为自身条件和所处的境遇不同，成长过程也不尽相同，但学习成长本身有其科学的过程，而职场状态也有其内在的规律。基于这两点，我们发现大部分培训工作者的成长也会有相似之处。

　　培训工作者要夯实基本功，做好面对未来挑战的充分准备，需要在每个成长阶段，完成足够的学习和积累，只有这样才能做到胸有成竹、游刃有余，不靠小概率机会的垂怜，而靠真本事驰骋职场。

　　培训工作者的成长大致分为 3 个阶段，分别是成为培训项目运营能手、成为培训某一领域的能手、成为综合管理者或培训专家。

1. 成为培训项目运营能手

　　培训项目管理与运营，是培训工作者绕不开的基本功。再好的想法、再好的规划、再好的设计，能否真正奏效、产生价值，最终都在于项目的执行和交付。换个角度，你作为一个培训管理者，要很好地指导下属，要准确地发现问题，要抓住重点和关键，都有赖于你对培训项目操作的感知度和经验丰富度，所以培训项目运营是每个培训工作者必修的基本功。

培训项目运营门槛不高，但细节繁多，工作琐碎，要做好并不容易，需要培训工作者有足够多的体验和细节研究。它是每一个刚进入培训领域的人都会接触的工作之一，所以培训工作者在成长的第一阶段，要让自己成为培训项目运营能手。如何成为培训项目运营能手，笔者有以下3个建议。

（1）成为一个让人放心的项目经理。培训项目只要交代到你的手里，就会让人非常放心。你会想到方方面面的细节，宣传、通知、学员管理、内容质量、交付、班级氛围等都在你的思考和管理中，而不是交代一个任务完成一个任务。

（2）积累足够多的项目类型。你要学会操作新员工入职培训、专业技能培训、在线学习项目和移动社群训练等。要有意识地多参与各种项目，多干工作不要紧，积累的项目经验都是你成长和晋升的筹码。

（3）将经历变成经验。每做完一个项目，要完成两件事情：首先，对项目进行复盘和反思，哪里做得好，哪里做得不好，将遇到过的坑、跨过的坎都记录下来；其次，将每次的项目体验和总结汇总成为工具，如项目管理4个阶段20件事情、项目管理风险点与应对手册等，不停地补充自己的工具库。

总之，在运营培训项目时，要刻意地用工具清单进行管理，久而久之项目运营会扎根于你的内心，等到你可以不用工具而信手拈来的时候，你的项目运营能力就练成了。

2. 成为培训某一领域的能手

从初入职场到成为骨干员工，靠着时间和积累经验几乎是所有职场人都可以完成的晋级。根据领域、悟性和投入度的不同，也许是3年、5年或8年。但在培训领域，笔者见过太多工作5~8年的培训工作者，因为想上上不去，而又不甘于普通的培训岗位，处于非常痛苦的状态。仔细分析这些培训工作者，他们除了工作年限久一些，有一些所谓的经验，其他好像确实没有太多有说服力的经历。他们项目管理做了很多，但并没有多少拿得出手的高价值项目。他们似乎也懂课程开发，但盘算了一下，自己亲自开发的课程屈指可数，更别说精品课程。他们在授课上也是马马虎虎，一总结才发现自己只讲过入职培训课程，多数课程是企业介绍、企业文化、办公操作等。他们对其他学习技术也都听说过，以前在外采的项目中也用过不少，却没有能力独立操作。

这些都是因为他们只规划了职业生涯，却没有规划与之相匹配的能力发展路径，并进行相应的管理。所以，培训工作者在成长的第二个阶段要让自己成为培训某一领域的能手。我们在职场发展的早期阶段，不需要成为全才和通才，只需要成为专才。你一定要让自己在某个领域的能力超过大多数人，这样在任何时候都可以获得独特的价值评价与职业机会。例如，一个刚毕业就进入培训领域的新手，因为喜欢新奇的东西，所以开始研究直播课堂和社群运营，使直播学习运营成为企业金牌项目，并获得了行业论坛分享的机会。在他转换职业机会时，直接获得了成为另一家企业移动学习模块负责人的机会。从培训领域新手到模块负责人，他用了不到两年的时间。

具体做哪方面的能手，在前面培训专业能力中提到的几个方向都可以选择，如项目管理、课程开发、管理课程等。我们也可以聚焦在内容上，如擅长生产技术培训、销售培训、研发团队培训等。具体可根据机会、自己的兴趣和自身特点进行选择。一般稍微大一些的企业大学，在选择成员时，都会看重成员的专长和对团队的补充，如果自己没有特点，很可能会错失很多机会。

选择完专长方向后，就要坚持学习与提升，并持续积累成功案例。我们不一定需要成为专家，但要比其他培训工作者有优势，在发展专项能力过程中，笔者有以下3个建议。

（1）学习一套成熟的理论体系。在自己选定的专业方向上，通过企业购买或者自己花钱，学一套外部咨询企业成熟的理论体系。例如，学习课程开发，可以选择业内知名的老师学习；学习授课技巧，可以选择一个自己非常欣赏的讲师，高度模仿学习。

需要注意的是，学习过程最好只基于一套方法论，并在实践中持续应用和反思，将这套方法论吃透，在此基础上，再横向看其他的流派和方法，你会融会贯通、游刃有余。切忌东学一点儿，西学一点儿，没有吃透第一个就盲目评价和放弃，发现另一个，又觉得它更好，就开始学习另一个，最后不能形成稳定的理论根基，导致基础不稳，只会解决自己熟悉的问题，遇到新问题还是解决不了。

（2）在企业中刻意练习。选择了一个方向，就要善于在内部挖掘可能的练习机会，刻意练习。例如，你选择管理课程讲授，或许没有那么多机会，但你可以自己创造机会，在新员工入职培训中增加一些管理基本功的内容，给业务部门做培训时，增加一个管理研讨环节，这些都是可以的。世上无难事，只怕有心人。

（3）总结案例集。案例集不仅是技能学习的宝库，还是你证明自己某一领域专长的利器。我见过有心的简历，在自己专长方面列举了一系列的项目名称，这样的简历就很有说服力。具体来讲，一般采用"三三"法则：记录项目中你遇到的3个挑战点，以及你的处理策略和方式；记录项目中你认为成功的3个要点。每个案例只要总结出"三三"法则的内容，无论用于面试论据，还是作为技能积累，都将成为你的法宝。

3. 成为综合管理者或培训专家

以前在培训领域，要想持续提升和获得更高的职位薪酬，在企业内部基本只能走培训管理路线，朝着培训总监、企业大学校长的方向去发展。在企业外部，可以进入培训咨询领域，成为职业顾问。而近些年这种情况发生了巨大变化，企业对培训的实战效果要求越来越高，对培训部门的能力要求也越来越高，所以很多大型企业都开放了培训专家的岗位，培训专家的收入水平已经与培训管理者接近或持平。甲方乙方的职业转换也变得越来越频繁，所以在培训发展的中后期，我们有了4条路径可以选择：综合管理者、培训专家、咨询顾问和知识工作者。

培训工作者进入成长的第三个阶段后，重点是要根据自身的特点做长远的规划和设计，选择更加适合自己的路径。综合管理者强调的是战略洞察能力、资源整合能力、综合管理能力，成为综合管理者，很多时候需要放弃一些专业成长的追求。他们大部分时间可能用于处理内部关系，进行内部沟通，为部门工作开展争取更多资源。他们需要更高的情商，承受压力的能力要更强，要为部门的价值和结果负责。他们要面对业务部门的质疑、面对很多的批评、面对很多的价值怀疑。综合管理者还要关注自身管理能力的提升，锻炼自己用使命带动部门、激发动能、引领高绩效的能力。总之，要成为一个好的综合管理者，就要做好跳出培训专业本身的准备，成为一个真正的职能模块管理者，而非一个专业管理者。

培训专家和咨询顾问更多地关注培训专业能力和项目实操能力的提升。他们需要放下身段，持续深入业务一线，了解业务部门的真实难题，分析业务痛点，分析员工能力发展的难点，洞察和捕捉客户的需求。用自己的专业技能和工具，设计优质项目，实施项目，帮业务部门解决问题，让客户真正获得帮助和成长。他们不是高高在上的、受人尊敬的"专家"老师，而是业务部门的合作伙伴、业务部门的战友。

大 V 写手、广告软文写手、短视频运营者、训练营运营商、微信公众号运营者、讲师经纪人等角色的兴起，让培训工作者有了更多的职业发展可能性，笔者将这些角色统称为知识工作者。随着时间的推移、环境的变迁，还会出现更多我们不曾见过的角色或工作形式，关于知识的发现、创造、整合、创新、传播等领域的内容都有可能成为我们未来的工作形式。更多的可能性正在发生与形成，需要我们共同去创造和构建。

4．培训工作者的心性修炼

培训是

一条看起来风景并不那么美丽的路

一条需要"以柔克刚"的路

一条充满非议和质疑声的路

一条需要忍受孤独与煎熬的路

培训也是

一条具有独特味道的路

一条可以获得幸福感的路

一条值得终身投入的路

选择来自内心，与难易无关。我们不要因为哪条路更容易而选择它，因为每一条路有每一条路的色彩，每一条路有每一条路的坎坷，每一条路有每一条路的味道。每一条路的过程都是漫长的，但这种漫长是煎熬还是开心，只是你内心的选择而已。因此，最终决定你在路上是平淡度过还是幸福奔跑，不取决于这条路，而取决于你的初心和原动力，只有来自内心深处的愿力，才能支撑我们走向遥远的地方。

或许很多人是误打误撞进入培训领域，或许很多人到现在也不知道为什么要做培训，或许很多人不止一次想逃离和转行，又或许……

无论如何我们都要

试着品味业务领导者眼中那超越预期的惊讶

试着品味来自领导的赞美之词

试着品味学员获得成长的喜悦笑容

试着品味团队成长时激动的相互拥抱

试着品味培训为企业带来的一点儿小变化
试着体验我们为教育带来的一点儿微创新
试着体验我们为环境带来的一点儿小影响
试着体验我们为他人成长所付出的一点儿爱
试着体验我们作为世间能量传递的发动者
这就是培训工作者

参考文献

[1] 达琳·范·提姆,詹姆斯·莫斯利,琼·迪辛格.绩效改进基础:人员、流程和组织的优化[M].易虹,姚苏阳,译.北京:中信出版社,2013.

[2] 彼得·德鲁克.卓有成效的管理者[M].许是祥,译.北京:机械工业出版社,2019.

[3] 迈克尔·波特.竞争优势[M].陈丽芳,译.北京:中信出版社,2014.

[4] 罗伯特·卡普兰,大卫·诺顿.战略地图——化无形资产为有形成果[M].刘俊勇,孙薇,译.广州:广东经济出版社,2005.

[5] 罗伯特·卡普兰,大卫·诺顿.平衡计分卡——化战略为行动[M].刘俊勇,孙薇,译.广州:广东经济出版社,2013.

[6] 里克·莫瑞儿.超越变革的阻力[M].王雷,译.北京:清华大学出版社,2018.

[7] 唐纳德·柯克帕特里克,詹姆斯·柯克帕特里克.如何做好培训评估:柯氏四级评估法[M].奚卫华,林祝君,译.北京:机械工业出版社,2007.

[8] 许正.轻战略:量子时代的敏捷决策[M].北京:机械工业出版社,2019.

[9] 迈克尔·威尔金森.共创式战略[M].郝君帅,王培杰,王冰,译.北京:电子工业出版社,2015.

[10] 亚历山大·奥斯特瓦德,伊夫·皮尼厄.商业模式新生代[M].黄涛,郁婧,译.北京:机械工业出版社,2016.

[11] 杨国安.组织能力的杨三角[M].北京:机械工业出版社,2015.

[12] 丹娜·左哈尔. 量子领导者[M]. 杨壮, 施诺, 译. 北京: 机械工业出版社, 2016.

[13] 达琳·范·提姆, 詹姆斯·莫斯利, 琼. 绩效改进基础——人员流程和组织的优化[M]. 3版. 北京: 中信出版社, 2013.